RELIURE SERREE
Absence de marges
Intérieures

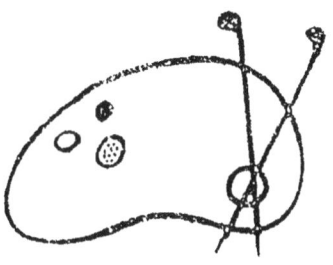

Début d'une série de documents
en couleur

LABLE POUR TOUT OU PARTIE

DOCUMENT REPRODUIT

DEUXIÈME ÉDITION

LE COCHON D'OR

ROMAN CONTEMPORAIN

PAR

FORTUNÉ DU BOISGOBEY

TOME PREMIER

3271

PARIS

E. DENTU, ÉDITEUR

LIBRAIRE DE LA SOCIÉTÉ DES GENS DE LETTRES

PALAIS-ROYAL, 15-17-19, GALERIE D'ORLÉANS

LIBRAIRIE DE E. DENTU, ÉDITEUR, PALAIS-ROYAL

OUVRAGES DE...

LA VIEILLESSE DE MONSIEUR LECOQ. . . . . .
LES CACHETTES DE MARIE-ROSE. 1ʳᵉ édition. 2 vol.
L'ÉPINGLE ROSE. 2ᵉ édition, 2 vol. . . . . .
LES DEUX MERLES DE M. DE SAINT-MARS. 1 vol.
LES MYSTÈRES DU NOUVEAU PARIS. 3ᵉ édition. 3 vol.
LES GREDINS. 2ᵉ édition. 2 vol. . . . . .
LE CHEVALIER CASSE-COU. 2ᵉ édition. 2 vol. .
L'AS DE CŒUR. 2ᵉ édition. 1 vol. . . . . .
LA TRESSE BLONDE. 3ᵉ édition. 1 vol. . . .
LE COUP DE POUCE. 2ᵉ édition. 1 vol. . . . .
OU EST ZÉNOBIE ? 2ᵉ édition. 1 vol. . . . .
LA PEAU D'UN AUTRE. 2 vol. . . . . .
UNE AFFAIRE MYSTÉRIEUSE. 1 vol. . . . .
L'AUBERGE DE LA NOBLE-ROSE. 1 vol. . . .
L'ÉQUIPAGE DU DIABLE, 2ᵉ édition, 2 vol. . .
L'AFFAIRE MATAPAN. 2ᵉ édition. 2 vol. . . .
LE PIGNON MAUDIT. 1 vol. . . . . .

ROMANS SUR LA RÉVOLUTION

LES CACHETTES DE MARIE-ROSE (1793 Vendée). 2ᵉ édit.
LE DEMI-MONDE SOUS LA TERREUR (1795). 1ʳᵉ édition. 2 vol.
LES COLLETS NOIRS (1797). 1ʳᵉ édition. 2 vol. . . .
LA JAMBE NOIRE (1803-1804). 2ᵉ édition 2 vol. . . .

Collection grand in-18 jésus. — Publications...

Xavier Aubryet. . . .	Chez Nous et chez nos Voisins. 1 vol.
Adolphe Belot.	La Sultane parisienne. 1 vol. . .
Paul Bonnaud. . . .	Le Roman d'une Princesse. 1 vol.
Ernest Daudet. . . .	La Baronne Amalti. 1 vol. . . .
Charles Deulin. . . .	Contes de ma Mère l'Oye. 1 vol.
Léonce Dupont. . . .	Madame Des Gridux. 1 vol. . .
Duranti.	Les Séductions du chev. Navoni. 1 vol.
Alphonse Esquiros. .	Le Château enchanté. 1 vol. . .
Xavier Eyma.	Les Amoureux de la Demoiselle. 1 vol.
G. de Genouillac. . .	Une Vie d'Enfer. 1 vol. . .
Robert Halt.	Le Cœur de M. Valentin. . .
Arsène Houssaye. . .	Les Trois Duchesses. 1 vol.
Charles Joliet.	Diane. 1 vol. . . . .
G. de La Landelle . .	Deux Croiseurs. 1 vol.
Victor Perceval. . . .	La Dot de Geneviève. 1 vol.
René de Pont-Jest . .	Le N° 13 de la Rue Marlot. 1 vol.
Marius Roux.	Eugénie Lamour. 1 vol. . . .

Paris. — Imprimerie de l'Étoile, BOUDET directeur, rue Cassette.

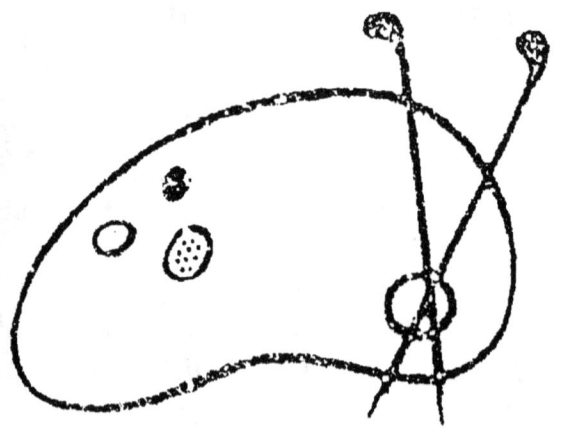

Fin d'une série de documents
en couleur

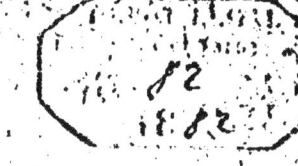

 LE

COCHON D'OR

TOME PREMIER

LIBRAIRIE DE E. DENTU, ÉDITEUR

DU MÊME AUTEUR

LA VIEILLESSE DE M. LECOQ. 4ᵉ édition, 2 vol	6 fr.
LES MYSTÈRES DU NOUVEAU PARIS, 3ᵉ édition, 3 vol	9 »
LES GREDINS, 2ᵉ édition, 2 vol.	6 »
LE CHEVALIER CASSE-COU, 2ᵉ édition. 2 vol.	6 »
L'AS DE CŒUR, 2ᵉ édition, 2 vol.	6 »
LA TRESSE BLONDE, 4ᵉ édition, 1 vol.	3 »
LE COUP DE POUCE, 3ᵉ édition, 2 vol.	6 »
LES DEUX MERLES DE M. DE SAINT-MARC, 2ᵉ édition. 2 vol. .	6 »
L'ÉPINGLE ROSE, 2ᵉ édition, 3 vol.	9 »
OU EST ZÉNOBIE? 2ᵉ édition, 2 vol.	6 »
L'ÉQUIPAGE DU DIABLE, 2ᵉ édition, 2 vol.	6 »
L'AFFAIRE MATAPAN, 2 vol.	6 »
LA PEAU D'UN AUTRE, 4ᵉ édition, 2 vol.	2 ».
UNE AFFAIRE MYSTÉRIEUSE, 3ᵉ édition, 1 vol.	1 »
LE PIGNON MAUDIT, 2 vol.	2 »

ROMANS SUR LA RÉVOLUTION :

LES CACHETTES DE MARIE-ROSE (1793 Vendée(2ᵉ édit., 2 vol.	6 »
LE DEMI-MONDE SOUS LA TERREUR (1794), 2ᵉ édit., 2 vol. .	6 »
LES COLLETS NOIRS (1797), 2ᵉ édition, 2 vol.	6 »
LA JAMBE NOIRE (1803-1804), 2ᵉ édition, 2 vol.	6 »

F. Aureau. — Imprimerie de Lagny.

LE
COCHON D'OR

ROMAN CONTEMPORAIN

PAR

FORTUNÉ DU BOISGOBEY

TOME PREMIER

PARIS

E. DENTU, ÉDITEUR

LIBRAIRIE DE LA SOCIÉTÉ DES GENS DE LETTRES

PALAIS-ROYAL, 15-17-19, GALERIE D'ORLÉANS

1882

Tous droits réservés

LE COCHON D'OR

I

— Alors, décidément, mon petit Savinien, tu veux aller te coucher?

— Mon cher Georges, il n'y a plus que nous sur le boulevard; il est quatre heures du matin et je suis éreinté. Pense donc que j'ai passé la nuit dernière en chemin de fer et que, ce soir, grâce à toi, j'ai mené une vie...

— Dont tu n'as pas l'habitude, mais tu t'y feras.

— Je n'essaierai pas de m'y faire. Ce n'est pas pour me lancer dans cette vie-là que mon oncle m'a envoyé à Paris.

— Ton oncle est en retard de cent ans. Voilà ce que c'est que d'habiter l'été un château situé aux environs de Dol de Bretagne et de passer ses hivers à Saint-Malo. Enfin il a eu une bonne idée, cet oncle arriéré, puisqu'il s'est décidé à t'accorder un congé de six mois pour te dégourdir. Et je me demande comment elle lui est venue, cette idée triomphante qui me procure le plaisir de te piloter ici.

— Il n'est pas si arriéré que tu te l'imagines, car il pense qu'un garçon ne doit pas se marier avant d'avoir un peu vécu. Il dit que les navires sont faits pour naviguer et les hommes pour courir le monde. Tu sais qu'il a été marin.

— Oui, dans sa jeunesse, mais il y a trente ans qu'il ne l'est plus et qu'il plante ses choux comme un bon gentilhomme campagnard. Si c'est là le bel avenir que tu rêves, je vois ce qui t'attend. Dans six mois, tu rentreras au manoir de Plouer avec quelques milliers de francs de dettes ; ton oncle les paiera après que tu auras suffisamment pleuré tes péchés, et, au printemps tu épouseras ta cousine Yvonne. Tu auras beaucoup d'enfants et tu finiras tes jours entre quatre bassets que tu découpleras tous les matins pour forcer un lièvre et deux juments poussives que tu attelleras tous les dimanches à ton carrosse, pour aller rendre visite aux hobereaux du voisinage.

— Eh! bien, mais... je ne serais pas trop à plaindre. Yvonne est charmante.

— Est-elle aussi jolie qu'Anita?

— La demoiselle qui vient de souper avec nous ? Oh! j'avoue que ma cousine ne lui ressemble pas du tout... fort heureusement...

— Bon ! tu es amoureux d'elle ou plutôt tu crois l'être. Ça te passera, car j'espère que tu vas bien employer ton temps pendant ton séjour dans la grande Babylone... Parions qu'à Plouer, quand on parle de Paris, on dit : la grande Babylone.

— Ils n'en sont plus là, mais ils disent volontiers : la capitale.

— Ça revient au même. Ces gens-là sont des fossiles, et il est impossible que toi, Savinien d'Amanlis, tu te résignês à t'enterrer avec eux, à la fleur de tes ans. Quand on a un nom comme le tien... est-ce assez joli, Amanlis !... un vrai nom de roman... et qu'on est vicomte par-dessus le marché... car tu l'es un peu, si je ne m'abuse...

— Un peu beaucoup, répondit en riant Savinien. Il y a quatre siècles que les Amanlis sont titrés... et *pannés*, comme vous dites, vous autres boulevardiers. Or, un vicomte sans le sou ne vaut pas grand'chose à l'époque où nous sommes.

— Es-tu vraiment si pauvre ? Je croyais que ton père t'avait laissé une terre.

— Oui, une terre qui me rapporte six mille six cents francs, sans compter les redevances en nature : vingt couples de chapons chaque année, et je ne sais combien de pots de beurre salé.

— Je n'en possédais pas autant lorsque j'ai débuté ici et ça ne m'a pas empêché d'y bien vivre.

— Oh ! mais, toi, tu sais gagner de l'argent.

— Pourquoi n'en gagnerais-tu pas aussi ?

— Parce qu'on ne m'a pas appris.

— Je t'apprendrai, si tu veux. Quand nous achevions notre droit tous les deux, en 75, à la faculté de Rennes, je ne me doutais guère que bientôt je ferais une certaine figure dans une ville où les millions courent les rues. Ma mère se gênait pour me servir une pension de cinquante écus par mois, et ce n'est pas sa succession qui m'a enrichi. J'ai pourtant réussi à prendre pied sur le pavé de Paris.

Voyons ! trouves-tu que je m'y sois créé une existence agréable ? Ce soir, à six heures, tu es tombé comme un obus dans mon entresol de la rue d'Antin. Tu t'es jeté dans mes bras pour me prouver que tu n'avais pas oublié ton camarade d'école, Georges Fougeray, ici présent, et je t'ai su un gré infini de t'être souvenu de moi. A sept heures, je t'ai mené au café Anglais. Le dîner était-il bon ?

— Excellent. La cuisine m'a paru délectable et les vins hors ligne. Mon oncle Trémorin, qui s'y connaît, aurait proclamé leur supériorité.

— Ton oncle n'en a jamais bu de pareils.

Après le dîner, je t'ai conduit aux Variétés, où il y avait une première, pour laquelle on payait cinq louis les fauteuils d'orchestre. J'en avais deux et je t'en ai offert un.

— Que je n'aurais pas accepté, si j'avais su qu'il te coûtait si cher.

— Il ne s'agit pas de ça. T'es-tu amusé ?

— Énormément. La pièce était gaie, les actrices étaient jolies...

— Pas toutes. Mais celles qui ont soupé avec nous après le spectacle sont très *chic*. C'est le dessus du panier.

— On le voit bien. Elles sont constellées de diamants.

— Et elles ne sont ni ennuyeuses, ni poseuses, ce qui est plus rare. Anita, surtout, est très drôle.

— Elle m'a fait rire aux larmes.

— Et elle veut te montrer son hôtel de la rue de Madrid. Nous irons demain et tu verras comment elle est logée.

Maintenant, que penses-tu des hommes que je t'ai présentés ? Un associé d'agent de change, un attaché d'ambassade, un seigneur russe, un journaliste...

— Celui-là a de l'esprit.

— Si les autres n'en ont pas, tu m'accorderas qu'ils ont de bonnes façons.

— J'ai été charmé de me rencontrer avec eux.

— Il ne tient qu'à toi de les revoir souvent, car tu leur as beaucoup plu.

Je reprends mon résumé des plaisirs de la soirée. Après le souper, on a joué au baccarat.

— Et en trois quarts d'heure tu as gagné trois cents louis... mon revenu d'une année.

— Et toi qui pontais avec une timidité exemplaire, tu as dû gagner un millier de francs.

— A peu près. J'en suis encore tout abasourdi. C'est la première fois que pareille chose m'arrive. Là-bas, nous ne jouons que le whist à cinq sous la fiche. Le cadeau de ma cousine Yvonne m'a porté bonheur.

— Quel cadeau? Le petit cochon d'or qui pend à ta chaîne de montre? Comment! c'est mademoiselle de Trémorin qui te l'a donné! Cette Agnès de Bretagne sait donc ce que c'est qu'un fétiche?

— Non. Le cochon d'or m'a été offert au jour de l'an par ma tante qui a lu dans les gazettes que ce bijou était très à la mode. Le cadeau d'Yvonne, c'est une médaille de la Vierge, une médaille bénie à Jérusalem. En partant je lui ai promis de la porter toujours.

— Sur ton cœur. C'est touchant. Je reviens à mon résumé et j'arrive à une conclusion. Tu as vu comment nous avons passé notre soirée.

—Joyeusement, ma foi! Je ne m'étais jamais tant diverti.

— Eh bien, mon cher, pour moi, c'est tous les soirs la même fête, et ce sera la même pour toi, si tu veux.

— Diable! je ne demanderais pas mieux; mais mon oncle qui administre ma fortune ne m'a ouvert qu'un crédit de six mille francs qui doit suffire à me défrayer pendant le semestre que je vais passer à Paris, et, au train dont tu y vas, je n'en aurais pas pour six semaines.

— Quand tu manqueras d'argent, je t'en prêterai.

— Merci. Je ne me soucie pas de m'endetter.

— Tu as raison. Ton oncle te gronderait, dit ironiquement Georges Fougeray. Eh bien, je t'enseignerai l'art de te faire cent mille livres de rente avec de bonnes idées. Il m'en vient souvent de ces idées-là.

— Je suis sûr qu'il ne m'en viendra jamais.

— Tu verras que si. Elles sont dans l'air de Paris... et quand tu y seras acclimaté, tu sauras les attraper au vol. En attendant nous déjeunerons ensemble demain.

— Mais... c'est que ma matinée est prise. Il faut d'abord que j'aille chez le banquier de mon oncle... j'ai une lettre d'introduction à lui remettre... et ensuite trois visites à faire dans le faubourg Saint-Germain, chez des parents à nous.

— Bon ! tu me donneras bien une heure chez Tortoni. J'y serai à midi. Mais voici ta rue et tu dois tomber de sommeil, car je suppose qu'à Plouer on se couche comme les poules. Va te mettre au lit, mon cher, et ne fais pas de mauvais rêves.

Cette conversation, commencée dans l'avenue de l'Opéra, avait mené les deux amis au coin de la rue du Helder, et Savinien d'Amanlis n'était qu'à cinquante pas de l'hôtel où il avait pris gîte en arrivant. Il n'en pouvait plus de fatigue et cependant il n'avait pas envie de dormir, car tout ce qu'il venait de voir et d'entendre lui trottait par la cervelle, mais il lui tardait d'être seul pour y réfléchir.

Un garçon de vingt-quatre ans, qui n'a guère quitté la province, n'entre pas subitement dans le tourbillon parisien sans que ce brusque changement d'existence le surexcite un peu. Et Savinien avait presque toujours vécu sous l'aile de l'oncle Trémorin, un oncle maternel qui était aussi un tuteur vigilant. Trois années de séjour à Rennes pour étudier le droit, trois années coupées par de très fréquents retours au vieux castel de Plouer, deux voyages à Paris en compagnie dudit oncle, qui s'y était transporté pour assister au concours hippique : depuis sa naissance, le dernier des vicomtes d'Amanlis n'avait pas connu d'autres déplacements, mais il les avait mis à profit. La vie d'étudiant lui avait ouvert l'esprit : si courtes qu'elles eussent été, les deux excursions parisiennes lui avaient montré un monde nouveau et des horizons qu'il n'apercevait pas en Bretagne. Aussi n'était-il pas du tout fâché de s'y retrouver, libre cette fois et pourvu de tout ce qu'il faut pour jouir de la liberté.

Il serra cordialement la main que Georges Fougeray lui tendait et il le quitta pour gagner son auberge.

Dix minutes après, muni d'une bougie que venait de lui remettre un portier réveillé en sursaut, il entrait dans le petit logement où il s'était installé la veille, deux pièces sous la même clef au fond de la cour et au troisième étage.

Ce réduit n'était pas si commode que l'immense chambre qu'il occupait à Plouer, mais il était plus confortablement meublé, car, là-bas, le châtelain ne donnait pas dans les capitonnages modernes. Un bon fauteuil à la Voltaire tendait les bras à Savinien, et il n'avait qu'à se baisser pour allumer le bois préparé dans la cheminée par un garçon prévoyant.

Il n'y manqua point, car on était en avril, et en cette saison les nuits sont fraîches. Il endossa un veston brodé à la mode bretonne, il chaussa des pantoufles qu'un élégant de Paris aurait jetées par la fenêtre, quoique la blanche main de la cousine Yvonne y eût travaillé, car elles étaient en tapisserie; il alluma un cigare et il allait s'asseoir devant le feu et se plonger dans de douces rêveries, lorsqu'un bruit assez singulier frappa son oreille.

Ce bruit, auquel Savinien n'aurait pas pris garde pendant le jour, lui arrivait très distinct au milieu du profond silence de la nuit.

L'appartement avait ses fenêtres sur la cour, et le roulement lointain des voitures attardées qui passaient sur le boulevard n'y pénétrait pas. Mais, à Paris, les plafonds manquent d'épaisseur, et lorsqu'on marche à un étage, l'occupant de l'étage inférieur perçoit très bien le son des pas.

Or, on marchait au quatrième, juste au-dessus de la tête de Savinien d'Amanlis ; on marchait même précipitamment, et celui qui marchait était un homme chaussé de fortes bottes à gros talons.

A vrai dire, cela n'avait rien d'extraordinaire. Le voyageur qui habitait là avait, tout aussi bien que son voisin du troisième, le droit de rentrer à quatre heures du matin, et il lui était bien permis de se promener avant de se coucher, au lieu de se chauffer paisiblement devant le feu.

Mais il ne se contentait pas d'aller et de venir à travers son logement. Il interrompait souvent cet exercice et, chaque fois qu'il s'arrêtait, on entendait des coups sourds qui devaient être des coups de marteau.

Ce locataire clouait quelque chose, un coffre, selon toute apparence, car l'instrument dont il se servait n'ébranlait pas le plancher, qui ne recevait que des chocs amortis par un corps intermédiaire.

Le moment était singulièrement choisi pour se livrer à un travail de ce genre que, d'ailleurs, les étrangers de passage dans un hôtel n'exécutent guère eux-mêmes.

Quand on part et qu'on a des colis à clore, on appelle le garçon pour s'éviter la fatigue de cette opération manuelle.

— Voilà un monsieur qui est d'avis qu'on n'est jamais si bien servi que par soi-même, pensa l'ami de Georges Fougeray. Il va filer ce matin par le premier train ; il tient à être prêt à l'heure du départ, et il juge inutile d'appeler un emballeur pour fermer ses caisses. Je n'en ferais certes pas autant, quoique mon oncle m'ait bien prêché l'économie. Mais, généralement, les malles ont des serrures ou des cadenas. Dans quelle espèce de boîte cet original serre-t-il donc ses effets?

Les coups se suivaient, espacés par des intervalles réguliers. On aurait pu compter les clous qu'on enfonçait.

Et ce bruit cadencé réveilla dans l'esprit de Savinien d'Amanlis un lugubre souvenir. Il y a la mémoire des yeux, mais il y a aussi la mémoire de l'oreille, sans parler de la mémoire du cœur. Le pauvre garçon se rappela qu'un jour, dans la vieille maison qu'il habitait à Saint-Malo, il avait entendu au-dessus de sa tête des martelages tout pareils. Son père venait de mourir et on clouait le cercueil

Savinien avait alors douze ans. Il avait perdu sa mère presque en naissant, et quand il eut conduit son père au cimetière, il ne lui restait plus au monde d'autre appui que le frère cadet de cette mère qu'il n'avait pas connue. La triste journée qui l'avait fait orphelin datait donc dans son existence, et il n'était pas surprenant qu'il ne l'eût jamais oubliée; mais comment le tapage nocturne qu'il écoutait avait-il pu lui suggérer l'idée d'un rapprochement avec le plus pénible épisode de sa vie d'enfant? Cette idée s'expliquait peut-être par la surexcitation de ses nerfs, et du reste il ne s'arrêta pas longtemps à chercher la cause du trouble qu'il ressentait.

Le bruit continua encore pendant quelques minutes, mais il finit par cesser et le voyageur laborieux qui aimait mieux se servir de ses mains que de payer un ouvrier ne recommença point sa promenade.

Vraisemblablement, n'ayant plus rien à clouer, il s'était jeté sur son lit, pour se reposer jusqu'à l'heure du départ, et Savinien ne s'occupa plus de ce personnage.

Sa pensée se reporta sur les divertissements variés qui

avaient occupé sa première soirée parisienne. Il revit la salle des Variétés étincelante de lumière, les cascades de diamants ruisselant sur les blanches épaules, les actrices piaffant et minaudant sur la scène. De joyeux refrains d'opérette chantaient dans sa tête et il lui semblait encore entendre Georges Fougeray, l'homme répandu, lui nommer les célébrités des deux sexes qu'on aperçoit à toutes les premières représentations. Les académiciens et les gommeux; les mondaines à outrance et les maréchales du demi-monde. Toutes ces figures brillantes passaient et repassaient devant ses yeux à demi clos et il lui semblait qu'elles lui souriaient comme pour lui dire : Tu es des nôtres.

Puis, ce fut le souper chez Bignon; les mille feux des bougies reflétés par les cristaux; la table chargée de fleurs; les grands vins couchés dans des paniers ou plantés debout dans des seaux d'argent.

Et la causerie des hommes, railleuse, dédaigneuse, pleine de transitions imprévues et de jargons élégants. Ils connaissaient tout, ils parlaient de tout et ils méprisaient tout.

Et le babil des femmes jacassant la langue colorée des coulisses, déshabillant les bonnes petites camarades, cotant d'un seul mot, sec comme un chiffre, la valeur des amants, sérieux ou non, blaguant les grandes dames, qu'elles accusaient de copier leurs toilettes et leurs mœurs.

Puis enfin le jeu, le tintement clair de l'or; le frou-frou des billets de banque insouciamment froissés, les coups inattendus, qui vident ou remplissent en une seconde les mains crispées sur des tas de louis, les cris de surprise, de colère ou de joie, le bruit, le mouvement, la passion, la fièvre.

Savinien d'Amantis avait plus vécu en trois heures

dans ce cabinet d'un cabaret à la mode que pendant les trois dernières années qu'il venait de passer entre les murailles féodales du manoir de Plouer.

La figure de Georges Fougeray se détachait en relief sur le premier plan de ce tableau évoqué par l'imagination du vicomte sans apanage ; Georges Fougeray qu'il avait connu traînant sa misère d'étudiant dans tous les cafés de Rennes et qu'il retrouvait métamorphosé en viveur opulent, apprécié, recherché, maître du présent et sûr de l'avenir, satisfait de lui-même, débordant de confiance et d'aplomb.

Savinien se répétait tout bas ses derniers conseils : Fais comme moi, lui avait dit cet heureux de la terre. Ici, la fortune appartient à qui sait la conquérir. Ose, et Paris est à toi.

Et Savinien avait grande envie d'oser.

Il était pourtant le dernier d'une race de gentilshommes qui depuis quatre cents ans se transmettaient de père en fils les saines vertus et la pauvreté fière. On lui avait enseigné dès son enfance qu'en ce monde l'honneur est tout, et qu'il faut vivre bien afin de bien mourir. Elevé par le recteur de sa paroisse sous la surveillance de l'oncle Trémorin qui ne transigeait pas avec les vieux principes, il n'avait jamais appris à adorer l'argent, et les échos des bacchanales parisiennes n'avaient jamais troublé sa robuste et libre jeunesse. On ne recevait à Plouer que la *Gazette de France* et l'*Union* qu'il ne lisait guère et, jusqu'à seize ans, il n'avait pas rêvé d'autres plaisirs que l'équitation et la chasse.

Un peu plus tard, lorsqu'il faisait son droit à Rennes, il s'était bien aperçu que ses camarades d'école s'amusaient d'une façon moins rustique, mais il n'avait jamais été tenté de les imiter. On boit beaucoup dans la vieille capitale des ducs de Bretagne et les jeunes n'y sont pas très difficiles sur le choix des personnes du sexe faible qu'ils associent à leurs divertissements. Or, la débauche grossière répugnait à Savinien et il n'avait aucun goût pour les servantes d'auberge. Les belles dames qu'il rencontrait l'été sur les plages élégantes de Dinard lui plaisaient bien davantage, mais elles l'intimidaient, quoique plus d'une l'encourageât à se lancer dans ce monde cosmopolite qui fréquente les bains de mer et les villes d'eaux, ce monde qui, la saison finie, s'en va, comme l'a dit Alfred de Musset, *sans poser le pied sur les chemins*.

L'adolescent vicomte d'Amanlis semblait avoir été créé tout exprès pour y réussir. Au contraire de presque tous ses compatriotes qui naissent carrés, trapus et un peu lourds, il était grand et svelte; ses traits, au lieu d'être taillés à coups de hache, avaient de la finesse et un air de distinction native qui l'aurait fait reconnaître entre mille gars du pays, alors même qu'il aurait porté comme eux la peau de bique et le chapeau à larges bords.

Il tenait probablement ces avantages de sa mère, une Parisienne de grande maison que son père avait épousée sans dot; elle lui avait transmis aussi un esprit ouvert et gai, un caractère facile et un peu faible, un goût prononcé pour les arts, le luxe, l'élégance : tout ce qui manque aux descendants des Druides.

Mais il était, comme eux, brave et loyal, comme eux, il avait du cœur et le sentiment du devoir. Son oncle avait eu beaucoup de peine à l'empêcher de suivre, à treize ans, les mobiles d'Ille-et-Vilaine, qui partaient pour défendre Paris menacé par les Prussiens.

De tous ces contrastes, il était résulté que Savinien avait accepté sans trop de regret la vie de gentilhomme campagnard, quoiqu'il lui arrivât assez souvent d'aspirer à une existence plus large et plus accidentée,

Il faut dire qu'il ne s'était résigné définitivement à rester provincial que le jour où il avait découvert que sa cousine Yvonne de Trémorin était charmante. Il avait six ans de plus qu'elle, et il l'avait toujours prise pour une enfant. Mais un beau matin, au seizième printemps, cette fleur des genêts s'était épanouie, et Savinien s'était mis à l'aimer sans trop savoir pourquoi. Un peu plus tard, il avait su pourquoi. Yvonne l'adorait. M. de Trémorin approuvait leurs amours qui devaient finir par un mariage, et Savinien s'était vite accoutumé à l'idée d'épouser sa cousine aussitôt qu'il aurait atteint sa grande majorité. Il ne s'en fallait que d'un an, et, cette dernière année, Savinien ne demandait pas mieux que de la passer au château, près de sa fiancée.

Mais son oncle, vers la fin de l'hiver, lui avait conseillé d'aller dépenser à Paris les six mois de célibat qui lui restaient à subir. Et ce conseil donné par le père d'Yvonne ressemblait beaucoup à une injonction. M. de Trémorin avait expliqué sa résolution d'imposer à son futur gendre un exil semestriel; il l'avait motivée par diverses considérations; mais Savinien, qui le connaissait, savait à quoi s'en tenir. C'était une épreuve qu'on voulait lui imposer.

L'oncle Trémorin avait sur toutes choses des idées très arrêtées. Il pensait qu'un garçon qui a été élevé dans sa famille et qui n'a rien ou presque rien vu de la vie est sujet à caution, tant qu'il n'a pas jeté ses gourmes, que les passions qui s'ignorent elles-mêmes doivent éclater tôt ou tard et qu'il vaut mieux que l'explosion se produise avant le mariage qu'après.

— J'avais dix campagnes de mer quand j'ai quitté le service pour épouser ta tante, avait-il dit à Savinien, et, une fois marié, je n'ai plus jamais pensé à quitter Plouer. Six mois de boulevard équivalent à trois voyages autour du monde. Embarque pour Paris, et si tu nous reviens à l'automne sans avoir fait naufrage, tu épouseras ta cousine avant la Noël.

Yvonne avait beaucoup pleuré ; mais les décisions de son père étaient irrévocables, et Savinien était parti en lui jurant de ne penser qu'à elle et de lui écrire tous les jours.

Et depuis vingt-quatre heures qu'il était arrivé, il avait déjà manqué à ses serments, car il s'était dispensé d'écrire, et ce n'était pas à sa cousine qu'il rêvait au coin du feu dans sa chambre d'auberge.

L'aube commençait à poindre et les marionnettes parisiennes dansaient encore devant ses yeux que le sommeil allait bientôt fermer tout à fait.

Savinien eut un instant l'idée de secouer la torpeur qui le retenait dans son fauteuil et de se mettre bravement à écrire cette lettre qu'on devait attendre en Bretagne avec impatience. Puis il se dit que la journée était longue et qu'avant l'heure de la dernière levée il trouverait bien un instant pour s'acquitter d'une promesse à laquelle il avait déjà manqué la veille, et il resta devant son feu.

Il avait une excuse pour renvoyer à un autre moment l'accomplissement de ce devoir, c'est qu'il n'était guère en état de rédiger quoi que ce soit. Il valait mieux sans doute écrire à tête reposée que de coucher au hasard sur le papier des phrases banales.

Yvonne savait lire entre les lignes, et elle se serait certainement aperçue que son cher cousin n'était déjà plus le même. Il avait la cervelle pleine d'images trop parisiennes, et son style se serait ressenti de l'agitation où l'avaient mis le souper et le baccarat.

Pour retrouver sa liberté d'esprit et se remettre au diapason de la province, il avait besoin de faire d'abord quelques visites sérieuses, comme celles dont il devait s'acquitter dans la matinée.

Le courrier d'ailleurs n'était distribué à Plouer qu'une fois par jour. Le facteur rural y arrivait à midi et Yvonne allait toujours à sa rencontre jusqu'au bout de l'avenue du château, quand son fiancé était en voyage. Savinien se la figurait courant sous les grands chênes, sa lettre à la main, sa lettre qu'il adressait toujours à l'oncle Trémorin et qu'elle n'osait pas décacheter sans l'autorisation paternelle, quoiqu'elle en mourût d'envie.

— Elle sera bien contente demain, murmura-t-il en fermant les yeux. Tantôt, après déjeuner, je remplirai les quatre pages.

La louable résolution qu'il venait de prendre l'avait calmé et il ne songea plus qu'à dormir.

Il eût été sage d'aller dormir dans son lit et il y pensa bien, mais le jour était venu et la pendule qui était sur sa cheminée sonnait cinq heures.

Savinien se dit que s'il se couchait, il risquerait fort de ne pas se réveiller avant midi, trop tard pour se présenter chez le banquier auquel son oncle l'avait recommandé, et il se décida à somnoler assis, jusqu'à ce qu'il fût temps d'aller prendre un bain qui le délasserait des fatigues d'une nuit trop mouvementée.

Les voitures roulaient déjà dans la rue, les gens de l'hôtel se levaient et le portier venait d'ouvrir à deux battants la porte cochère. Tous ces bruits arrivaient jusqu'à Savinien qui commençait à peine à s'assoupir et le maintenaient dans un état de demi-sommeil.

Il entendit même fort bien un fiacre s'arrêter, un garçon traverser la cour, monter l'escalier et frapper à l'appartement du quatrième.

Le voyageur qu'on venait appeler n'avait pas dû se déshabiller, car ses bottes à talons firent aussitôt résonner le parquet de sa chambre. Il ouvrit sa porte et entama un colloque avec l'homme qu'on lui envoyait pour prendre ses malles.

Puis ce furent pendant dix minutes des allées et venues ; les marches craquaient sous les pas d'un porteur pesamment chargé.

— Voilà le colis qu'il a cloué cette nuit qui passe, pensa le pauvre Savinien, que ce train gênait fort pour s'endormir. Heureusement qu'il s'en va, cet incommode voisin. S'il était resté, j'aurais déménagé aujourd'hui, de peur d'avoir encore une fois la tête cassée par ces insupportables coups de marteau. Que diable a bien pu insérer l'animal dans cette caisse qui fait plier les épaules d'un garçon d'hôtel accoutumé à porter des malles ?

Et, comme il était à peu près réveillé et qu'il n'espérait plus se rendormir avant que le tapage eût complètement cessé, il se leva pour aller regarder à travers les carreaux de sa fenêtre qui donnait sur la cour, et il eut la satisfaction de voir passer, sur le dos d'un domestique robuste, un énorme coffre en bois noir, un coffre plus long que large, agrémenté des deux côtés de poignées en fer et sur lequel était collée une feuille de carton qui portait sans doute l'adresse du destinataire.

Le voyageur partant suivait pas à pas le garçon et paraissait veiller avec sollicitude sur cette boîte qui devait contenir des objets bien précieux, puisqu'il tenait à ne pas s'en séparer une seule minute.

Ce monsieur était coiffé d'un bonnet en peau de loutre, vêtu d'une longue pelisse fourrée et chaussé de bottes aussi fourrées que la pelisse.

On ne s'équipe pas autrement quand on part pour le pôle nord.

Savinien, qui le voyait par derrière, constata qu'il était grand et bâti de telle sorte qu'il eût été de force à porter lui-même son colis, mais il n'aperçut pas la figure de ce singulier personnage.

— Il a la taille et le costume du géant russe qui s'exhibait l'année dernière à la foire de Rennes, se disait-il en se frottant les yeux. Par curiosité, je demanderai au maître de l'hôtel de quel pays est cet original et comment il s'appelle.

Mais le voilà parti, et je n'ai rien de mieux à faire que de reprendre mon somme. J'espère que maintenant les locataires et les portefaix vont me laisser tranquille... et pour qu'ils ne me dérangent plus s'ils s'avisent de recommencer leurs promenades, je vais passer dans ma chambre à coucher qui est plus éloignée de l'escalier que ce petit salon, et m'étendre tout habillé sur mon lit.

Ainsi fit-il, et cette fois, la position horizontale aidant, il ne tarda pas à s'endormir pour tout de bon, non sans avoir encore pensé un peu à cette partie de baccarat où les louis roulaient si gaiement sur le tapis vert. Il s'endormit bercé par cette musique joyeuse qui tintait encore à ses oreilles et son sommeil ne fut pas sans rêves.

Les joueurs ont des songes tout comme les héros des tragédies classiques, et leurs songes se rattachent naturellement à l'existence qu'ils mènent. Athalie vit apparaître sa mère Jézabel, *comme au jour de sa mort, pompeusement parée.* Les joueurs voient des ⸺ ⸺ d'or s'empiler devant eux.

Savinien d'Amanlis eut des visions plus .

Il rêva d'abord qu'il était assis tout enfan. de sa tante Trémorin, qui tenait sur ses genoux de Royaumont, un gros in-folio où elle lui avait ap. lire. Cette bible est illustrée à toutes les pages, et elle était ouverte à l'endroit où il y a une belle image qui représente les Hébreux adorant le Veau d'or.

Bientôt l'image s'agrandit et les figures qui la remplissaient s'animèrent.

Un horizon s'ouvrit, hérissé de montagnes abruptes et rocailleuses. Au pied du Sinaï, sous un ciel de feu, tourbillonnait une foule bariolée : des hommes, des femmes dansaient en rond autour d'une statue dressée sur un haut piédestal, une statue qu'éclairait en plein le soleil brûlant de l'Arabie et qui lançait des reflets dorés.

Et Savinien reconnaissait un à un les enragés qui menaient ce branle insensé.

Les hommes ressemblaient aux joueurs de cette partie où il venait de gagner mille francs ; les femmes aux soupeuses de ce cabaret dont les vins l'avaient presque grisé.

Et il lui sembla que le Veau d'or, qui dominait la ronde, se métamorphosait peu à peu : son mufle s'allongeait en groin, ses cornes se changeaient en oreilles pointues, sa queue se recroquevillait en vrille.

L'idole fabriquée par les Israélites, prenait la forme d'un cochon, de ce petit cochon d'or que le dernier des Amanlis portait en breloque.

Et tous, viveurs et impures, se prosternaient devant l'image des seuls dieux qu'ils adorassent, l'or et le hasard.

Loin, bien loin de cette bacchanale effrénée, tout au fond du tableau, une jeune fille priait à deux genoux, les mains jointes et les yeux levés au ciel.

Savinien la voyait à peine, perdue qu'elle était dans une vapeur grisâtre. Ce n'était qu'une ombre vague, une figure indécise et flottante. Mais les contours s'accentuèrent, les traits du visage se dessinèrent plus nettement.

Cette vierge, qui priait le vrai Dieu d'éclairer les idolâtres, c'était Yvonne.

Savinien poussa un cri et essaya de lui tendre les

bras, mais il n'aboutit qu'à se heurter contre la cloison qui bordait son lit et le rêve le ressaisit aussitôt.

La douce figure de sa cousine s'était déjà évanouie, mais les esclaves de l'or dansaient toujours.

Seulement, le soleil se voilait ; de gros nuages noirs descendaient de la montagne ; le tonnerre grondait sourdement, et ses roulements encore lointains rappelaient à Savinien les piétinements qu'il avait entendus dans l'escalier avant de s'endormir.

Le songe tournait au tragique, mais Savinien se demandait si c'était un songe, ou si vraiment quelqu'un montait l'escalier à pas précipités.

Savinien était dans cet état singulier qui n'est ni la veille, ni le sommeil, cet état mixte où l'âme évoque déjà des fantômes et où le corps éprouve encore des sensations réelles.

L'incertitude ne dure jamais longtemps; après quelques secondes d'hésitation, le dormeur éveillé rentre en pleine possession de ses facultés physiques, ou bien au contraire son esprit s'envole décidément vers le pays des chimères.

Cette fois, ce fut l'esprit qui eut le dessus.

Le cousin d'Yvonne reprit son rêve interrompu par un bruit passager. Il n'entendit plus rien, mais il vit en imagination des choses étranges.

L'idole était toujours là, monstrueuse, immobile. Ses vils adorateurs tournoyaient toujours autour du piédestal.

D'effrayants éclairs sillonnaient la nue, illuminant la scène de lueurs sinistres ; des flammes bleuâtres rampaient sur le sol crevassé ; de gigantesques ombres passaient sur l'horizon rouge comme du sang.

On eût dit un tableau de l'Anglais Martyns, qui a représenté à grands traits le Festin de Balthazar et le Jugement dernier.

Puis une figure immense émergea des ténèbres, la figure de Moïse portant les tables de la loi.

C'était bien le divin législateur des Hébreux, tel que Michel-Ange l'a sculpté à Rome, au fond de l'église de Saint-Pierre-aux-Liens. C'était Moïse courroucé, menaçant, terrible. Son visage éblouissait ; ses yeux projetaient des rayons de feu.

Il descendait lentement de la montagne escarpée où il était monté pour recevoir les ordres de Jéhova, et à chaque pas qu'il faisait vers son peuple révolté, il paraissait grandir encore.

Et, particularité bizarre, il avait la longue barbe, les cheveux hérissés, les traits sévères de l'oncle Trémorin, de même que la vierge restée fidèle au culte du vrai Dieu avait le doux visage d'Yvonne.

Savinien, dans son rêve, était persécuté par des ressemblances.

Tout à coup, Moïse ouvrit les bras et lança contre le roc les tables de la loi, qui se brisèrent avec tant de fracas, que le dormeur tressauta sur son lit comme si un choc violent eût ébranlé une des portes du voisinage.

Un effroyable coup de tonnerre fit chanceler sur sa base l'idole immonde, et Moïse leva sa main droite pour maudire les impies.

Alors la statue, frappée par le feu du ciel, s'écroula sur les danseurs éperdus et les écrasa sous ses débris.

Une voix venue d'en haut cria : « Ainsi périront tous les peuples qui renieront l'Eternel et qui n'adoreront plus que l'or. »

Et la vision prophétique s'évanouit dans les ténèbres sillonnées par la foudre.

Savinien se réveilla tout à fait ; il se réveilla troublé, effaré, et il se mit à se tâter pour bien s'assurer qu'il ne dormait plus.

Jamais de sa vie il n'avait rien rêvé de pareil ; il s'avouait à lui-même qu'il avait eu peur, et il en était tout honteux.

— J'ai vu la bête de l'Apocalypse, murmurait-il en se frottant les yeux ; là-bas, à Plouer, je ne voyais en songe que des lièvres et des chevreuils poursuivis par mes chiens. Il faut que ce vin de Champagne sec soit bien capiteux pour qu'il m'ait joué le tour de me rendre extra-lucide pendant mon sommeil. Il est vrai qu'à souper j'en ai considérablement bu.

Et puis, voilà ce que c'est que de manier des louis pendant des heures entières. Le Veau d'or vous apparaît... et quand je dis le Veau d'or, j'atténue. C'était bien un cochon d'or qui semblait avoir été copié sur le joujou que ma tante m'a donné pour mes étrennes.

Un cochon d'or ? hé ! hé ! mes convives de cette nuit m'ont tout l'air de pratiquer le culte de cet animal, et ils pourraient bien finir comme les Hébreux. Mais l'avenir de la France ne les inquiète guère et tous les avertissements du ciel ne les empêcheraient pas de recommencer la fête. Ces gens-là ont le diable au corps, et je l'ai pas, moi... je ne veux pas l'avoir. Je ne porterai plus mon porte-veine et, pour ne plus faire de mauvais rêves, j'embrasserai tous les soirs la petite médaille de ma cousine.

Pauvre Yvonne ! comme je l'amuserais en lui racontant ma vision !... mais je ne la raconterai pas à Georges ; il se moquerait de moi.

Quelle heure peut-il bien être ? Comment ! neuf heures à la pendule ! J'ai tout juste le temps de faire ma toilette et de prendre un bain, avant d'aller remettre ma lettre de crédit à M. Montauron. Je pourrais bien bien me dispenser de le voir aujourd'hui, puisque j'ai gagné mille francs cette nuit, mais mon oncle m'a tellement recommandé de me présenter chez lui le plus tôt possible...

Ces réflexions furent interrompues par des bruits qui partaient du corridor, de l'autre côté de la cloison de la chambre à coucher.

Une voix aigre, la voix d'une femme de chambre de l'hôtel probablement, criait à tue-tête :

— Je vous dis, madame, que ce n'est pas la peine de frapper. Il n'y a personne au 26. Le voyageur qui occupait l'appartement est parti ce matin.

Evidemment, ce discours s'adressait à une personne qui se trouvait à l'étage supérieur, l'étage où demeurait l'homme au colis.

Il y eut une réponse, mais Savinien ne l'entendit pas et la servante reprit :

— Si madame ne veut pas me croire, madame n'a qu'à s'informer au bureau. On lui dira que ce monsieur a pris le premier train... A quelle gare ?... Ah ! je n'en sais rien... mais le garçon qui a chargé les bagages le sait peut-être... et si madame veut le lui demander, madame le trouvera dans la loge du concierge.

La visiteuse se tint sans doute pour satisfaite de ce renseignement fort incomplet, car le dialogue cessa. Probablement elle s'en allait.

— Il est donc écrit que je serai sans cesse dérangé par ce joli voisin et par ses connaissances, grommela Savinien qui, ayant fort peu et très mal dormi, était d'assez mauvaise humeur. Quel drôle de voyageur ! Il cloue ses colis lui-même et il part sans prévenir ses amis. Pauvre femme ! Elle s'était levée dès l'aurore pour voir son préféré et elle trouve visage de bois. Cet homme à fourrures est un grossier personnage.

Bah ! reprit-il philosophiquement, une femme qui court les hôtels garnis à des heures si matinales doit être une drôlesse... dans le genre de ces demoiselles du souper, ou peut-être pis... je soupçonne qu'elle fait son état de danser devant le Veau d'or... et même devant la bête qui, en ce siècle de décadence, a remplacé le Veau d'or.

Il s'agit maintenant de me lever et de m'habiller au galop.

Sur cette sage conclusion, Savinien bâilla, s'étira, se mit sur son séant, et finalement sauta à bas du lit.

Il alla relever les rideaux de l'unique fenêtre qui éclairait sa chambre et le grand jour d'avril lui montra cet ameublement banal qu'on trouve dans toutes les auberges, même les plus élégantes. Il y avait un dessus de cheminée en velours et une cuvette anglaise sur la toilette. Mais pas un objet qui fût à son usage personnel, rien qui lui rappelât un souvenir.

Au manoir de Plouer, les murs du grand cabinet qu'il occupait étaient tout simplement lambrissés de sapin, mais il y avait accroché ses fusils, ses fleurets, et toute une série de portraits de famille, peints par des artistes sans prétention, mais assez ressemblants pour qu'il aimât à les regarder.

Celui d'Yvonne était placé en face de son lit et lui souriait dès qu'il s'éveillait.

Ses fenêtres dominaient une lande qui s'étendait à perte de vue, et en cette saison, les ajoncs étaient en fleur.

— Décidément, soupira l'exilé, quoi qu'en dise Georges, la Bretagne a du bon. Je m'y couchais plus tôt qu'ici, mais je n'avais jamais la migraine en me levant, et ce matin, il me semble que ma tête pèse cent livres. Je jure bien que je ne souperai plus.

Au moment où il achevait d'exhaler ses regrets et ses aspirations vers le pays lointain, il entendit qu'on ouvrait brusquement la porte du petit salon qui donnait dans le corridor, qu'on retirait la clef de la serrure, et qu'on poussait le verrou en dedans.

— Ah ! pour le coup, c'est trop fort, s'écria-t-il. Voilà maintenant qu'on envahit mon domicile et qu'on s'y barricade.

Serait-ce une adoratrice du cochon d'or qui vient faire ses dévotions ici ? Elle tomberait mal.

Savinien, avant de passer dans sa chambre à coucher, avait eu soin de fermer la porte de communication entre les deux pièces de son appartement, de sorte qu'il ne pouvait pas voir la personne qui venait de s'introduire chez lui et de s'y barricader sans façon.

Cette prise de possession était un peu bien étrange. Un domestique de l'hôtel aurait pu, à la rigueur, entrer sans frapper, mais il n'aurait pas poussé le verrou en dedans.

Une chercheuse d'aventures ne prend pas tant de précaution quand elle se présente chez un monsieur. Un ami, encore moins. Et d'ailleurs, en fait d'amis parisiens, Savinien n'avait que Georges Fougeray, lequel, à cette heure matinale, dormait sans doute profondément.

— Si c'était un voleur ? se demanda le naïf cousin d'Yvonne.

En sa qualité de provincial nouvellement débarqué, il croyait encore aux histoires qu'on lui avait racontées en Bretagne, sur les malandrins qui rôdent dans les auberges pour dévaliser les étrangers et qui se glissent dans les appartements quand le locataire a eu l'imprudence de laisser la clef sur la porte.

Mais si Savinien était crédule, il n'était pas peureux, et il se prépara aussitôt à recevoir vigoureusement le drôle qui s'était permis d'entrer sans sa permission et de s'enfermer, à seule fin de n'être pas dérangé pendant qu'il ferait main-basse sur l'argent, les bijoux et les hardes.

Dans la première pièce, il n'y avait rien à prendre que la pendule et les flambeaux du maître de l'établissement, plus le chapeau, le pardessus, la redingote et les bottines que Savinien avait ôtés, avant de s'asseoir devant la cheminée, pour se chauffer.

Il semblait peu probable que le voleur se contentât d'un si maigre butin, il se proposait sans doute de visiter la chambre à coucher où il devait penser qu'il y avait des armoires propres à serrer des objets de prix.

— Je vais l'y attendre et il y trouvera à qui parler, se dit le vicomte d'Amanlis, en s'armant d'une jolie canne d'épine qu'il avait coupée et taillée lui-même dans les bois de Plouer.

Et, après s'être mis en posture de frapper, il écouta.

Il n'entendit rien. Ce voleur n'était pas bruyant.

Il fallait aussi qu'il ne fût pas bien pressé d'opérer, car il ne se montrait pas et il ne touchait à rien.

Il n'avait ni déplacé, ni heurté aucun meuble, et le parquet n'avait par craqué sous ses pieds.

Le drôle, évidemment, se tenait immobile au milieu du petit salon qu'il venait d'envahir, à moins qu'il ne se fût tapi dans un coin.

— Singulière façon de procéder, pensait Savinien. On jurerait qu'il n'est entré ici que pour se cacher. Et, au fait... on le poursuivait peut-être... la clef était à la serrure, en dehors. C'était tentant. Il n'avait qu'à la retirer pour se trouver en sûreté. Il savait bien qu'on n'enfoncerait pas la porte... Diable ! mais... je ne me soucie pas du tout de donner asile à un malfaiteur traqué par la police... Si c'en est un, je ne le livrerai pas, mais je le sommerai de déguerpir à l'instant.

La question est de savoir si je ne me trompe pas... et puisqu'il ne veut pas venir à moi, je vais aller à lui.

Ayant ainsi conclu, Savinien mit la main sur le bouton

de la porte de communication et il allait l'ouvrir, lorsqu'un tapage considérable se produisit dans le corridor : des pas précipités et des voix montées à un diapason si élevé qu'on distinguait très bien les paroles.

— Vous vous trompez, monsieur, disait un des interlocuteurs ; cette personne n'est pas entrée ici.

— Et moi je suis sûr qu'elle n'a pas pu entrer ailleurs, répondit l'autre.

— Allons ! murmura Savinien, c'est bien ce que je pensais. Un criminel s'est réfugié chez moi, et les agents qui le pourchassent vont faire le siège de mon logement. Comme c'est agréable ! En vérité, pour mon arrivée à Paris, je n'ai pas de chance.

— Je vous dis, reprit la première voix, que le voyageur qui loge au 19 est arrivé hier... c'est celui du 26 que la personne a demandé. J'ai eu beau lui crier qu'il n'y était plus, elle a voulu monter tout de même... mais elle est redescendue, et il y a beau temps qu'elle est sortie de l'hôtel.

— Le 26, répéta tout bas Savinien ; il me semble bien que c'est le numéro de la chambre qu'occupait ce monsieur qui est parti ce matin. Et la personne qui le cherchait tout à l'heure était une femme.

Ah ! mon Dieu, est-ce que ce serait-elle que j'héberge sans m'en douter ?

— Elle n'est pas sortie, puisque je viens de la rencontrer au bas de l'escalier, riposta l'organe masculin. Elle a rebroussé chemin en m'apercevant... je l'ai suivie... elle montait plus vite que moi et je n'ai pas pu la rattraper, mais j'ai très bien vu qu'arrivée au troisième étage elle a pris ce couloir.

— Ce n'est pas une raison pour qu'elle soit au 19. Il y a sept logements qui donnent dans le corridor du troisième.

— C'est possible, mais celui-ci est le premier qu'on trouve en entrant, et je commencerai par celui-ci... si elle n'y est pas, je visiterai les autres. Je veux la trouver et je la trouverai.

Ouvrez-moi cette porte.

— Mais, d'abord, je n'ai pas la clef, et puis...

— Allez la chercher.

— Il n'y en a qu'une, et vous voyez bien qu'elle est en dedans.

— Alors frappez !

— Ah ! non, par exemple. Le voyageur est rentré très tard cette nuit. Il dort... et si je me permettais de le réveiller, le patron me chasserait.

— Je m'en moque, et puisque vous ne savez pas votre métier, c'est moi qui vais frapper.

Trois coups vigoureusement portés résonnèrent aussitôt, puis trois autres encore plus forts, après un court intervalle.

— C'est singulier, se dit Savinien. On ne bouge pas et pourtant il y a là quelqu'un. Parbleu ! il faut que je voie qui c'est... Oui, mais si j'ouvre pour mettre le nez dans le salon, l'enragé qui cogne m'entendra.

— Vous voyez bien qu'il dort, puisqu'on ne répond pas, reprit la femme de chambre.

— Allons donc ! je frappe de façon à réveiller un sourd. Et si on ne répond pas, ça prouve justement qu'elle est là... chez cet homme qui est d'accord avec elle.

Décidément, vous ne voulez pas m'ouvrir ?

— Mais, monsieur, je le voudrais que je ne le pourrais pas.

— Alors, je vais enfoncer la porte.

— Vous ne ferez pas ça... j'irais chercher les sergents de ville.

Cette menace impressionna sans doute le monsieur,

car il y eut un silence. Il ne répondit pas et il n'enfonça rien.

— Je ne sais pas qui vous êtes, reprit la fille de service, mais je vous conseille d'éviter un esclandre... on n'y gagne jamais rien ; il vaudrait mieux vous expliquer avec le patron.

— Soit ! allez le chercher.

— Oh ! ça, c'est facile... si vous me promettez de vous tenir tranquille jusqu'à ce que je vous l'amène.

— J'attendrai cinq minutes, pas une de plus. Et je vous préviens que je vais me coller contre la porte et que je n'en bougerai pas. Personne ne sortira sans ma permission... si on remue là dedans, j'entendrai... et si j'entends, je verrai ce que j'aurai à faire.

— Je descends et je ne serai pas longtemps.

Tout se tut. Savinien était fort perplexe. L'aventure prenait une tournure fâcheuse. Il ne se souciait pas de se trouver mêlé à un scandale, et ce scandale, il ne savait comment l'éviter.

Impossible d'ouvrir la porte de communication sans que l'homme qui guettait dans le corridor s'en aperçût. Il venait de crier qu'il allait appliquer son oreille contre la porte extérieure.

La personne poursuivie raisonnait évidemment ainsi de son côté, puisqu'elle ne donnait pas signe de vie.

Et si Savinien se tenait coi, comment la scène allait-elle finir ?

Très probablement par l'arrivée du maître de l'hôtel. Mais après ? L'hôtelier allait-il réussir à calmer ce furieux et à lui faire entendre raison ? On ne pouvait guère l'espérer. Il était fort à craindre, au contraire, que le monsieur ne fût pris d'un nouvel accès de colère et n'en vînt à des voies de fait.

Dans ce cas, le cousin d'Yvonne allait être forcé d'intervenir, et cette perspective ne le réjouissait pas.

Et puis, quel était ce personnage et de quel droit exigeait-il qu'on le laissât visiter l'appartement? Il n'agissait certainement pas au nom de la loi. Un commissaire de police n'aurait eu qu'à montrer son écharpe pour se faire ouvrir, et, par le temps d'expulsions qui court, les serruriers ne sont pas rares.

Les maris n'ont pas qualité pour les requérir, à moins qu'ils ne soient assistés d'un magistrat; mais quand ils ont un mauvais caractère, ils se permettent toutes sortes de violences, et ils brisent eux-mêmes les clôtures.

Or, il y avait gros à parier que le monsieur qui bloquait Savinien dans son logis était un mari, et cette probabilité ne rendait pas la situation plus rassurante.

Et, ce qu'il y avait de pis, c'est que les cinq minutes s'écoulaient, et que ce mari devait être déjà las d'attendre.

Il prouva bientôt qu'il manquait absolument de patience, car un coup de poing fit gémir la porte, et à cette première attaque, succéda un formidable coup de pied qui faillit la jeter bas.

Savinien exaspéré allait se porter à la rencontre de ce furibond qui battait en brèche son domicile, lorsqu'il vit apparaître, sur le seuil de sa chambre à coucher, la femme poursuivie.

La malheureuse qui s'était réfugiée chez Savinien avait eu la présence d'esprit de ne pas bouger du petit salon, quoiqu'elle ne perdît pas un mot des discours menaçants de son persécuteur.

Elle comprenait que le moindre bruit pourrait la trahir.

Mais l'homme qui la poursuivait passait maintenant des menaces aux violences matérielles, et elle fuyait dans la seconde pièce afin de mettre entre elle et ce furibond une seconde barrière.

C'était l'instinct de la conservation qui la poussait bien plus que l'idée de se placer sous la protection de quelqu'un, car elle ne devait pas être en état de raisonner ses chances de salut.

Lorsqu'en ouvrant la porte de communication elle se trouva face à face avec un jeune homme, elle fit un mouvement pour rebrousser chemin ; mais Savinien, qui n'avait pas perdu la tête, la retint par le bras et lui dit vivement :

— Entrez, madame ; poussez le verrou en dedans et ne remuez pas, quoi qu'il arrive. Je me charge de recevoir celui qui se permet de donner l'assaut à mon domicile.

— Sauvez-moi, monsieur, murmura-t-elle d'une voix éteinte.

— Ne craignez rien, répondit le dernier des Amanlis d'un ton qui ne laissait aucun doute sur l'énergie de sa résolution. Personne n'entrera ici, je vous en réponds.

Et il passa dans le petit salon.

A peine avait-il eu le temps de voir que la dame était élégamment vêtue et soigneusement voilée ; mais il eut la satisfaction d'entendre le craquement sec du verrou entrant dans sa gâche.

La fugitive était provisoirement à l'abri d'une invasion.

Par surcroît de précaution, il retira la clef qui était restée dans la serrure et, son bâton d'épine en main, il attendit l'invasion de l'ennemi.

Les coups de pied continuaient à ébranler la porte, qui tremblait sur ses gonds et qui n'allait certainement pas résister longtemps, car elle n'avait pas été faite pour soutenir de si terribles attaques.

Savinien jugea qu'il valait mieux manifester sa présence avant qu'elle ne tombât.

— Qu'est-ce que c'est que tout ce vacarme ? dit-il d'une voix claire.

— Ah ! enfin, vous vous décidez donc à répondre, vociféra l'assaillant. Ouvrez sur-le-champ, où je casse tout.

— Je n'ouvrirai pas avant de savoir ce que vous me voulez.

— Ah ! c'est comme ça ! Eh bien ! nous allons voir.

Et un choc plus furieux que les autres fit plier le battant et déchaussa la serrure.

— Je vous préviens que je suis armé et que si vous entrez ici de force, je vous casserai la tête, reprit tranquillement Savinien.

Ce Breton était né pour la guerre. Le danger lui donnait du sang-froid.

— C'est moi qui vous la casserai, hurla l'enfonceur de clôtures en appuyant son épaule contre le battant pour donner une dernière poussée qui devait être décisive, car le pêne ne tenait presque plus.

Savinien recula de trois pas pour éviter le choc et se mit en garde, la canne haute et le bras replié à demi.

Il avait pris à Rennes des leçons de contre-pointe avec le prévôt d'un régiment d'artillerie et il n'était pas du tout embarrassé pour se servir d'une trique.

C'est l'arme nationale des gars de son pays, et il en avait joué quelquefois contre des paysans malintentionnés qui avaient bu trop de cidre et qui lui cherchaient querelle en revenant du marché.

Il se croyait donc assuré de repousser victorieusement l'envahisseur, et il ne redoutait pas la bataille, mais il se sentait un peu honteux d'en être réduit à jouer du bâton comme un manant.

— Joli début à Paris, pensait-il. Mon oncle, qui m'y a envoyé pour y compléter mon éducation mondaine, ferait une singulière figure s'il me voyait me défendre à coups de canne... encore si c'était l'épée à la main, il ne m'en voudrait pas trop, car il a été friand de la lame autrefois.

Et Yvonne! que penserait-elle de moi si elle savait que je me fais le chevalier d'une femme compromise?

Ces réflexions ne lui faisaient pas perdre de vue le battant qui, d'une seconde à l'autre allait voler en éclats, mais il eut l'inexprimable satisfaction d'entendre des pas dans le corridor.

Un renfort lui arrivait. Le maître de l'hôtel averti par la femme de chambre, accourait escorté de deux de ses garçons, et ce détachement était bien de force à mater le tapageur qui troublait le repos des locataires du troisième.

Quelques-uns s'étaient levés et avaient entr'ouvert leur porte pour voir qui menait tout ce bruit, de sorte que ce monsieur allait avoir affaire à quatre ou cinq personnes assez mal disposées à son égard.

Savinien n'avait plus à craindre d'être forcé d'engager un combat ridicule, et il crut qu'il était temps de se montrer.

Sans s'arrêter à écouter le colloque orageux que venaient d'entamer l'homme rageur et l'hôtelier, il tira le verrou et il tourna la clef, non sans quelque peine, car la serrure était déjà fort détraquée.

La porte s'ouvrit et il se trouva en présence d'un monsieur qui ne répondait pas du tout à l'idée qu'il s'en était faite d'après ses coups de pied.

Ce jaloux extravagant était très correctement habillé et sa physionomie n'annonçait pas un caractère emporté. Avec sa redingote noire, sa cravate nouée avec soin et ses favoris taillés en côtelettes, il avait à peu près l'air d'un parfait notaire.

A coup sûr, il était du monde, peut-être pas du meilleur, mais du monde riche, et dans la vie ordinaire, il devait être fort calme.

Mais pour le moment, il était hors de lui. Il avait le visage cramoisi et les yeux lui sortaient de la tête. Il voyait rouge.

Le maître de l'hôtel et ses garçons l'entouraient et se préparaient à le mettre à la raison, s'il s'était avisé de se livrer à des violences.

La précaution était sage, mais elle était superflue, car en voyant apparaître l'occupant du 19, il fit un effort sur lui-même et il se contint.

Rien qu'à ce changement d'attitude, Savinien comprit qu'il se trouvait en face d'un homme comme il faut, et cette découverte le mit à l'aise.

Avec un égal, ce qui pouvait lui arriver de pis, c'était d'aller sur le terrain, et cette perspective ne l'effrayait pas.

— En vérité, monsieur, commença-t-il, vous avez une étrange façon de vous annoncer. Je dormais profondément, lorsque j'ai été réveillé par le furieux tapage que vous faisiez. Que demandez-vous ?... et pourquoi vous permettez-vous de briser la porte de mon appartement.

— Ce n'est pas à vous que j'en ai, répliqua le monsieur, d'une voix étranglée par la colère. Je ne vous connais pas.

— Eh bien, alors ?

— Une femme est entrée ici... il faut que je la voie...

— Vous êtes fou, je pense. Personne n'est entré chez moi, par l'excellente raison qu'avant de me coucher, j'avais fermé en dedans la porte que vous avez essayé d'enfoncer.

— Là ! qu'est-ce que je vous disais ? s'écria la fille de chambre qui venait d'arriver à la rescousse.

— Monsieur est rentré à quatre heures ce matin et il est rentré seul, ajouta un garçon ; je le sais bien puisque c'est moi qui étais de service de nuit et qui lui ai remis son bougeoir. Ainsi...

— La femme que je cherche est venue il y a vingt minutes, interrompit le briseur de clôtures.

— Monsieur, dit le maître de l'hôtel, vous n'avez pas le droit de faire du scandale dans une maison honnête, et je vous prie de vous retirer. Cette scène n'a que trop duré, et si vous refusez de sortir de bon gré, je vais envoyer au poste de police. Vous ne tenez pas, je suppose, à ce qu'on vous y conduise, car vous me paraissez appartenir à un monde où on a des ménagements à garder, quelles que soient les circonstances où on se trouve.

Il s'exprimait fort bien, cet hôtelier, et l'allusion discrète aux infortunes conjugales des maris bien élevés fit de l'effet.

Le jaloux commençait à comprendre qu'il n'obtiendrait rien par la menace et il changea de ton.

— Monsieur, dit-il en s'adressant à Savinien, je reconnais que j'ai eu tort d'essayer d'entrer de force, mais j'avais commencé par frapper et vous ne m'avez pas répondu.

— Je dormais, je vous l'ai déjà dit, je n'ai rien entendu, répondit le cousin d'Yvonne, qui n'en était déjà plus à un mensonge près.

— Je veux bien vous croire, mais maintenant que vous êtes éveillé, vous ne refuserez pas de me laisser visiter votre appartement.

— Je refuse au contraire absolument. Il n'y a personne chez moi, je vous le répète. Mais je ne vous permettrai pas de vous en assurer. Mon affirmation doit vous suffire. Si vous vous y étiez pris d'une autre façon, peut-être aurais-je consenti à faire ce que vous désirez, mais je tiens à vous apprendre que je ne cède jamais à la contrainte.

— Monsieur a parfaitement raison, appuya l'hôtelier, et je vous prie encore une fois de partir. Rester ne vous servirait à rien, car je vous déclare que vous n'entrerez pas. Nous sommes en nombre pour vous en empêcher.

Surveillez ma maison, de la rue, si cela vous convient, mais chacun de mes locataires est maître chez lui et mon devoir est de lui prêter main-forte pour défendre l'accès de son logement.

— Et au surplus, monsieur, dit Savinien, si vous avez ultérieurement des explications à me demander, vous me trouverez à vos ordres.

Je me nomme le vicomte d'Amanlis.

— Le vicomte d'Amanlis ! répéta l'enfonceur de portes. Est-ce que vous n'êtes pas de la Bretagne ?

— J'en arrive, monsieur, dit Savinien, assez surpris de l'effet que son nom produisait sur cet homme qu'il n'avait jamais vu.

Vous me connaissez donc ?

— Non... je sais seulement qu'il y a des Amanlis dans le département d'Ille-et-Vilaine.

— Il n'y en a qu'un... et c'est moi.

— Alors, vous êtes le neveu du baron de Trémorin ?

— Parfaitement. Mais qu'est-ce que cela vous fait ?

— Rien, répondit brusquement le monsieur, qui faisait en ce moment une singulière figure.

Le renseignement qu'il venait de recueillir sans le demander avait produit sur lui un effet extraordinaire. Il ne menaçait plus et il parlait beaucoup moins haut. Il n'était pas calmé, mais il hésitait évidemment sur la conduite qu'il allait tenir.

Savinien mit à profit ce changement dont il ne s'expliquait pas la cause ; c'était le moment d'en finir avec ce furieux, puisqu'il paraissait un peu plus disposé à entendre raison.

— Monsieur, lui dit le cousin d'Yvonne, je ne sais pas qui vous cherchez, et je ne veux pas le savoir. Je me borne à vous répéter qu'il n'y a personne chez moi, et que, y eût-il quelqu'un, je ne vous permettrais pas d'y entrer. Il est donc tout à fait inutile que vous insistiez et je compte que vous allez me laisser en repos.

Je vous répète d'ailleurs que, si vous n'êtes pas content, je suis tout disposé à vous rendre raison... lorsque je saurai à qui j'ai affaire.

— Monsieur ne peut pas mieux dire, appuya le maître de l'hôtel; il a même bien de la bonté de prendre la chose ainsi. Et comme mon devoir est d'assurer la tranquillité de mes locataires, si vous ne vous retirez pas à l'instant, je vous déclare encore une fois que je vais faire appeler les sergents de ville.

— Vous auriez dû commencer par là, dit un voisin qui avait ouvert sa porte et qui regardait la scène. Il n'est pas permis de venir mettre toute une maison sens dessus dessous... et ça sous prétexte qu'on court après une femme.

— Vous voyez bien que tout le monde vous donne tort, reprit l'hôtelier. Encore une fois, je vous engage, dans votre intérêt, à vous en aller.

— Dites-moi votre nom, ajouta Savinien, et nous nous reverrons quand vous voudrez et où vous voudrez.

— Je n'ai pas besoin de vous dire mon nom, grommela l'intrus qu'il s'agissait de chasser. Il me suffit de savoir le vôtre... et je vais partir, si vous me donnez votre parole d'honneur qu'une femme n'est pas entrée dans votre logement.

Le coup était habilement porté et il mit d'abord Savinien hors de garde, mais il s'en tira en feignant de perdre patience.

— Ah! vous m'ennuyez à la fin, s'écria-t-il. Je n'ai pas de compte à vous rendre et quand j'affirme une chose, je prétends qu'on me croie. Allez au diable!

Et il jeta au nez du monsieur la porte qui tenait encore assez pour qu'il fût possible de la refermer.

Cette exécution faite, il mit le verrou et il attendit, sans trop d'inquiétude, le dénouement de ce drame du corridor.

Il savait bien que les tentatives de bris de clôture n'allaient pas recommencer. Le maître de l'hôtel et ses gens étaient là pour y mettre ordre. Et, si furieux qu'il fût, l'envahisseur devait comprendre qu'il ne lui restait plus d'autre parti à prendre que de battre en retraite.

En effet, après quelques éclats de voix, les pourparlers cessèrent dans le couloir du troisième étage, et Savinien eut la satisfaction d'entendre qu'on reconduisait vivement le personnage incommode qui s'était permis de troubler le sommeil des locataires de l'auberge.

Les voisins rentrèrent chez eux et le silence se fit.

Par surcroît de précaution, Savinien alla regarder à travers les carreaux de la fenêtre et vit passer dans la cour ce vilain monsieur escorté par les garçons qui le poussaient dehors.

— J'en suis débarrassé, pensa-t-il, mais il est bien capable de monter la garde dans la rue, et quand cette pauvre femme sortira, Dieu sait ce qu'il adviendra d'elle.

Je ne peux pourtant pas la garder chez moi indéfiniment.

Un léger bruit lui fit tourner la tête. La porte de sa chambre à coucher venait de s'ouvrir, et la fugitive était devant lui.

Elle n'avait pas relevé la voilette de blonde noire qui cachait ses traits aussi bien que l'aurait fait un masque. Il put voir seulement qu'elle était grande, et qu'elle avait une tournure élégante, mais pas très jeune.

On reconnaît l'âge d'une femme à sa taille comme à son visage, et Savinien jugea du premier coup d'œil que celle-là devait avoir, depuis quelques années déjà, dépassé la trentaine.

Elle portait un élégant costume du matin qui pouvait être aussi un costume de voyage : une toque de loutre, et une pèlerine à collets ; elle était chaussée de bottines un peu fortes qui n'en faisaient que mieux valoir son pied étroit et cambré ; et, détail que Savinien n'avait pas remarqué lorsqu'elle s'était réfugiée dans la chambre, ses petites mains gantées de noir tenaient un coffret d'acier poli qui devait être assez lourd, car elle commença par le déposer sur la table du salon où elle venait d'entrer.

Savinien la regardait de tous ses yeux et se sentait beaucoup plus mal à l'aise devant elle que s'il eût eu encore en face de lui le furibond qui la poursuivait.

C'était la première fois de sa vie qu'il se trouvait engagé dans une aventure de ce genre, et il manquait absolument d'expérience pour se tirer de la situation singulière où le hasard venait de le jeter.

Il ne savait que dire et encore moins que faire, et cependant il fallait prendre un parti, car il sentait bien que l'intrigue n'était pas dénouée, qu'il n'en était même qu'au prologue de la pièce et que la suite dépendait de lui en grande partie.

L'inconnue vint au secours de sa timidité.

— J'ai tout entendu, dit-elle d'une voix douce et pénétrante, une voix qui lui remua le cœur. Vous m'avez sauvée et je vous en serai éternellement reconnaissante.

— J'ai fait ce que tout autre aurait fait à ma place, balbutia Savinien.

— Un autre n'aurait pas si courageusement jeté son nom à un furieux, afin de détourner sa colère. Vous vous êtes dévoué pour moi.

— Il était tout naturel que je me nommasse, puisqu'il s'en prenait à moi... mais je ne m'attendais pas, je l'avoue, à l'effet que ce nom a produit sur lui. J'en suis à me demander s'il le connaissait.

— Moi, je ne le connaissais pas, mais je le retiendrai toute ma vie.

Cette réponse dérangeait un peu les suppositions du vicomte d'Amanlis. Si ce monsieur était le mari, la dame aurait dû éprouver la même impression de surprise en apprenant à qui elle avait affaire.

— Vous devez me juger bien mal, reprit-elle doucement.

— Je ne me permets pas de vous juger, dit Savinien avec embarras.

— Vous êtes un galant homme, et je suis certaine que vous ne chercherez pas à pénétrer le secret d'une femme. Mais je tiens à vous dire pourquoi j'étais entrée dans cet hôtel et comment j'ai été forcée de me cacher ici.

— Je vous jure, madame, que je ne vous demande rien.

— Je le sais, monsieur, et je sais aussi que, si nous venions à nous rencontrer plus tard... si vous appreniez qui je suis... vous n'abuseriez pas de l'aveu que je vais vous faire. Quand vous m'avez donné asile, je fuyais mon mari.

Savinien laissa échapper un geste qui signifiait un peu trop clairement que cette confidence ne lui apprenait rien qu'il n'eût deviné.

— Mais je suis moins coupable que vous ne devez le penser, reprit la dame. Je ne venais pas dans cette maison pour le tromper. Je venais remettre à quelqu'un qui y loge ce coffret... Si je vous disais ce qu'il contient et pourquoi je l'apportais, vous connaîtriez une triste histoire que je n'ai pas le droit de vous apprendre, parce que ce secret n'est pas à moi seule. Mon mari qui l'ignore m'a rencontrée dans la rue et m'a suivie.

Je ne lui avais pas dit que je sortais et, sans doute, il lui a paru étrange que je fusse dehors à une heure si matinale.

Il m'a suivie de loin et je ne me suis pas aperçue qu'il me suivait. Je suis entrée... j'ai traversé la cour et je suis montée à l'étage où demeure le... la personne que je venais voir... j'ai frappé à sa porte... elle ne m'a pas ouvert et une fille de service m'a crié que cette personne n'y était pas. Elle se trompait, j'en suis sûre, car on savait que je devais venir ce matin et on m'attendait... mais je craignais d'attirer l'attention et je suis descendue.

— Et au moment où vous arriviez au bas de l'escalier, vous avez reconnu votre mari dans la cour.

— Oui... alors, j'ai perdu la tête... je me suis mise à remonter précipitamment... il a couru après moi... pour l'éviter, je me suis jetée dans un corridor... j'ai trouvé une clef sur une porte... et... vous savez le reste.

— Je savais même le commencement, murmura Savinien. J'ai entendu ce que disait la femme de chambre.

— Alors, monsieur, reprit la dame sur un autre ton, je puis vous demander de me rendre un dernier service. Je n'ose pas monter encore une fois cet escalier où les domestiques pourraient me rencontrer. Je vous supplie de prendre ce coffret et de le porter avant que je sorte, à la personne qui est logée au n° 26.

— Je ne demanderais pas mieux, mais ce monsieur est parti ce matin.

— Parti! c'est impossible, s'écria la dame voilée.

Sa voix tremblait, et on devinait qu'elle avait dû pâlir sous l'épaisse voilette qui cachait son visage.

— Je vous assure, madame, dit Savinien, que le voyageur qui habitait au quatrième, et précisément au-dessus de mon logement, est parti ce matin vers cinq heures.

— Cette fille ne mentait donc pas, murmura l'inconnue.

— Ce monsieur a dû prendre le premier train à je ne sais quelle gare. Je puis vous l'affirmer, car je m'étais endormi dans un fauteuil, et le bruit qu'ont fait les gens qui emportaient ses bagages m'a réveillé.

— Rien ne prouve que la personne qui a quitté l'hôtel fût celle que je cherchais.

— C'était un homme grand et fort...

— Vous l'avez vu ?

— Oui, au moment où il traversait la cour.

— Et... il n'était pas seul, n'est-ce pas ?

— Non, il était précédé de deux garçons chargés de colis de toutes dimensions. Il y avait entre autres une caisse énorme...

— Pardon, monsieur, mais... ce n'est pas là ce que je vous demande... je voudrais savoir s'il n'avait pas avec lui... une jeune fille, ou plutôt une enfant...

— Non, madame... je l'aurais certainement vue.

— Alors ce n'est pas lui.

Savinien, cette fois, s'inclina sans répondre. Il ne comprenait rien à ces propos interrompus et il n'était pas fâché de faire sentir à la dame qu'elle abusait un peu de la situation pour l'accabler de questions dont il n'apercevait pas le but.

— Excusez-moi, murmura-t-elle en se laissant tomber sur un canapé. Je suis tellement troublée, que je comprends à peine.

— Ah çà ! pensait Savinien, est-ce qu'elle va s'installer ici ?

Après un assez long silence, elle reprit d'une voix altérée :

— Je vous supplie de me dire la vérité. J'ai le plus grand intérêt à la connaître.

— Je vous jure, madame, que je vous l'ai dite. Ce monsieur est parti seul et il avait tout l'air de partir pour un long voyage... Il était équipé en conséquence, et il allait sans doute dans un pays très froid, car il était couvert de fourrures, quoique nous soyons au printemps.

— C'était donc lui, s'écria-t-elle. Mais comment se fait-il?... Je lui avais écrit que je viendrais ce matin... il m'attendait... elle aussi m'attendait...

— Elle? répéta Savinien abasourdi.

— Oui, l'enfant.

— Il se peut que l'enfant dont vous parlez ait précédé ce monsieur. Elle était sans doute déjà dans le fiacre lorsque j'ai regardé par la fenêtre. Et puisque cela vous intéresse, il me sera facile de m'en assurer. Les gens de l'hôtel doivent le savoir, et je puis...

— Ne les appelez pas, je vous en conjure. Je ne me suis déjà que trop montrée.

— Quant à ce monsieur, reprit Savinien, que l'impatience commençait à gagner, il avait certainement décidé dès hier de déménager ce matin, car il a passé une partie de la nuit à faire ses préparatifs de départ. Je suis rentré fort tard et il n'était pas encore couché quand je suis rentré. Je l'ai entendu marcher, frapper, clouer.

— Clouer?

— Mon Dieu, oui. Il a joué du marteau pendant trois quarts d'heure. J'ai supposé qu'il emballait lui-même des objets qu'il avait achetés. Et il est probable que je ne me trompais pas, car j'ai vu passer une longue caisse, qui doit à elle seule représenter un fort excédent de poids s'il la fait enregistrer au bureau des bagages.

La dame n'écoutait plus Savinien. Elle baissait la tête et sa respiration précipitée soulevait son corsage. Evidemment, elle était sous le coup d'une émotion profonde qui lui coupait la parole et qui la retenait sur le canapé.

Ce silence et cette immobilité ne faisaient pas du tout l'affaire de Savinien, qui souhaitait de tout son cœur qu'elle déguerpît le plus tôt possible.

Il s'était très volontiers entremis pour la soustraire aux violences d'un mari exaspéré, mais il ne se souciait nullement de se constituer à perpétuité le protecteur d'une femme qui lui inspirait une défiance instinctive.

Les accointances de cette persécutée avec le monsieur du 26 lui semblaient aussi suspectes que les allures de ce personnage qui passait la nuit à enfoncer des pointes dans un coffre.

Il flairait un drame et il n'avait aucun goût pour les drames.

Et quand il n'y aurait eu qu'une de ces intrigues qui courent les rues de Paris, il ne tenait pas du tout à s'en mêler.

Ce matin-là, d'ailleurs, il avait à sortir, et il lui tardait de s'habiller. Or, le temps s'écoulait, et la dame ne faisait pas mine de s'en aller.

— Je ne puis cependant pas la mettre à la porte, pensait-il en l'observant à la dérobée.

Et il se creusait la tête pour inventer un moyen d'en venir à ses fins sans manquer aux égards qu'on doit au sexe faible.

Mais ce moyen, il ne le trouvait pas. Ce n'était pas à Plouer qu'il avait pu apprendre l'art de dénouer habilement une situation délicate. Là-bas, au château, la vie était tout unie, et chacun allait son droit chemin, sans faire de faux pas.

— C'est désolant d'avoir si peu d'imagination, se disait-il. Je suis sûr que si Georges Fougeray était ici, il me donnerait tout de suite une idée. Pour lui, une aventure pareille serait une bonne fortune. Voilà ce que c'est que d'être Parisien, on sait tirer parti de tout. Moi, je ne serai jamais qu'un naïf.

Savinien avait bien tort de s'exciter ainsi, car au moment où il désespérait de la voir partir, la dame sortit de l'accablement où elle était plongée et se leva.

— Monsieur, dit-elle, vous m'avez probablement sauvé la vie, car mon mari m'aurait tuée. Vous ne refuserez pas, je l'espère, de me sauver l'honneur.

— Voilà un sauvetage impossible, pensa le vicomte que ce début inquiétait fort.

— Je vais sortir de cet appartement où vous avez bien voulu me recevoir au risque de vous compromettre gravement. Je vais rentrer chez moi. Il est probable que mon mari m'y attend, et qu'il va me demander d'où je viens. S'il voyait ce coffret, je serais perdue.

— Ce coffret ! répéta Savinien qui ne pensait plus à la cassette que la fugitive avait posée sur la table du salon.

— Oui... mon mari sait ce qu'il contient... et je ne veux ni ne puis lui dire pourquoi je l'avais emporté avec moi... Je vous ai demandé tout à l'heure de le remettre à quelqu'un qui habitait cet hôtel...

— Et qui ne l'habite plus, vous le savez maintenant, dit vivement Savinien, peu soucieux de se charger de la commission.

— Je vous crois, monsieur, quoique ce départ subit « semble inexplicable... et puisque la personne à laquelle j'apportais ce coffret est partie, je vous supplie de le...

— Mais, madame, vous n'y pensez pas; que ferais-je d'une cassette qui ne m'appartient pas ?

— Vous la conserverez jusqu'au jour où je viendrai vous la réclamer.

— C'est une responsabilité que je ne saurais accepter... A quel titre me ferais-je dépositaire d'un objet à la possession duquel vous attachez tant de prix?... vous ne me connaissez pas...

— Je sais que vous êtes un brave et loyal gentilhomme. Cela suffit pour que je me fie à vous.

— Votre confiance m'honore assurément, mais vous oubliez que si on trouvait ce coffret chez moi...

— Eh bien! on n'oserait pas accuser le vicomte d'Amanlis de l'avoir volé. Et si on essayait de vous le prendre, vous sauriez le défendre comme vous m'avez défendue. Mais, je vous le jure, personne ne saura jamais qu'il est entre vos mains.

— Je puis, d'un jour à l'autre, quitter cette maison et même quitter Paris où je ne suis qu'en passant... que ferais-je alors de ce dépôt?

— Vous ne changerez pas de domicile sans laisser votre adresse... et si vous quittez Paris, je sais que vous habitez la Bretagne... votre nom doit y être connu et il me serait facile de savoir où je dois vous écrire.

— Je demeure au château de Plouer, près de Dinan, mais...

— Ne me refusez pas, monsieur, je vous le demande en grâce, supplia la dame voilée, je vous le demande au nom de la femme que vous aimez. On aime, à votre âge, et on est aimé. La vie de cette ville maudite ne vous a pas encore desséché le cœur. Vous devez avoir une amie... une fiancée peut-être... je vous jure que si elle pouvait me voir et m'entendre, elle aurait pitié de moi... elle vous prierait de me sauver une seconde fois en consentant à garder ce coffret.

Savinien tressaillit. Cette allusion inattendue à ses chastes amours l'avait remué. Il trouvait que la dame était bien osée d'invoquer, dans le vilain cas où elle se trouvait, le souvenir d'une jeune fille qui ne lui ressem-

3.

blait guère. Mais il se disait aussi que cette déraillée n'était peut-être pas si coupable qu'il l'avait cru d'abord. Un mystère planait sur cette aventure, qui ne se présentait pas tout à fait comme une vulgaire escapade conjugale.

A ce moment, on frappa doucement à la porte et une voix qu'il reconnut dit sur un ton discret :

— Veuillez m'ouvrir, monsieur ; je suis le maître de l'hôtel et il faut absolument que je vous parle... dans l'intérêt de la personne qui est chez vous.

Savinien ne s'attendait pas à cette diversion, mais il n'eut pas de peine à en deviner la cause.

Evidemment, le mari ne s'était pas tenu pour battu, et le maître de l'hôtel venait annoncer que la dame et son protecteur devaient se prémunir contre un nouveau danger, peut-être même contre un retour offensif de l'enragé qui leur avait livré un si furieux assaut.

Savinien cependant ne se décida point à revoir l'hôtelier avant que la dame l'y eût autorisé.

Il la consulta d'un regard et elle lui répondit sans hésiter :

— Ouvrez, monsieur. Au point où j'en suis, je n'ai plus à me cacher des gens de cette maison.

— Celui-là, d'ailleurs, ne verra pas votre visage, dit le jeune homme ; il ne le verra pas plus que je ne l'ai vu moi-même... et je suppose qu'il pourra vous être utile... pour sortir d'ici.

Et il alla tirer le verrou.

L'hôtelier entra vivement et referma la porte derrière lui.

C'était un homme mûr, il avait l'air très intelligent et il était porteur d'une physionomie avenante qui inspirait la confiance à première vue. Il salua très poliment la dame, sans chercher à la dévisager à travers sa voilette, et il dit, en s'adressant autant au vicomte d'Amanlis qu'à elle :

— Je ne me serais pas permis de me présenter, s'il n'y avait pas urgence. Le monsieur qui a fait cette scène fâcheuse ne s'est décidé à partir que pour mieux en venir à ses fins. Il a compris qu'on ne souffrirait pas qu'il visitât l'appartement, et il est allé se mettre en sentinelle devant la porte cochère de l'hôtel.

— Je m'en doutais, murmura Savinien.

— Quand je dis devant la porte, non, ce n'est pas tout à fait cela. Mes garçons l'auraient empêché d'y stationner. Heureusement, ils l'ont surveillé et ils ont vu ses manœuvres. Il a fait semblant de s'en aller; il est descendu jusqu'au boulevard, il a même tourné le coin de la rue du Helder, comptant bien que madame attendrait un peu avant de sortir. Puis, après avoir disparu pendant deux ou trois minutes, il est revenu, en rasant les murs, tout le long du trottoir opposé, et il est entré dans une allée qui s'ouvre juste en face de ma maison. Il s'y est caché le mieux qu'il a pu... c'est-à-dire assez mal... et il y est encore... évidemment, il guette.

— Mais vous ne devez pas tolérer cet espionnage, s'écria le vicomte d'Amanlis.

— Il est assez difficile de l'empêcher, monsieur, dit en souriant l'hôtelier. La rue appartient à tout le monde et je n'ai pas le droit de faire la police chez les voisins.

— Ce sera donc moi qui le chasserai, répliqua l'impétueux Breton en faisant un pas vers la porte.

— Je vous en prie, monsieur, ne faites pas cela, dit vivement la dame voilée. Je ne veux pas que vous vous exposiez pour moi. Mieux vaut que je subisse le châtiment de mon imprudence et que mon sort s'accomplisse.

Peut-être y aurait-il, d'ailleurs, un essai à tenter. Un

fiacre pourrait entrer dans la cour... j'y monterais et en baissant les stores...

— Le moyen ne serait pas très sûr, interrompit le maître de l'hôtel; de la place où il s'est embusqué, ce monsieur voit parfaitement tout ce qui se passe en bas... et il ne manquerait pas de suivre la voiture.

— Alors, je suis perdue, car je ne puis pas rester ici.

— Madame, je suis monté précisément pour vous indiquer un chemin qui vous permettra d'en sortir sans que vous couriez le moindre danger.

— Quoi ! je pourrais...

— L'hôtel est adossé à une maison où on entre par la rue de la Chaussée-d'Antin et il y a une porte de communication.

— Quel bonheur! murmura Savinien sans dissimuler la joie que lui causait cette nouvelle inespérée.

— Et la porte se trouve justement au bas de votre escalier, au fond d'un corridor, reprit le providentiel hôtelier, de sorte que madame ne sera pas obligée de se montrer dans la cour.

Seulement, il n'y a pas de temps à perdre. L'idée pourrait venir à ce monsieur de recommencer la scène de tout à l'heure et il y a déjà eu assez d'esclandre ce matin.

— Je suis prête à vous suivre, monsieur, dit la dame avec émotion; vous me sauvez, et je vous jure que je ne l'oublierai jamais.

M. d'Amanlis aussi m'a sauvée, ajouta-t-elle en regardant Savinien, qui tressaillit en entendant son nom prononcé par cette inconnue, à laquelle il s'intéressait malgré lui, quoiqu'il lui sût mauvais gré d'avoir troublé son repos.

Il ne savait trop quelle contenance tenir et, faute de

trouver une phrase qui exprimât ce qu'il ressentait, il se tut.

Dans la circonstance, ce silence était presque impoli; mais la dame n'en parut pas blessée, et elle n'ajouta pas un mot au remerciement concis qu'elle venait de formuler.

Elle ne pensait qu'à fuir, et c'était assez naturel.

— Venez, madame, lui dit le brave homme qui la tirait d'un si mauvais pas et qui avait montré, pendant cette entrevue délicate, un tact parfait.

Elle hésita un instant, et il n'était pas malaisé de deviner qu'elle aurait voulu, avant de partir, serrer les mains du généreux garçon qui l'avait défendue; mais elle avait plus d'une raison pour ne pas prolonger l'entretien, et elle sortit, non sans lui avoir lancé un regard qui brilla comme un éclair à travers son épaisse voilette de blonde noire.

Savinien, plus troublé que jamais, la suivit jusqu'au bout du corridor, et il vit avec plaisir qu'aucune porte ne s'ouvrait pendant que la fugitive le traversait, conduite par l'obligeant hôtelier.

Les voisins que le tapage avait attirés étaient rentrés chez eux et ne s'occupaient plus des suites de l'aventure.

Savinien, appuyé sur la rampe, vit la dame et son guide descendre les trois étages et disparaître dans un couloir obscur qui était la route du salut.

— Enfin, murmura-t-il en poussant un soupir de soulagement, me voilà donc délivré! Le mari peut revenir quand il lui plaira. Je me moque de lui maintenant. Mais quelle histoire! Et Fougeray qui me conseillait cette nuit de me jeter du premier coup dans la vie parisienne! M'y voilà, j'espère, j'y nage, j'y suis plongé jusqu'au cou. J'ai même failli m'y noyer, car il s'en est fallu de bien peu que je me trouvasse pour mon début avec un duel sur les bras... un duel et une femme... c'eût été joli ! Mais tout est bien qui finit bien, et c'est fini, grâce à mon hôte... ah ! je lui dois un beau cierge et je me demande sous quelle forme je pourrais bien le lui offrir.

Tout en se congratulant d'avoir évité des catastrophes redoutables, le vicomte regagnait son petit appartement.

La première chose qu'il aperçut en mettant le pied dans le salon, ce fut le coffret d'acier que la dame avait laissé sur la table.

— Ah ! s'écria-t-il, je n'ai pas pensé à le lui remettre... et je parierais bien qu'elle a fait exprès d'oublier de le prendre en partant. Et moi qui me flattais d'être sorti définitivement de ce labyrinthe ! Il était écrit que j'y resterais pris. Cette femme a barre sur moi maintenant. Je suis son confident... son complice, peut-être... car Dieu sait ce que contient cette boîte... Qu'en faire maintenant ?... J'ai envie de la jeter par la fenêtre... Si je courais après la folle qui m'a joué le mauvais tour de me donner ses secrets à garder ?... Non, je ne la rattraperais pas... mais si jamais elle revient chercher sa cassette, je la recevrai comme elle le mérite... et elle reviendra, je n'en doute pas... en attendant, je suis dépositaire malgré moi et il faut à tout prix que je me débarrasse du dépôt...

Le vicomte en était là de son monologue, lorsque le maître de l'hôtel reparut.

— C'est fait, dit-il d'un ton discret, j'ai eu la chance d'aviser, en débouchant dans la rue de la Chaussée-d'Antin, un fiacre qui était libre. Cette dame y est montée et je puis vous assurer que personne ne l'a remarquée. Maintenant, monsieur, vous pouvez sortir par la grande porte, quand il vous plaira. Le monsieur qui guette vous verra passer et en reconnaissant que vous êtes seul, il sera complètement dérouté. Il attendra peut-être encore une heure ou deux, mais il finira bien par s'en aller.

Savinien était fort tenté de raconter à cet intelligent aubergiste tous les détails de l'aventure et même de le consulter, mais il pensa qu'il était plus convenable de se tenir sur la réserve et il se borna à le remercier chaleureusement.

— Je suis heureux, monsieur, d'avoir pu épargner une affaire désagréable au neveu de M. de Trémorin, qui m'a fait souvent l'honneur de descendre chez moi, répondit l'hôtelier.

— S'il y revenait pendant mon séjour à Paris, dit vivement Savinien, je vous serai très obligé de ne pas lui parler de cette sotte histoire.

— Oh! je suis discret par état.

— Pas au point, je suppose, de ne pas me dire qui est le voyageur dont le départ matinal m'a valu tant d'ennuis?

— C'est un Suédois qui s'appelle le comte Aparanda. Je ne manque pas au secret professionnel en vous apprenant son nom, car il est couché sur mon registre, et tout le monde peut l'y voir.

— Alors, il est probable que la dame qui le cherchait est étrangère?

— Tout ce que je puis vous dire, c'est qu'elle n'était jamais venue ici... le comte n'a reçu aucune visite pendant les huit jours qu'il a passés chez moi.

— C'est singulier. Cette dame parlait d'une jeune fille qui avait dû partir avec lui ce matin.

— Elle se trompait. Le comte est arrivé et parti seul.

— Pour la Suède?

— Je le crois. Il a pris le chemin de fer du Nord. Il est d'ailleurs peu communicatif, et il n'a pas jugé à propos de me dire où il allait.

Savinien s'était laissé aller peu à peu à questionner son hôte, et pendant qu'il était en train, il lui demanda ce qu'il pensait de l'aventure bizarre qui venait de se terminer sans accident. Et l'hôte lui répondit tranquillement :

— A Paris, ces choses-là arrivent assez souvent. Nous y sommes habitués. La sortie sur la Chaussée d'Antin m'a déjà servi plus d'une fois. Mais je crois que cette dame n'y reviendra plus. Elle a eu une telle peur !

— Je crains au contraire qu'elle ne revienne. Elle a oublié ici ce coffret... dont je ne sais que faire.

— Mais... si vous ne tenez pas à la revoir, vous pourriez me le remettre. Je le placerai dans ma caisse. Mieux vaudrait cependant, je crois, le déposer chez votre banquier... jusqu'à ce que la dame vous le réclame. De cette façon, ni vous ni moi n'en serions responsables.

— C'est ce que je ferai, dit Savinien, qui trouvait l'idée excellente. Précisément je dois le voir ce matin, et je lui demanderai s'il veut s'en charger.

L'hôte prit congé de son locataire, qui se hâta de procéder à sa toilette, car il était dix heures passées et il tenait beaucoup à ne pas manquer le rendez-vous que Georges lui avait donné à Tortoni.

Il lui tardait de lui raconter les événements de la matinée pour lui prouver qu'il n'était pas si provincial qu'il en avait l'air.

CHAPITRE II

Deux heures après l'heureux dénouement de cette aventure compliquée, Savinien débouchait à pied sur le boulevard des Italiens.

Il faisait une jolie journée de printemps, et il éprouvait le besoin de marcher pour se rafraîchir les idées.

Il était remis de ses émotions, mais il avait encore la tête lourde et le grand air lui faisait du bien.

Savinien, à Plouer, ne déjeunait jamais qu'après avoir exécuté, au pas gymnastique, une promenade de cinq ou six kilomètres, à seule fin de s'ouvrir l'appétit et il tenait à ne pas perdre cette saine habitude.

Il s'était donc dispensé de prendre un fiacre pour expédier les visites dont il tenait à s'acquitter sans plus tarder.

Celles qui devaient le conduire sur la rive gauche pouvaient se remettre à l'après-midi ; les douairières du faubourg Saint-Germain ne reçoivent guère avant quatre heures. Mais les gens d'affaires sont surtout visibles le matin, et Savinien avait réglé en conséquence le programme de sa journée.

Il comptait porter d'abord au banquier de son oncle la lettre de recommandation et la lettre de crédit que M. de Trémorin lui avait données la veille de son départ, rejoindre ensuite Georges Fougeray à Tortoni, et passer les ponts, un peu plus tard, pour aller présenter ses respects et ceux du baron à des parentes qu'il connaissait fort peu.

Et afin de s'éviter la peine de rentrer à son auberge, il s'était habillé pour le soir.

Ce n'est pas à dire qu'il eût commis le solécisme de toilette qui consiste à arborer dès le matin l'habit et la cravate blanche. Il n'était pas provincial à ce point. Mais il avait mis une redingote noire, boutonnée sur un gilet blanc, un pantalon gris et des bottines vernies : la tenue que les Parisiens qui se piquent d'élégance ne prennent qu'à des heures beaucoup plus avancées.

Et autre faute contre les usages mondains, il s'était chargé d'un paquet : un objet pas très volumineux enveloppé dans un journal.

Le vicomte d'Amanlis savait fort bien que les lois de la mode obligent ceux qui s'y conforment à ne rien tenir à la main dans la rue, fût-ce une ramette de papier à lettres, mais il voulait absolument faire un peu d'exercice avant de se mettre à table, et il lui tardait de se débarrasser du coffret que la dame inconnue avait volontairement oublié dans l'appartement de son sauveur.

Depuis qu'il était délivré de cette mystérieuse personne, Savinien avait beaucoup réfléchi sur le cas épineux où elle l'avait mis en lui laissant sa cassette, et il s'était décidé à suivre le conseil du maître de l'hôtel.

Il pensait que cette cassette serait beaucoup plus en sûreté dans la caisse d'une maison de banque que dans l'armoire à glace d'une chambre d'auberge, et qu'il serait temps de retirer ce dépôt quand la dame viendrait le réclamer.

— Et si elle ne revient pas, se disait-il, j'aurai dégagé ma responsabilité. Le coffret restera chez le banquier jusqu'à la consommation des siècles.

Savinien raisonnait comme les enfants qui croient que tout se fait simplement, et il comptait se tirer d'embarras par un expédient dont l'emploi présentait des difficultés qu'il ne soupçonnait guère.

Il avait eu soin, d'ailleurs, en sortant de l'hôtel, de dissimuler le coffret sous son bras, en prévision du cas où le mari serait encore embusqué devant la porte, et la précaution était sage, car il l'aperçut se cachant de son mieux au fond d'une allée.

Il passa sans avoir l'air de le remarquer, et, en tournant le coin de la rue du Helder, il donna un rapide coup d'œil en arrière.

Le jaloux obstiné ne se montrait pas.

— Très bien ! se dit Savinien, il espère toujours que sa femme va sortir, et il restera en sentinelle jusqu'à demain. Il a dû me voir cependant, mais ce n'est pas à moi qu'il en veut. Il connaît mon nom, il sait que j'arrive de province et il se doute bien que si j'ai joué un rôle dans cette histoire, c'est par accident. Donc, il me laissera en repos, et, quant à son infidèle, il peut bien l'attendre tant qu'il lui plaira. Il y a longtemps qu'elle est rentrée au domicile conjugal.

Quand ils se reverront, l'explication sera curieuse. Je voudrais y assister pour rire un peu de ces Parisiens qui se croient si forts. En vérité les maris sont moins bêtes en Bretagne et les femmes se conduisent mieux. Il faut dire qu'à Dinan, et même à Saint-Malo, elles ont moins de facilités pour cacher leurs fredaines. Les maisons n'ont pas deux portes comme mon auberge de la rue du Helder.

Ce monologue pensé occupa le vicomte jusqu'à l'entrée du boulevard des Capucines.

La maison de banque où il avait affaire était située avenue de l'Opéra, et pour y arriver, le chemin n'était ni long, ni ennuyeux.

Quand l'hiver vient de finir, il ne faut qu'un rayon de soleil pour que tout Paris sorte.

La chaussée était encombrée de voitures et les passants se coudoyaient sur les larges trottoirs.

Ce n'était pas encore l'heure où les femmes élégantes sortent pour exhiber des toilettes printanières. On ne voyait guère que des gens pressés courant dans tous les sens.

— Où vont-ils ? murmurait Savinien, tout étourdi de se trouver au milieu de ce tourbillon. Ils roulent comme des feuilles mortes chassées par le vent. On dirait qu'ils sont fous... ou qu'ils ont la fièvre chaude... la fièvre de l'or, parbleu ! C'est après la fortune qu'ils courent.

Grand bien leur fasse! j'aime mieux ne jamais l'attraper que de me donner tant de peine.

Et il cherchait à fendre cette foule affairée, lorsqu'il se heurta contre un monsieur qui allait encore plus vite que les autres et qui lui cria :

— Faites donc attention, sacrebleu !

— Tiens, c'est toi, dit Savinien qui venait de reconnaître son ami Fougeray.

— Ah! ah! déjà dehors! tu n'as pas beaucoup dormi, à ce que je vois, répondit Georges en riant.

— Je n'ai même pas dormi du tout.

— Et où vas-tu si matin ?

— Chez M. Montauron, banquier, avenue de l'Opéra.

— Est-ce l'homme ou sa caisse que tu veux visiter ?

— L'un et l'autre, quoique je n'aie pas absolument besoin d'argent, grâce à la partie de cette nuit.

— Prends-en toujours. Ça ne peut pas nuire. Mais si tu tiens à parler au seigneur Montauron, je t'avertis qu'il y a dix à parier contre un que tu ne le trouveras pas avenue de l'Opéra.

— Pourquoi?

— Parce qu'il n'y demeure pas. C'est là qu'est le siège social de sa maison et il y vient régulièrement tous les jours, mais pas à ces heures-ci.

— Où habite-t-il donc?

— Il habite son hôtel, non loin du parc Monceau. Mais tu rencontreras certainement son associé et tu pourras toucher. C'est le principal. Prie-le de te permettre de visiter la maison... les caveaux, surtout... ça t'intéressera. Mais ne t'y attarde pas trop, car il faut que je sois à la Bourse de une heure à deux... il y a un coup à faire... je t'expliquerai ça. Ah! à propos, viens me rejoindre chez Champeaux, place de la Bourse. Je n'ai pas le temps de déjeuner à Tortoni... c'est trop loin de la corbeille.

Je me sauve, à bientôt!

— Il a le diable au corps comme les autres; le voilà parti, et il déjà loin, murmura Savinien. Jamais je ne pourrai m'accoutumer à cette existence d'écureuil enragé.

Et il se remit en route pour l'avenue de l'Opéra, quoique le renseignement que Georges venait de lui jeter au vol dérangeât un peu ses combinaisons.

L'oncle Trémorin lui avait bien recommandé de voir M. Montauron en personne, et voilà qu'il apprenait que M. Montauron demeurait à une demi-lieue de sa caisse.

Il songea un instant à remettre la visite à une meilleure occasion, mais il réfléchit que l'associé lui indiquerait sans doute comment il fallait s'y prendre pour aborder le chef de la maison, et il continua son chemin.

Deux minutes après, il arrivait devant la porte d'un majestueux édifice.

C'était si grand et si beau, que le vicomte d'Amanlis crut d'abord s'être trompé de numéro en descendant l'avenue de l'Opéra.

A Saint-Malo, et même à Rennes, les établissements financiers occupent modestement des maisons de bourgeoise apparence. Savinien pensait bien qu'à Paris ils étaient mieux logés, mais il n'imaginait pas qu'on construisait, tout exprès pour les abriter, de véritables monuments.

La façade qu'il contemplait avait un aspect si imposant, qu'il se sentit frappé d'une sorte de respect pour les capitalistes qui avaient bâti ce palais.

Cependant, c'était bien là qu'il avait affaire.

Au-dessus d'une porte, large et haute comme un arc de triomphe, s'étalait sur une plaque de marbre noir cette inscription gravée en lettres d'or :

CRÉDIT DES PROVINCES

et un peu plus bas, en caractères moins apparents :

Montauron et C. Banque et recouvrements.

A en juger par ces splendeurs immobilières, la maison fondée et dirigée par le banquier de l'oncle Trémorin devait être une des plus puissantes de Paris.

Savinien n'était pas trop surpris que cet oncle l'eût choisie pour y déposer des fonds. Il s'étonnait davantage que le châtelain de Plouer fût assez lié avec un financier de ce calibre pour lui adresser, à lui personnellement, son neveu.

La lettre de crédit s'expliquait parfaitement ; M. Montauron était sans doute le correspondant du comptoir d'escompte de Saint-Malo qui l'avait délivrée contre espèces à M. de Trémorin.

Mais la lettre de recommandation était presque inexplicable, car jamais on ne parlait au château du « Crédit des Provinces » et Savinien avait entendu pour la première fois, la veille de son départ, son oncle prononcer le nom de M. Montauron.

— Ne manque pas d'aller le voir le lendemain de ton arrivée, avait dit le père d'Yvonne. C'est un brave homme, quoiqu'il soit des nouvelles couches et qu'il ait d'autres opinions que les nôtres. Il te recevra bien et il t'ouvrira les portes d'un monde qu'il est bon que tu connaisses.

Savinien avait pensé que cet oncle prévoyant, à son dernier voyage à Paris, avait noué quelques relations d'affaires avec ce monsieur, mais il n'aurait jamais cru que le Montauron fût à la tête d'une maison de premier ordre.

Le baron de Trémorin possédait une jolie fortune en terres, mais en Bretagne, les propriétaires fonciers ont peu de capitaux disponibles, surtout pour s'intéresser dans de vastes opérations de banque, et son neveu n'imaginait pas qu'il eût souscrit des actions du *Crédit des Provinces.*

A quel titre ce gentilhomme-fermier en usait-il donc si librement avec un prince de la finance ?

— Qui sait ? se dit Savinien après réflexion, ils ont peut-être navigué ensemble. Pourquoi ce Montauron n'aurait-il pas été marin dans son jeune temps ? Peu m'importe, après tout. Je ne risque rien d'aller lui faire ma visite. S'il me reçoit froidement, j'en serai quitte pour ne pas remettre les pieds chez lui, et mon oncle n'aura rien à me reprocher.

En attendant qu'il me fasse l'honneur de me recevoir, je puis bien présenter ma lettre de crédit à ses subalternes, et leur demander de déposer ce maudit coffret dans la caisse de l'établissement.

Et, pour en finir avec des hésitations dont il était tout honteux, il franchit les quatre marches qu'il fallait monter pour pénétrer dans le sanctuaire.

Il se trouva dans une salle immense, pavée en marbre et couverte en verre, un *hall*, comme disent les Anglais, ou pour parler plus intelligiblement, une cour vitrée autour de laquelle s'ouvraient des comptoirs innombrables.

Les murs étaient couverts d'inscriptions indicatrices, absolument comme au Trésor public, et des garçons de caisse encagés derrière des grilles, égrenaient des liasses de billets ou pesaient des rouleaux de louis.

Il y avait du monde aux guichets; il y en avait aux tables où on s'assied pour écrire des bordereaux ou endosser des traites; il y en avait partout.

Les millions enfermés dans des portefeuilles circulaient à travers cette foule sans que personne se retournât pour les regarder passer. C'était un va-et-vient continuel, un murmure incessant qu'on aurait pu prendre pour des prières adressées à voix basse au dieu des richesses.

Ces gens-là avaient bien l'air de n'en pas adorer d'autre, et le vicomte d'Amanlis se souvint de son rêve.

— Il ne manque ici que la statue du Veau d'or, pensa-t-il. Elle ferait un effet superbe au milieu de ce temple des comptes courants.

A vrai dire, il se trouvait tout dépaysé, et il faisait une assez sotte figure avec son coffret sous le bras.

Un surveillant, qui portait sur son uniforme la médaille militaire et la croix de la Légion d'honneur, lui demanda très poliment ce qu'il désirait, et, sur le seul mot de : lettre de crédit, lui indiqua l'escalier à prendre, ces lettres devant être d'abord visées au premier étage.

Il était magnifique, cet escalier, large et doux à monter comme un escalier de musée ou de résidence royale, et il aboutissait à une antichambre beaucoup plus luxueusement décorée que le salon du manoir de Plouer.

Savinien expliqua son affaire à un domestique aussi imposant qu'un suisse de cathédrale et il apprit qu'il fallait lui remettre la lettre et un bulletin énonçant la somme à toucher.

Le neveu n'avait pas oublié que son oncle lui avait fort recommandé de ne pas épuiser son crédit trop vite, et il écrivit le modeste chiffre de mille francs.

— On me prendra pour un indigent, pensait-il en attendant le retour du messager galonné qui s'était chargé de porter à un chef de bureau le maigre appel de fonds du dernier des Amanlis.

Il n'attendit pas longtemps, et ne fut pas peu surpris d'entendre le garçon, qui revenait les mains vides, lui annoncer que M. Bouret désirait lui parler.

— Qu'est-ce que c'est que M. Bouret ? demanda-t-il timidement.

— M. Bouret est le sous-directeur du *Crédit des Provinces*, répondit l'homme avec une déférence très marquée.

— Fort bien. Introduisez-moi, répondit Savinien d'un air dégagé.

Au fond, il était presque inquiet. Il se demandait :

— Ah çà, est-ce que ce monsieur-là s'imagine que ma lettre est fausse ?

Le garçon de bureau poussa une porte mobile ornée de

clous dorés et invita respectueusement Savinien à entrer.

En même temps, du fond d'un cabinet d'aspect ministériel, un homme de bonne mine venait, les deux mains ouvertes, à la rencontre du jeune Breton qui s'était arrêté sur le seuil, n'osant pas avancer.

— Comment ! monsieur le vicomte, s'écria ce personnage, vous nous faites l'injure de présenter, comme si vous étiez le premier venu, la lettre qui vous accrédite auprès de nous ! Heureusement, j'ai lu votre nom en la visant et je me suis permis de vous envoyer chercher. Je ne me serais pas consolé de vous avoir laissé partir sans vous dire combien nous sommes heureux de nous mettre à votre entière disposition.

— Pardon, monsieur, balbutia Savinien, stupéfait de cet accueil, je ne croyais pas avoir l'honneur d'être connu de vous et je...

— Vous voulez dire que vous ne nous avez pas encore fait l'honneur de venir nous voir ; mais monsieur votre oncle nous parle de vous dans toutes ses lettres. Il vous a annoncé depuis huit jours et nous vous attendions.

— J'ignorais que mon oncle...

— Eût des intérêts dans notre maison. Vous m'étonnez beaucoup. Il en a, et depuis longtemps. Mais vous me rappelez que M. de Trémorin est très discret sur tout ce qui touche à ses affaires, ajouta en souriant M. Bouret.

Je ne le serai pas moins que lui, et je me bornerai à vous répéter que nous sommes à vos ordres.

— Je vous suis infiniment obligé... mon oncle m'avait chargé de remettre à M. Montauron une lettre particulière.

— Montauron n'est pas ici. Il y vient rarement le matin... mais il sera charmé de vous recevoir chez lui... avenue Ruysdaël, tout près du parc Monceau.

Et, quoique M. de Trémorin ne vous ait pas adressé à moi personnellement, j'espère bien que nous nous reverrons souvent ailleurs que dans ce cabinet. Je me flatte de pouvoir vous procurer quelque agrément, car moi, je suis resté garçon, et je pense que vous venez à Paris pour y mener joyeuse vie. C'est de votre âge plutôt que du mien, mais je n'ai pas encore dételé, et vous verrez qu'en dépit de mes quarante-deux ans, je suis encore un bon compagnon.

— Je n'en doute pas, monsieur, dit Savinien tout ébahi de ces singulières offres de services ; mais ce n'est pas seulement pour m'amuser que mon oncle m'envoie passer six mois loin de lui.

— Bon ! les oncles ne donnent jamais de ces conseils-là, mais c'est sous-entendu. Le vôtre a trop d'expérience pour ignorer qu'un jeune homme ne peut vivre ici comme un ermite. Il vous a ouvert un crédit de six mille francs pour commencer, mais il s'attend bien à le renouveler le mois prochain.

— Je ne crois pas cela. Il m'a dit au contraire que cette somme devait me suffire.

— Alors, c'est sérieusement qu'aujourd'hui vous vous contentez de cinquante louis ?

— Mon Dieu, oui. J'en prendrai autant tous les mois.

— Vous prendrez ce que vous voudrez... et l'argent que je vous remettrai figurera au débit de mon compte personnel. Il ferait beau voir le vicomte d'Amanlis, neveu du baron de Trémorin, obligé de recourir aux usuriers pour payer un pari de courses ou une dette de jeu. Mais nous causons debout, et c'est très fatigant. Veuillez donc vous asseoir, je vous prie, et vous débarrasser de ce paquet que vous tenez à la main et qui doit vous gêner, car il paraît très lourd.

— Ce paquet ? répéta Savinien qui ne s'attendait pas

à être interpellé à propos du fameux coffret par ce monsieur si obligeant et un peu trop familier.

Il aurait préféré expliquer à un employé subalterne ce qu'il voulait en faire. Cet employé lui aurait répondu oui ou non, sans se permettre de l'interroger, tandis que le sous-directeur du *Crédit des Provinces* allait peut-être lui poser des questions.

— Est-ce un dépôt que vous venez nous confier ? reprit en riant M. Bouret.

— Précisément, répondit le vicomte, séduit par cette ouverture inattendue.

— Alors, vous ne pouviez pas mieux tomber ; notre maison a la spécialité des dépôts et nous avons organisé pour les recevoir un système ingénieux qui n'existe nulle part. Vous plaît-il que je vous l'expose ?

— Je serais fort aise de le connaître.

— Eh bien, voici ce que c'est. A la Banque de France et ailleurs, on ne reçoit les valeurs qu'à découvert. Vous voulez déposer de l'argenterie ou des diamants : on pèse l'argenterie, on estime les pierres, et on s'engage à vous rendre, en cas de perte, une somme égale au chiffre de l'estimation.

Nous avons perfectionné cela. Nous ne tenons pas à voir. On nous apporte une caisse grande comme une armoire ou une boîte qui tiendrait dans la main ; nous la recevons, sans nous inquiéter de savoir ce qu'elle contient.

— Alors, c'est comme à la poste, qui n'ouvre pas les lettres chargées pour s'assurer qu'elles contiennent bien les valeurs déclarées sur l'enveloppe.

— Précisément, et comme l'administration des postes, nous répondons du dépôt.

— Mais... si on vous remettait une cassette vide ou qui ne contiendrait que du sable ou des cailloux...

— Cela ne nous regarde pas. Nous rendrions la cassette, dans l'état où nous l'aurions reçue.

— Mais s'il arrivait qu'elle ne se retrouvât plus ?

— C'est tout à fait impossible. Et vous en serez convaincu, lorsque vous aurez vu fonctionner nos mécanismes de sûreté.

Avez-vous du temps à perdre ?

— Pas beaucoup. Je suis attendu à midi.

— Vous avez encore quarante minutes. C'est assez pour visiter nos catacombes. D'ailleurs, il faut bien que vous y descendiez, puisque vous venez déposer. Chez nous, le déposant opère lui-même. Vous verrez pourquoi. Vous avez là l'objet que vous voulez nous donner en garde ?

— Le voici, dit Savinien en défaisant le journal qui enveloppait le coffret.

— Très bien. Il ne remplira pas la case que nous allons vous louer.

— Comment ! la case ?

— Les explications nous retarderaient. Je vais vous montrer cela.

— C'est que... le coffret ne m'appartient pas... on me l'a confié... et comme je loge à l'hôtel, je ne voudrais pas le garder chez moi.

— Et vous avez bien raison. Alors, vous n'êtes pas fixé sur la valeur du contenu ?

— Oh ! pas du tout. Il se pourrait même qu'il n'y eût là dedans que des papiers... quoique le contraire me semble plus probable... à cause du poids.

— Peu nous importe. Ce n'est pas la première fois qu'on dépose chez nous des papiers... des lettres, par exemple... il y en a qui valent très cher, dit M. Bouret en souriant d'un air fin. Les correspondances amoureuses, entre autres...; ou bien des pièces compromettantes... nous recevons tout les yeux fermés. Il est probable que certaines cases de notre caveau renferment des secrets de famille... et je vous jure qu'ils sont mieux placés là que partout ailleurs.

Maintenant, nous n'avons plus qu'à descendre. Je vais prévenir par le téléphone l'employé qui vous délivrera votre carte d'abonnement et le garçon de caisse qui veille à la grille du caveau.

Ayant dit, M. Bouret saisit l'embouchure de l'ingénieux appareil inventé par Edison, et engagea avec ses subordonnés une conversation à distance.

Pendant qu'il collait alternativement sa bouche et son oreille à l'orifice du tube en caoutchouc, Savinien eut le loisir d'examiner ce financier qui ne répondait pas du tout à l'idée qu'il se faisait d'un chef de maison de banque.

M. Bouret était un grand garçon bien tourné, vêtu avec une élégance de bon goût, porteur de petites moustaches noires et de favoris coupés au niveau de l'oreille. Il avait une figure intelligente et ouverte, l'œil vif, les mouvements dégagés.

On lui aurait à peine donné trente-cinq ans.

En province, un banquier est presque toujours un grave personnage qu'à son air sérieux et à ses allures dignes, on pourrait confondre avec un magistrat.

— Si M. Montauron ressemble à son associé, pensait Savinien, le *Crédit des Provinces* est gouverné par des viveurs, car ce sous-directeur me paraît être un joyeux compère.

— C'est fait, dit M. Bouret en se retournant. Il y avait un déposant dans le caveau, mais il a presque terminé son opération. La place va être libre. Venez, monsieur le vicomte.

Savinien, son coffret sous le bras, suivit sans mot dire

l'obligeant administrateur, qui tenait à lui montrer lui-même les curiosités de l'établissement.

M. Bouret prit un escalier réservé pour son usage particulier, et conduisit d'abord le jeune Breton au rez-de-chaussée, dans un bureau où se tenait un monsieur presque aussi élégant que son chef.

— A Saint-Malo, les commis des comptoirs portent de fausses manches en lustrine verte, pensait Savinien. Il faut que cette maison gagne un argent fou, pour n'employer que des gens qui s'habillent comme des *gommeux*.

— Veuillez délivrer une carte d'abonnement à M. le vicomte d'Amanlis, dit M. Bouret à son subordonné.

Ce fut fait en un instant. Savinien reçut une manière de *ticket* portant son nom et un numéro d'ordre. Il ignorait absolument l'usage qu'il pourrait faire de ce signe de reconnaissance, mais il s'abstint d'adresser à son guide des questions prématurées.

Après cette courte station, M. Bouret reprit l'escalier qui s'enfonçait dans les profondeurs du sous-sol et Savinien s'y engagea avec lui.

Ce voyage souterrain l'intéressait. C'était une nouveauté pour lui, qui arrivait d'un château où les caves ne servaient qu'à serrer quelques pièces de vin de Bordeaux et beaucoup de tonneaux de cidre.

Il s'attendait à entrer dans le domaine des éblouissements, à voir des amas d'or, ou du moins des piles de sacs bourrés de louis, des cascades de diamants et des rivières de perles, et il se disait que son coffret allait faire maigre figure au milieu de ces trésors.

Après avoir descendu une trentaine de marches, il arriva devant une grille derrière laquelle se promenait un solide gaillard portant l'uniforme des garçons de caisse.

veillant se découvrit respectueusement devant
...t et lui dit :
...sieur le directeur, il y a un déposant dans le
...mais il va avoir fini.
...rs, attendons, dit M. Bouret en s'adressant à
... Il est d'usage chez nous de ne pas déranger les
...endant qu'ils opèrent. Ce ne sera pas long et,
...tre le temps à profit, je vais commencer mes
...ons.
...oyez ce caveau qui s'étend au delà de la se-
...ille ?
...on voyait en effet une longue salle voûtée, bril-
... éclairée au gaz, et sur les murs blancs des
...symétriquement rangées qui faisaient de loin
... taches noires.
...s de ce lieu était défendu par deux grilles espa-
...uelques mètres.
...l'air assez solide, n'est-ce pas ? reprit M. Bou-
... bâti en ciment romain, défiant le pic, la pioche
...die. On peut l'inonder ou l'ensabler, à notre
... cas d'attaque du dehors. Croyez-vous que votre
... sera en sûreté ?
... parfaitement, mais... il y sera donc seul ? Je
...is pas la moindre boîte ?
...en a pourtant et je vous montrerai tout à l'heure
...s serre. Maintenant, regardez là-bas, dans le
...e voyez-vous ?
...x hommes, dont l'un promène ses mains sur la

...ui-là est le déposant. Il ferme en ce moment son

...en ne comprit pas, mais en examinant avec plus
...on les gens qu'il apercevait au bout de la salle
...t tournaient le dos, il fut tout surpris de voir

que le plus gr
garnie de fou
dont le démér
voilée.

— Je me tr
qui m'a causé
ments de tout
de fer du Nord
pour la Suède.

— Ce mon
M. Bouret au
plus respectue

— Non, mo
coffre qu'il a d
porter lui-mêm
cer dans la cas

— Ce monsi
ce pas ?

— Non, mo

— Vous voye
prend faveur.
ou deux compa

— Ah ! vous

— C'est bien
pour un temps
peut mettre tou

— Alors, je
Savinien.

— Parfaitem
le dire à monsi

— Je lui par
fait, mais...

— Bon ! je d
morin ne conn

que le plus grand des deux portait une longue pelisse, garnie de fourrures, absolument comme le voyageur dont le déménagement matinal avait tant affligé la dame voilée.

— Je me trompe évidemment, se dit Savinien; le voisin qui m'a causé, cette nuit et ce matin, tant de désagréments de toute sorte, roule en ce moment sur le chemin de fer du Nord. Il ne peut pas être ici, puisqu'il est parti pour la Suède.

— Ce monsieur a donc amené un ami? demanda M. Bouret au garçon de caisse, qui répondit, de plus en plus respectueusement:

— Non, monsieur. Il a amené un homme de peine. Le coffre qu'il a déposé est si lourd, qu'il n'aurait pas pu le porter lui-même. J'ai été obligé d'aider l'homme à le placer dans la case.

— Ce monsieur est un de nos anciens abonnés, n'est-ce pas?

— Non, monsieur, c'est un nouveau.

— Vous voyez, monsieur le vicomte, que notre système prend faveur. Il n'y a pas de jour où nous ne louions un ou deux compartiments.

— Ah! vous appelez cela une location?

— C'est bien le mot. Nous concédons la jouissance, pour un temps plus ou moins long, d'une case où on peut mettre tout ce qu'on veut.

— Alors, je vais devenir votre locataire? dit en souriant Savinien.

— Parfaitement. Et nous en serons fiers, vous pouvez le dire à monsieur votre oncle quand vous lui écrirez.

— Je lui parlerai du gracieux accueil que vous m'avez fait, mais...

— Bon! je devine. Vous aimez autant que M. de Trémorin ne connaisse pas vos affaires. Nous comprenons cela, et vous pouvez compter sur notre discrétion. Ce caveau est le tombeau des secrets.

— Il ressemble, en effet, à un tombeau. Ces voûtes, ces lampes...

— Ah! voilà le monsieur qui sonne pour qu'on lui ouvre la grille. Enfin, c'est votre tour. Je vous demande pardon de vous avoir imposé cette station, mais nous avons des règles que nous suivons religieusement. Chaque abonné a le droit d'être seul jusqu'à ce que son opération soit terminée.

Le garçon de caisse, pendant que son supérieur parlait, faisait jouer les clefs dans les serrures, afin de livrer passage au déposant qui s'avançait, suivi de son porteur, lequel était tout simplement un facteur, coiffé d'une de ces casquettes que les employés des chemins de fer appellent familièrement des *plaques tournantes*.

Savinien maintenant voyait le monsieur de face, et plus il le regardait, plus il lui semblait que c'était bien le même homme qui, vers cinq heures du matin, avait traversé sous ses yeux la cour de l'hôtel.

La figure ne lui apprenait rien, puisque du haut de la fenêtre de sa chambre, il ne l'avait aperçu que de dos, mais le costume était identiquement le même.

Tout y était, la pelisse, la toque et les grandes bottes fourrées.

Ce personnage bizarre pouvait bien avoir quarante-cinq ans et il était d'un aspect assez déplaisant. Il avait un nez et des yeux d'oiseau de proie. Ses épais sourcils noirs se rejoignaient et il portait toute sa barbe, une barbe épaisse et couleurs de jais, comme on n'en voit guère en Suède. L'air hautain d'ailleurs, presque insolent.

Il passa devant le vicomte et devant le sous-directeur sans même porter la main à son bonnet de fourrure.

Le facteur fut plus poli; il salua, et quand il ôta sa

casquette, Savinien vit fort bien qu'elle était marquée à la lettre N.

— Décidément, murmura-t-il, c'est bien le voyageur du numéro 26. Le maître de l'hôtel m'a dit qu'il était parti pour la gare du Nord et il est clair que celui-ci en vient, puisqu'il a pris pour porter son bagage un homme de la Compagnie.

— Est-ce que vous connaissez cet original? lui demanda M. Bouret.

— Non, mais je serais très aise de savoir son nom.

— Rien de plus facile. En remontant, nous le demanderons à l'employé qui reçoit les abonnements. Est-il indiscret de vous demander pourquoi vous tenez à vous procurer ce renseignement?

— Oh! c'est pure curiosité de ma part. Ce monsieur ressemble à quelqu'un qui logeait dans l'hôtel où je suis descendu et qui est parti ce matin en annonçant qu'il quittait Paris.

— Il a tout l'air de s'y disposer, car il est en tenue de voyage. On ne s'habille pas de la sorte au mois d'avril, à moins d'être sur le point de monter en wagon.

— C'est vrai, et je me demande comment il se trouve cette heure dans le caveau de la Banque des Provinces.

— Mais, c'est tout simple. Il ne veut pas s'embarrasser en route d'un colis qui contient des valeurs et il vient le mettre en lieu sûr.

— Il aurait pu s'y prendre plus tôt.

— Assurément, mais il y a des gens qui attendent toujours au dernier moment pour arranger leurs affaires. Du reste, ici, les formalités ne sont pas compliquées, et ce monsieur savait sans doute qu'elles ne lui prendraient pas beaucoup de temps.

Mais, nous en perdons, nous, monsieur le vicomte. Entrons, si vous le voulez bien.

L'homme aux bottes fourrées avait disparu dans l'escalier et Savinien, qui ne songeait point à courir après lui, quoique cette rencontre l'intriguât fortement, suivit sans se faire prier l'obligeant financier qui lui servait de cicerone.

— Veuillez, dit pour commencer M. Bouret, examiner la disposition de notre caveau. Vous voyez ces plaques de fonte dont les murs sont émaillés?

— Oui, à quoi servent-elles?

— Ces plaques sont des portes qui ferment hermétiquement l'entrée d'une cavité pratiquée dans l'épaisseur de la muraille.

Avez-vous voyagé en Espagne?

— Jamais, répondit Savinien tout ébahi. Je ne connais que la Bretagne et Paris.

— Je vous demande cela, parce qu'en Espagne on a l'habitude assez singulière de loger les morts dans les murs des cimetières au lieu de les enterrer.

Nous nous sommes inspirés de cette coutume, et au lieu de placer des cercueils dans nos cases, nos abonnés y mettent des caisses ou des coffrets comme le vôtre, voire même des sacs ou des paniers, si telle est leur fantaisie.

— Chacun a son compartiment?

— Pour lui tout seul et en toute propriété; tant qu'il en paye la location, personne que lui ne peut l'ouvrir.

— Personne, excepté vous, je suppose, ou M. Montauron?

— Personne, absolument. Pas plus mon directeur que moi. Vous allez voir d'ailleurs que c'est impossible. Veuillez me montrer le numéro que porte votre carte d'abonnement.

— C'est 919, dit Savinien, après avoir regardé son ticket.

— Bien. Avançons, s'il vous plaît, et cherchons la

plaque qui porte le numéro correspondant. Vous voyez qu'elles sont rangées par ordre. Toutes celles devant lesquelles nous passons ferment une case déjà occupée.

Ah! voici la vôtre.

— Tiens! la clef est sur la serrure.

— Naturellement. Il faut qu'une fois votre dépôt fait, vous puissiez la mettre dans votre poche et l'emporter.

Remarquez-vous que toutes les portes qui suivent ont aussi leur clef!

— Oui, tandis que les autres n'en ont pas.

— Parce que toutes les cases de cette rangée sont pleines, jusque et non comprise celle qui vous est destinée. Nous les louons à la file. Ainsi, le monsieur qui a déposé immédiatement avant vous, vient de prendre possession du numéro 918, et comme ses prédécesseurs, il a eu soin de retirer la clef. Celui qui se présentera après vous occupera le numéro 920.

— Très bien! Je comprends. Alors c'est ici qu'est enfermé le colis que cet homme au nez crochu a fait apporter pour un commissionnaire? murmura Savinien qui examinait avec une attention presque inquiète la plaque numérotée 918.

— Oui, vous serez voisins. Votre coffret va loger à côté de son colis. Mais vous ne vous rencontrerez plus ici. C'est tout à fait par exception que nous nous sommes présentés à la première grille avant qu'il eût fini... et encore ne l'avons-nous pas franchie.

Maintenant, monsieur le vicomte, je prends la clef et j'ouvre. Vous pouvez voir que dix coffrets comme celui que vous avez à la main tiendraient à l'aise dans ce creux, beaucoup plus profond que large.

— Un homme y tiendrait, s'écria Savinien.

— Peut-être, s'il n'était pas trop gros, dit gaîment M. Bouret. Mettez-y votre cassette, je vous prie. Bon!

voilà qui est fait. A présent, regardez ces quatre boutons de cuivre qui font saillie sur la face extérieure de la porte.

— Je sais ce que c'est. Mon oncle a une caisse dont la serrure est à combinaisons, comme celle-ci. Chaque bouton est mobile et porte les vingt-quatre lettres de l'alphabet. On fait tourner les boutons de façon à amener en haut quatre lettres qui forment un mot. On serre une vis à l'intérieur, et le mot choisi devient aussitôt le : *Sésame, ouvre-toi* du conte des *Mille et une Nuits*. On ferme, on efface le mot en faisant tourner de nouveau les boutons, et pour ouvrir, il faut absolument connaître ce mot. La clef ne fonctionne que si on remet les lettres en place.

— Je n'ai donc plus à vous apprendre ce qu'il vous reste à faire. Choisissez un mot, retenez-le bien et manœuvrez les boutons. Je vais m'éloigner de trois pas et regarder du côté de la grille. Vous entendez que ce mot, je ne dois pas le voir. Tout notre système repose sur ce fait que le déposant seul peut toucher à son dépôt. Quand il veut le retirer, ou seulement constater qu'il est là, il se présente à l'employé que vous avez vu, il montre sa carte d'abonnement et il descend au caveau, où le garçon de caisse, averti par le téléphone, le laisse pénétrer seul. Personne n'assiste à ses opérations et il lui est loisible de retirer une partie des valeurs enfermées dans son coffre, ou d'en ajouter d'autres.

— C'est admirable, mais si par hasard on perdait la carte où le numéro du compartiment est inscrit, celui qui la trouverait pourrait s'en servir.

— Il n'aurait pas le mot, monsieur le vicomte, et comme il ne le devinerait pas, je le défierais bien de mettre la main sur le dépôt.

Et sur ce, je vous tourne le dos. Pensez votre mot, s'il vous plaît, formez-le, fermez, effacez, et empochez la clef.

Savinien pensa le nom de sa cousine, et comme ce nom avait trop de lettres pour quatre boutons, il n'employa que les quatre premières.

— C'est fait ! dit Savinien après avoir brouillé les lettres qui lui avaient servi à former le nom masculin d'YVON, faute de pouvoir compléter le nom beaucoup plus doux d'Yvonne.

— Très bien ! s'écria l'aimable sous-directeur ; maintenant, monsieur le vicomte, dans ce caveau, vous êtes chez vous. Il vous sera ouvert toutes les fois qu'il vous plaira d'y revenir et vous n'aurez pas besoin de moi pour y rentrer. Mais je vous serai on ne plus reconnaissant lorsque vous voudrez bien prendre la peine de monter jusqu'à mon cabinet. D'ailleurs, c'est moi qui vise les bons pour toucher des acomptes sur les lettres de crédit.

Et cela me fait souvenir que j'ai gardé la vôtre là-haut et que vous n'avez pas reçu les mille francs que vous veniez chercher. Excusez mon étourderie. Elle est du reste facile à réparer, et pour vous éviter l'ascension du premier étage, je vais vous envoyer tout cela, si vous voulez bien m'accorder quelques minutes.

— Je vous remercie, monsieur, dit Savinien, qui venait de regarder l'heure à sa montre ; mais il est près de midi, et je suis obligé de vous quitter. Je puis parfaitement me passer aujourd'hui de cet argent et...

— Je vous enverrai la somme et la lettre de crédit à votre hôtel, avant ce soir, pour peu que vous le désiriez.

— C'est tout à fait inutile, monsieur, je reviendrai demain, si vous le permettez. Et il ne me reste qu'à prendre congé de vous. On m'attend.

— Alors, je n'insiste pas pour vous retenir... Vous déjeunez sans doute en aimable compagnie... Je voudrais bien être à votre place, mais le devoir me retient ici jusqu'à cinq heures. Tout roule sur moi, lorsque Montauron n'y est pas, et je dois dire qu'il n'y est pas souvent. Mais je me rattrape le soir.

— Oserai-je vous demander à quelle heure je puis espérer de rencontrer chez lui M. Montauron?

— C'est assez difficile à préciser. Montauron est très en l'air depuis quelque temps. Cependant, allez-y le matin... vous aurez des chances de le trouver. Du reste, je vais lui annoncer votre prochaine visite et il vous enverra très probablement une invitation à dîner. Acceptez-la. Il a un cuisinier remarquable... et il vous présentera à sa femme qui est charmante.

Au revoir donc, monsieur le vicomte, et bien du plaisir. Que vous êtes heureux de déjeuner avec des femmes! Ces déjeuners-là se perdent. Nos belles petites se lèvent maintenant à des heures impossibles. Si vous pouviez restaurer les agréables coutumes de ma jeunesse, je vous en saurais un gré infini.

— Mais, monsieur, je déjeune tout simplement avec un de mes amis.

— Ah! pardon!... en vous voyant si pressé, j'avais cru...

— Et je ne veux pas le faire attendre, parce qu'il doit aller à la Bourse.

— Il a raison. Aujourd'hui, il y a de l'argent à gagner... et si vous me permettez de vous donner un conseil... Mais votre ami vous guidera tout aussi bien que moi... il est dans les affaires, je suppose?

— Je n'en sais rien. Je l'avais perdu de vue depuis quelques années et je l'ai retrouvé hier.

— Excuserez-vous mon indiscrétion, si je vous demande son nom?

— Il s'appelle Georges Fougeray.

— Ah ! très bien. C'est un garçon fort intelligent.

— Vous le connaissez?

— Je connais tout le monde. Et si je me suis permis de vous adresser une question qui a pu vous paraître déplacée, c'était dans votre intérêt. Vous arrivez à Paris et, n'étant pas encore renseigné sur les gens, vous auriez pu tomber en de mauvaises mains. Mais Fougeray est en bonne situation et très répandu. Il pourra vous être utile.

— Je vous suis très obligé, monsieur, de l'opinion que vous avez de lui et j'ai bien l'honneur de vous saluer, dit Savinien, un peu piqué.

Il se laissa donner par M. Bouret une chaleureuse poignée de main et reconduire jusqu'au bas de l'escalier qu'il grimpa vivement, pour éviter à ce trop aimable financier la peine de l'accompagner plus loin.

Cet escalier avait au rez-de-chaussée un palier qui communiquait avec la salle des guichets. Savinien traversa cette salle, plus encombrée que jamais, et gagna la sortie.

Il lui tardait de respirer le grand air. Les caveaux ne lui plaisaient point et le tohubohu de ce public affairé l'étourdissait.

Il se mit à remonter l'avenue de l'Opéra, mais il avait à peine fait quelques pas, qu'il fut pris de l'envie de rebrousser chemin.

L'homme aux bottes fourrées lui était revenu à l'esprit et il se rappelait qu'il avait oublié d'aller demander le nom de ce personnage à l'employé qui délivrait les cartes d'abonnement.

Il était un peu tard pour réparer cette étourderie. M. Bouret devait être remonté dans son cabinet; le vicomte ne se souciait pas d'aller l'y relancer et ne pouvait guère se passer de lui pour questionner son subordonné.

Qu'importait après tout au cousin d'Yvonne que le déposant qu'il venait de rencontrer fût ou ne fût pas le monsieur qui avait quitté l'hôtel de grand matin et qui se faisait appeler le comte Aparanda ?

Savinien espérait bien ne plus entendre parler de lui, ni de l'inconnue qu'il avait aidée à se tirer d'un mauvais pas. Il avait mis sa responsabilité à couvert en se débarrassant du coffret, et il se disait que si la dame le lui réclamait, il en serait quitte pour aller le retirer de la cave du *Crédit des Provinces*.

— Elle n'aura rien à me reprocher, pensait-il, car je ne pouvais pas mieux faire : son secret est gardé comme un trésor.

Et il se remit en route pour la place de la Bourse.

Tout en suivant la rue du Quatre-Septembre qui y aboutissait directement, il réfléchit à l'entrevue qu'il venait d'avoir avec M. Bouret, et il se demanda pourquoi ce financier l'avait si bien accueilli. D'ordinaire, on ne fait pas tant de frais pour le porteur d'une modeste lettre de crédit de six mille francs, et le titre de vicomte n'est pas de ceux qui éblouissent les seigneurs de l'argent.

Etait-ce donc que l'oncle Trémorin avait de gros intérêts dans la maison ? Cette supposition paraissait peu vraisemblable, car son neveu ne lui connaissait pas d'autre fortune que ses terres de Bretagne, lesquelles rapportaient, bon an mal an, une trentaine de mille francs. Il est vrai qu'on ne les dépensait pas à Plouer et que le baron avait bien pu, depuis trente ans, faire des économies.

— Ma foi ! se dit Savinien, je n'en serais pas fâché pour Yvonne... et je ne vois pas pourquoi je ne profiterais pas des bonnes dispositions de ces messieurs pour employer agréablement mon séjour à Paris.

Ce M. Bouret me plaît médiocrement. Il se jette un

peu trop à la tête des gens, et je me garderai bien d'user du crédit illimité qu'il m'a offert. Je ne tiens pas non plus à l'avoir pour compagnon dans le monde où l'on s'amuse. Georges me suffit.

Mais M. Montauron doit être un tout autre homme. Il est marié et il tient un grand état de maison. S'il me reçoit aussi bien que l'a fait son associé, j'aurai mes entrées chez lui et j'en profiterai volontiers pour étudier un peu le monde de la finance.

Mon oncle m'a recommandé de tout voir. Je me conformerai à ses instructions. Mais je ne me lancerai pas trop, car mes six mille francs ne me mèneraient pas loin. Ces gens-là parlent de millions comme on parle de cent écus en Bretagne.

La rue du Quatre-Septembre est longue, mais Savinien avait tant de choses en tête, que le trajet lui parut court.

Midi avait sonné à l'horloge de la Bourse quand il arriva devant la porte du restaurant où son ami l'attendait.

La place était déjà très animée et il eut quelque peine à se démêler au milieu des voitures qui la sillonnaient dans tous les sens.

La salle vitrée où il entra n'était pas moins bruyante que la place. Toutes les tables étaient occupées, et il lui fallut louvoyer à travers des groupes de déjeuners pour arriver à celle où s'était installé Georges, qui achevait une douzaine d'huîtres et qui lui dit de but en blanc :

— Mon cher, j'ai commencé sans toi ; tu vas me rattraper et je t'engage à mettre les morceaux doubles. Nous n'avons qu'une demi-heure.

— Pourquoi donc es-tu si pressé ? demanda Savinien.

— Ne te l'ai-je pas dit quand je t'ai rencontré sur le boulevard? C'est aujourd'hui la grande bataille.

— Quelle grande bataille?

— La bataille de la liquidation, parbleu! Il y a du nouveau. La journée sera chaude et tu ne pouvais pas mieux tomber pour faire ton apprentissage.

— Mais je ne veux rien apprendre. Est-ce que tu t'imagines que je suis venu à Paris pour jouer à la Bourse?

— Tu joues bien au baccarat.

— Ce n'est pas la même chose. Je n'entends rien à la spéculation, et je n'ai pas de fonds à placer.

— Bah! tu ne seras pas fâché de gagner quelques billets de mille.

— Je serais désolé de les perdre.

— Tu ne perdras rien. Je n'opère qu'à coup sûr. Je t'expliquerai ça tout à l'heure. Déjeune d'abord, et au galop. J'ai commandé pour deux... des côtelettes, des œufs brouillés aux truffes, et voici ta douzaine de marennes. Attaque-la et verse-toi de ce joli Grave.

Savinien, qui mourait de faim, ne se fit pas prier.

— Eh bien, reprit Georges, as-tu trouvé Montauron?

— Non, mais j'ai vu le sous-directeur du *Crédit des Provinces*, qui m'a reçu comme si j'étais un prince.

— Tu es vicomte. Ça suffit à Bouret, qui, en sa qualité de parvenu, adore les gens titrés.

— Ah! c'est un parvenu?

— Parbleu! quand il a commencé, il n'avait pas un sou. Mais il est très intelligent.

— Il m'a dit exactement la même chose de toi.

— Tu lui as donc raconté que tu me connaissais?

— Oui. Est-ce que cela te contrarie?

— Oh ! pas le moins du monde. Seulement, je me demande à quel propos tu as parlé de moi.

— Je ne sais trop comment cela s'est fait... Ah ! je lui ai dit que j'étais attendu à midi par un de mes amis qui devait aller à la Bourse. Alors, il m'a demandé le nom de cet ami.

— Ça ne m'étonne pas. Ce garçon-là se mêle de tout. Parions qu'il t'a offert de te piloter dans le monde amusant ?

— Il m'a offert bien autre chose: Il a mis sa caisse particulière à ma disposition. Il s'imagine probablement que mon oncle a une grosse fortune qui doit me revenir un jour.

— Je crois que tu as deviné. Et je parierais volontiers que ton oncle est beaucoup plus riche que tu ne penses, car Bouret ne fait rien à la légère. S'il t'a proposé de te prêter de l'argent, c'est qu'il sait parfaitement que le baron de Trémorin est solvable et qu'il ne laisserait pas son neveu dans l'embarras. Ton oncle doit avoir de forts capitaux dans l'affaire du *Crédit des Provinces*.

— J'ai eu la même idée que toi. Et pourtant j'ai bien de la peine à croire qu'il ait fait de gros placements sans qu'aucun des siens s'en soit douté.

— Mon cher, tous les provinciaux ont la manie d'économiser sur leur revenu et de ne dire à personne ce qu'ils font de leurs épargnes. Ton oncle est comme les autres.

— D'accord. J'admets qu'il ait constitué un fonds de réserve, mais je ne crois pas qu'il soit devenu un actionnaire important d'une banque colossale.

— Tu n'entends rien à ces choses-là. D'abord, le *Crédit des Provinces* n'est pas si colossal que ça... ensuite, les plus grandes associations financières ne dédaignent nullement l'argent des petits propriétaires, et quand ils en versent beaucoup, elles ont pour eux une considération qui leur est bien due.

Enfin, tu t'étonnes que ton oncle se soit intéressé dans une entreprise parisienne. Tu as tort : ça prouve tout bonnement qu'il est plus intelligent que la plupart de ses compatriotes.

— Je le crois, mais je me demande comment il aurait pu amasser une somme qui compte dans une maison de banque comme celle de M. Montauron.

— Mon cher, je vois que tu n'as pas la plus légère idée de ce que peuvent produire les intérêts composés.

Quelle fortune a ton oncle?

— Une trentaine de mille francs de rente en terres, d'un seul tenant.

— Bon ! au taux où vous affermez là-bas, ça représente déjà un capital de six à sept cent mille francs, peut-être plus. Mais il n'a pas envie de les vendre et il est dans le vrai. La terre ne baisse pas comme les actions.

Depuis combien de temps possède-t-il ses propriétés?

— Oh ! depuis trente ans au moins.

— Très bien. Je vais te faire son compte. Combien dépense-t-il par an?

— Ma foi ! je ne sais pas au juste. Il vit largement, mais il n'a pas de train.

— Et il ne se déplace presque jamais. Je chiffre donc sa dépense annuelle à douze mille livres, plutôt moins que plus. Quand on vit chez soi, à la campagne, on n'a que ses habits à payer. La terre nourrit les maîtres, les domestiques et les chevaux.

Restent donc dix-huit mille francs d'économies à placer chaque année. Tu sais combien de temps il faut pour doubler un capital lorsqu'on n'en touche pas les intérêts?

— Mon Dieu, non. J'avoue même que je ne m'en doute pas.

— Que diable as-tu donc appris au collège ? Moi, je savais cela en sortant de l'école primaire. Eh bien ! mon cher, il faut quatorze ans, pas davantage.

— Vraiment?

— C'est comme j'ai l'honneur de te le dire. Donc, dix-huit mille francs au bout de trente ans donnent plus de soixante-douze mille francs. Et ce joli placement s'étant renouvelé chaque année pendant ce même laps, ton oncle doit être à la tête de douze à quinze cent mille francs, au bas mot.

— Ne me dis pas cela. Ton arithmétique me ferait tourner la tête.

— Mon arithmétique est exacte. Et je suis sûr que si Montauron te disait la vérité sur les placements du baron de Trémorin au *Crédit des Provinces*, tu verrais que je ne me trompe pas de beaucoup.

Ton oncle aurait le double s'il avait choisi pour faire valoir ses fonds un garçon intelligent et actif... comme moi, par exemple.

— Je n'en doute pas, mais...

— Oh ! ce que je t'en dis, ce n'est pas pour que tu lui conseilles de les déplacer. J'ai bien assez de mes propres affaires.

Dis donc, sais-tu que sa fille sera un joli parti ?

— Oui, même sans cette fortune que tu lui attribues. Elle a d'ailleurs assez de qualités pour se passer de dot.

— C'est entendu, et il est convenu aussi que tu dois l'épouser, n'est-ce pas ?

— Convenu n'est pas le mot... mais il a été question de ce mariage... et il est possible qu'il se fasse. J'avoue même que je le souhaite.

— Tu as peut-être raison... quoique je sois d'avis que tu pourrais trouver mieux à Paris.

— Moi ! tu oublies que j'ai six mille livres de rente et que je n'ai fait depuis que j'existe aucune espèce de placements.

— Ton oncle a dû en faire pour toi. Il a été ton tuteur, si je ne me trompe ?

— Oui, j'avais douze ans quand j'ai eu le malheur de perdre mon père.

— Donc, le baron de Trémorin a administré ton bien pendant neuf ans, et ton éducation n'a certainement pas coûté six mille francs par an. T'a-t-il rendu tes comptes de tutelle à ta majorité ?

— Il m'a offert de me les rendre, mais je n'ai pas voulu. Les affaires m'ennuient et il a consenti à rester chargé des miennes.

— De sorte que si, du jour au lendemain, tu avais besoin de cinq cents louis, tu serais obligé de les lui demander comme un écolier demande cent sous à son papa pour s'acheter des gâteaux ?

— Mais j'espère bien n'avoir jamais besoin d'une si grosse somme, ni même d'une moins forte. Je n'ai pas, dans mon budget, le chapitre des dépenses imprévues.

— Tu parles là comme un enfant que tu es, mais tu changeras de note avant qu'il soit longtemps. Je me charge de t'enseigner d'autres airs... et comme je ne tiens pas à te brouiller avec ton oncle, je vais te faire gagner de l'argent, pas plus tard qu'aujourd'hui.

— Bien obligé, dit vivement Savinien ; je ne veux pas risquer d'en perdre, et si, comme je le suppose, il s'agit d'une opération de Bourse...

— Pour qui me prends-tu, grand niais ? Est-ce que tu crois que je te mettrais dans une affaire, si je n'opérais pas à coup sûr ?

Tiens ! la voilà qui vient à moi, l'affaire. Vois-tu ce grand garçon qui s'avance là-bas?

— Celui qui est décoré?

— Oui, mon cher. A vingt-sept ans, c'est joli... surtout quand on n'est pas militaire... Eh bien, tu vas me laisser causer trois minutes avec lui, et après je saurai si je puis marcher carrément.

En parlant ainsi, Georges Fougeray se levait de table et tendait la main au nouveau venu qui l'abordait en souriant. Il l'entraîna derrière un arbre vert planté dans une caisse à deux pas de là et ils entamèrent aussitôt une conversation à demi-voix.

Savinien, qui venait d'achever ses œufs brouillés aux truffes, se versa un dernier verre de vin de Grave pour se donner une contenance, et se mit à examiner à la dérobée le jeune homme que son ami Georges accueillait avec tant d'empressement.

C'était un blond, assez bien de figure et pas mal tourné ; il était vêtu avec une élégance recherchée et on aurait pu le prendre à première vue, pour un homme du meilleur monde. Mais, en y regardant de plus près, on s'apercevait qu'il avait l'œil faux et un physionomie ingrate, sans parler d'une certaine gaucherie dans les gestes, la gaucherie des gens qui ont changé de condition trop vite.

— Il a l'air d'un valet qui a fait fortune, pensait le vicomte d'Amanlis. Comment Georges peut-il attacher tant d'importance à causer avec ce bellâtre ?

Le colloque ne dura pas longtemps. Le monsieur s'éloigna sans saluer son interlocuteur, et Savinien saisit au vol les derniers mots qu'il prononça.

— Allez de l'avant et tapez ferme. Vous serez soutenu.

— Soyez tranquille, répondit Georges, je n'ai pas ma langue dans ma poche. Dites au patron qu'il peut compter sur moi.

Savinien s'aperçut alors que les gens assis aux tables voisines suivaient des yeux le jeune homme blond qui s'en allait en se dandinant.

Les petits commis plantés debout derrière les déjeuneurs pour prendre des ordres de Bourse se poussaient le coude et chuchotaient entre eux en se montrant ce personnage.

— L'affaire est dans le sac, dit Georges en reprenant sa place, avale vite le café que le garçon nous apporte et allume ton cigare. Tu le finiras sous la colonnade. Les minutes valent de l'or ce matin.

— Qui est donc ce monsieur que tout le monde regarde et qui vient ici tout exprès pour te prendre à part? Un agent de change peut-être?

— Mieux que cela, cher ami. C'est le confident et l'ami d'un homme qui peut faire à son gré la hausse ou la baisse.

— De M. de Rothschild, alors?

— Le baron, que je vénère, du reste, n'a pas ce pouvoir. Il faut tenir la queue de la poêle pour être sûr d'influencer les cours.

— La queue de la poêle! répéta Savinien, tout ébahi.

— En d'autres termes, il faut être du gouvernement.

— Est-ce que ce joli blond en serait, par hasard?

— Lui! pas si bête. Il se contente d'exécuter les commissions qu'on lui donne en haut lieu. C'est plus sûr.

— Est-ce parce qu'il fait bien les commissions qu'on l'a décoré? demanda ironiquement Savinien.

— Tu as deviné, répondit Georges en éclatant de rire. A moins qu'il n'ait rendu d'autres services que j'ignore. Dans tous les cas, ce ne sont pas des services militaires. Les gens comme Rheinthal ne font pas de métiers bêtes.

— Comment! tu appelles le métier de soldat un métier bête!

— ... lorieux, mais bête. C'est mon opinion.

— Ce n'est pas la mienne, dit vivement le dernier des Amanlis ; je te jure bien que, si mon oncle ne s'y était pas opposé, je serais entré à Saint-Cyr. L'armée, c'est notre carrière, à nous autres.

— Et tu n'aurais pas épousé mademoiselle de Trémorin, car on ne peut pas décemment se marier avant d'avoir atteint le grade de capitaine, et tu aurais mis douze ans à y arriver. Ta cousine se serait privée de t'attendre.

Donc, tu ne dois pas regretter les épaulettes. Et avant ce soir, je te prouverai par raison démonstrative que *l'amitié d'un grand homme est un bienfait des dieux.*

— Si je comprends un mot à tes citations...

— Tu comprendras plus tard. Es-tu prêt ? Garçon ! l'addition.

— Avant qu'il nous l'apporte, j'aurai fini. Quelles singulières figures on voit ici ! Tous les messieurs qui déjeunent dans cette salle et tous ces petits jeunes gens qui bourdonnent autour d'eux comme des mouches, ont la même tête... des yeux noirs, des cheveux frisés, de grosses lèvres et le nez en bec de perroquet.

On croirait être en Judée.

— On y est, dit Georges en riant. Tu sais bien que si tous les financiers ne sont pas israélites, tous les israélites sont financiers.

— C'est dans le sang. Leurs ancêtres adoraient le Veau d'or. Et j'en ai rêvé cette nuit. C'était sans doute un songe prophétique, puisque tu m'entraînes à la Bourse. Figure-toi qu'après t'avoir quitté ce matin, je me suis assoupi dans un fauteuil et que j'ai eu des visions étranges, sans compter une aventure plus étrange encore...

— Tu me raconteras tout ça ce soir en dînant, cher

ami. En ce moment, nous n'avons pas une minute à perdre pour *écraser les cours.*

— *Écraser les cours ?* répéta Savinien.

— Oui, mon bon. Si tu veux voir un homme qui va *écraser les cours*, tu n'as qu'à me regarder, moi, Georges Fougeray. Tu ne sais pas ce que c'est ? Eh bien, tu le sauras tout à l'heure et tu reconnaîtras que c'est un exercice fatigant, mais lucratif.

La note est payée. Filons.

Et sans prendre le louis que Savinien lui présentait pour acquitter sa part du déjeuner, Fougeray se leva et se dirigea vivement vers la sortie.

Le vicomte, qui le suivait de loin, ne fut pas peu surpris de voir que cinq ou six de ces gens à nez crochu l'accostaient en route ; ils avaient évidemment guetté son départ et manœuvré de façon à se trouver sur son passage.

Et Fougeray, sans daigner s'arrêter, les éconduisait d'un geste qui signifiait clairement : je ne sais rien ; ou bien : je ne veux rien dire.

Savinien le rattrapa à la porte du restaurant et l'entendit cependant répondre à un questionneur plus importun que les autres :

— Je ne suis pas dans le secret des dieux, mon cher. On a oublié de me convoquer au conseil des ministres qui s'est tenu ce matin.

— Mais Rheinthal ? insista le curieux.

— Rheinthal voit plutôt la baisse... et moi aussi.

Et sur cette réponse faite d'un ton magistral, Georges s'accrocha au bras de son ami pour couper court à de nouvelles interrogations.

— Ah çà, ils te prennent donc pour un oracle ? lui demanda Savinien

— Pour un sous-oracle, oui. Ils m'ont vu causer cinq

minutes avec Rheinthal, qui en sait très long sur les choses de la politique. Dans un instant, toute la Bourse va être informée du fait. Et je te réponds que plus d'un spéculateur aura l'œil sur mes opérations. Mais je suis plus fin qu'eux tous, et à l'heure où ils verront clair dans mon jeu, ma partie sera gagnée.

— Tu vas donc jouer aujourd'hui ?

— La question est bonne. Penses-tu que je vais pénétrer dans ce monument pour admirer les peintures en grisailles qui décorent le plafond de la grande salle?

Un peu honteux de lâcher à tout propos des naïvetés, le vicomte ne souffla plus mot, et se laissa entraîner vers le temple grec où, en fait de divinités antiques, on n'adore que la Fortune.

Il en sortait des clameurs confuses, car l'heure avait sonné ; le culte de cette déesse aveugle était en plein exercice, et il se célèbre toujours bruyamment.

Les fidèles attardés enjambaient quatre à quatre les marches qui s'étendent devant la façade de l'édifice, et la foule encombrait déjà le péristyle et les colonnades latérales.

Une longue file de voitures stationnait devant la grille ; d'autres arrivaient à toute minute jetant sur l'asphalte du trottoir un spéculateur ou un commis d'agent de change, qui n'attendaient pas pour sauter à terre que le cheval fût arrêté.

Tout ce monde de l'argent courait, grouillait, s'agitait et criait.

— Je ne suis jamais allé visiter Charenton, se disait Savinien, mais je me figure que les pensionnaires de cet établissement se démènent moins et font moins de tapage que ces messieurs-là.

Mais j'espère que leur genre de folie n'est pas contagieux

et je ne suis pas fâché de voir de près un spectacle dont je n'avais aucune idée.

Georges ne lui laissa pas le temps de réfléchir.

— Mon cher, lui dit-il en grimpant vivement l'escalier, nous voici sur le champ de bataille ; l'action va s'engager. Ne me quitte pas si tu veux t'amuser ; mais quoi que je dise ou que je fasse, observe un silence prudent. Tu t'en trouveras bien. Il est possible que je sois amené à te présenter à quelques remisiers qui opèrent pour mon compte.

— Je n'y tiens pas, interrompit Savinien.

— Je ne ferai que te nommer. Ça ne peut pas te compromettre et ça peut me servir... je t'expliquerai pourquoi quand ma journée sera faite.

— Si mon nom peut t'être utile, c'est différent. Cependant...

— Je ne te demande qu'une chose, c'est de ne pas ouvrir la bouche. On te prendra pour un capitaliste qui débute à la Bourse et qui cherche à s'instruire. C'est ce que je veux.

— Moi, ce que je veux, c'est rester simple spectateur. Car, pour ce qui est de jouer...

Fougeray ne répondit point à cette protestation, par ce motif qu'au milieu de l'escalier il fut abordé par trois commis qui l'avaient aperçu d'en haut et qui étaient descendus précipitamment pour s'aboucher plus vite avec lui.

Savinien, qui lui avait lâché le bras, sans s'écarter, entendit ce dialogue haché :

— Eh bien ? Rheinthal ?

— Je viens de le voir chez Champeaux.

— On le sait déjà là-haut. Le petit Kœnigstein est sorti tout exprès du restaurant pour répandre la nouvelle.

— Bon ! alors le terrain est préparé ; il n'y a plus qu'à

labourer. Allons-y et vivement. Vendez trois cent mille.

— Rien que ça pour commencer !

— Nous sommes deux, dit Georges, en désignant Savinien d'un coup d'œil. C'est pour nous les trois cent mille. Mais il faut que tout le monde marche. J'ai des ordres jusqu'à neuf cent mille.

— Très bien. Quelle est la nouvelle ?

— Note menaçante de la Prusse, à propos de l'expédition de Tunisie. Voilà le thème. Partez là-dessus. Combien a-t-on fait à l'ouverture ?

— Quatre-vingt-deux trente-cinq.

— Quand on sera tombé à quatre-vingt-deux, nous verrons. Allez, mes gars. Et surtout n'ayez pas votre langue dans votre poche.

Les commis partirent comme une volée de moineaux et Georges reprit le bras de Savinien pour achever l'ascension.

— Est-ce que vraiment nous avons des difficultés graves avec la Prusse ? demanda le vicomte.

— Très graves. La guerre est peut-être au bout, répondit Fougeray.

— Diable ! si elle éclatait, mon séjour à Paris serait bien écourté. Je rejoindrais mon régiment et je n'en serais pas fâché.

— Quel batailleur tu fais ! nous n'en sommes pas encore là. Contente-toi, pour le moment, de contempler la bataille des écus. Tu ne seras pas blessé, je te le promets, et tu verras comme c'est drôle.

Arrivé sous la colonnade, Georges obliqua à gauche et alla se cantonner au point d'intersection de la galerie qui longe le grand escalier et de celle qui fait face au nord.

— Comment ! Tu n'entres pas ! dit Savinien qui ne l'avait pas quitté.

— Pourquoi faire? répondit tranquillement Georges. J'ai mon coin que tout le monde connaît... et je te prie de croire qu'aujourd'hui on viendra m'y chercher. Entre, ici, si le cœur t'en dit; tu verras une belle bousculade. Je te préviens seulement que tu recevras des coups de coude.

— Je n'y tiens pas et je reste avec toi... à moins que je ne te gêne.

— Tu ne me gêneras pas, si tu veux bien ne pas me serrer de trop près. Je vais être fort entouré et j'aurai besoin de la liberté de mes mouvements.

— Sois tranquille, je me tiendrai à distance respectueuse de ta personne. Je ne veux pas qu'on me prenne pour un spéculateur.

L'occasion d'exécuter ce mouvement de retraite ne se fit pas attendre.

Fougeray n'était pas plus tôt établi à son poste habituel, qu'il devint le centre d'un cercle. Son apparition attira en un instant une douzaine de messieurs qui le savaient bien renseigné.

Savinien s'écarta un peu et se mit à regarder les arbres qui commençaient à verdoyer sur le promenoir sablé qui entoure le monument.

— Quoi! déjà ici, monsieur le vicomte? dit une voix derrière lui.

Savinien se retourna vivement.

Rien ne pouvait le surprendre davantage que d'être interpellé par un passant sous la colonnade de la Bourse, lui qui n'y connaissait personne.

Son étonnement diminua un peu lorsqu'il se trouva face à face avec M. Bouret, qui en sa qualité de financier devait fréquenter cet endroit.

— Oui, monsieur, dit le vicomte avec un peu d'embarras, j'ai accompagné jusqu'ici mon ami Georges Fougeray... et je ne m'attendais pas à avoir le plaisir de vous y rencontrer.

— J'y viens, en effet, assez rarement, répondit le sous-directeur du Crédit des Provinces, mais il y a des occasions où il faut payer de sa personne quand on est chargé d'intérêts importants. Monsieur votre oncle... je veux dire nos actionnaires auraient le droit de trouver mauvais que je ne fusse pas sur la brèche un jour comme celui-ci.

— Je ne sais ce qu'il y a de vrai dans les bruits qui courent... on prétend que nous allons avoir la guerre avec la Prusse.

— Oui, ce canard a pris son vol entre onze heures et midi... Je vois d'où il vient et je crois qu'il n'ira pas très loin... Mais il a mis tout notre monde en rumeur à ce point que Montauron, qui n'aime pas beaucoup à se déranger, a cru devoir accourir de son côté. Il s'est bravement jeté dans la mêlée, et il y est encore.

— Je serais heureux de saisir cette occasion de lui être présenté... d'autant plus que je n'ai rien à faire, car je suis venu comme simple curieux... De ma vie, je n'avais monté l'escalier de la Bourse.

— Vous y reviendrez... mais je regrette infiniment de ne pas pouvoir vous mettre séance tenante en relations avec mon cher directeur. Il a tenu à conférer lui-même avec nos agents de change, et en ce moment il doit se trouver auprès de la corbeille, qui est tout à fait inabordable. Il faut avoir des côtes de fer pour fendre la foule sans être écrasé. Je me dévouerais volontiers pour vous être agréable, mais je suis attendu au Crédit des Provinces, et je n'ai pas une minute... Du reste, je viens d'annoncer à Montauron que je vous avais vu ce matin, et il compte sur votre très prochaine visite.

Veuillez donc, monsieur le vicomte, m'excuser si je vous quitte... en vous disant : au revoir.

Ah ! ajouta ce financier pressé en revenant sur ses pas, un conseil... Je ne sais ce que votre ami Fougeray augure de la journée qui commence, mais si vous vous décidez à risquer une opération, rappelez-vous que la clôture se fera en hausse.

— Je ne veux pas jouer, dit vivement Savinien qui n'avait pas d'autre refrain.

M. Bouret n'entendit pas sa réponse. Il était déjà loin.

Savinien, sans quitter son poste, le vit traverser en courant l'esplanade et sauter d'un seul bond dans une élégante victoria dont le cheval partit comme une flèche.

Georges causait toujours au milieu d'un groupe dont le personnel se renouvelait à chaque instant.

Savinien, fidèle à sa consigne, se gardait d'approcher, mais il entendait des bribes de conversation, des lambeaux de phrases hachées, toutes pleines de mots qui pour lui ne présentaient aucun sens.

Les dialogues étaient brefs et ces gens-là parlaient si vite qu'ils lui faisaient l'effet de s'exprimer dans la langue abrégée des télégrammes ou plutôt en patois nègre.

Parfois, cependant, des messieurs essoufflés arrivaient, criant à tue-tête et en français très clair des nouvelles comme suit :

— La flotte prussienne arme dans le port de Kiel.

— Il y a une dépêche très mauvaise. J'ai vu quelqu'un qui l'a vue.

— On baisse comme s'il en pleuvait.

— Avant cinq minutes, on sera au-dessous de 82.

Georges souriait, disait un mot ou faisait un signe, et les messagers retournaient en courant se plonger dans la fournaise, qui devait être en pleine ébullition, à en juger par le vacarme qu'elle faisait.

— C'est bizarre, pensait le vicomte d'Amanlis. Ils n'apportent que des nouvelles effrayantes et ils ont tous l'air d'en être ravis. Si elles sont vraies pourtant, ce ne sera pas gai pour notre pays. Décidément, Georges aura beau me donner des leçons, je n'arriverai jamais à comprendre.

D'autres messieurs un peu moins affairés, passaient un carnet à la main et jetaient en passant un chiffre à des spéculateurs de leur connaissance, un chiffre tout sec qu'ils n'appuyaient d'aucun commentaire, certains qu'ils étaient d'être parfaitement compris de leurs clients.

D'abord, ils n'avaient fait aucune attention à Savinien.

La figure de ce grand jeune homme blond, adossé à la balustrade de pierre, leur était inconnue et ils n'avaient pas de temps à perdre.

Mais quand ils le virent s'entretenir familièrement avec M. Bouret, ils ne manquèrent plus, dès que ce capitaliste fut parti, de s'arrêter une seconde devant Savinien et de lui annoncer le cours, à quoi le gentilhomme breton se croyait obligé de répondre poliment par un : Merci, monsieur, qui les jetait dans une grande stupéfaction.

On voyait bien qu'ils n'étaient point accoutumés à ces civilités inutiles.

— Ils me prennent pour un joueur, c'est évident, pensait Savinien. J'ai bien envie de m'en aller. L'opinion qu'ils ont de moi m'humilie. Je ne puis cependant pas partir sans dire un mot à Georges, et il ne songe pas plus à moi que si j'étais un étranger pour lui. Ma foi ! tant pis ! si d'ici à un quart d'heure, il ne quitte pas son entourage pour venir me parler, je lui tirerai ma révérence.

On ne s'amuse pas du tout sous cette colonnade, jecque.

Les réflexions du cousin d'Yvonne furent interrompues par un personnage d'assez piètre mine qui rôdait autour de lui depuis cinq minutes et qui se décida enfin à l'aborder en lui disant d'un ton tout à fait confidentiel.

— Ce cher Bouret est à la hausse en plein, et je crois qu'il a tort. Qu'en pensez-vous?

— Je n'en pense rien du tout, riposta le vicomte en toisant dédaigneusement cet individu, et, de plus, je ne suis pas chargé de vous renseigner sur ce que pense M. Bouret.

— Oh! ne vous emportez pas. Ce que je vous en disais, c'était pour vous empêcher de faire une bêtise. Je ne vous ai jamais vu ici, et je m'intéresse aux débutants.

Savinien allait se fâcher sérieusement, mais Georges Fougeray vint tout à coup le tirer par la manche et l'entraîner dans son orbite.

— Galipot, mon très cher, dit-il en s'adressant à un monsieur très gros et très rouge qui ne l'avait pas quitté depuis qu'il avait pris position dans son coin, voici mon ami dont je t'ai parlé, le vicomte d'Amanlis, propriétaire foncier.

— Et neveu du baron de Trémorin, je crois? demanda le sieur Galipot d'une voix enrouée.

— M. de Trémorin est en effet mon oncle, répondit en fronçant le sourcil Savinien, et si vous voulez bien m'apprendre en quoi ma très proche parenté avec lui peut vous intéresser...

— Pas la peine. Ça me suffit, souffla l'homme obèse.

Cette fois Savinien perdit patience.

— Ah çà, monsieur, s'écria-t-il, pourriez-vous m'expliquer...

— Tais-toi donc, lui dit à demi-voix Georges Fougeray. Après la Bourse, je te donnerai toutes les explications que tu voudras, mais je t'ai prié de ne pas chercher à comprendre et de parler le moins possible tant que nous serions sous les armes. Tiens-toi en repos, si tu as quelque amitié pour moi. Je joue aujourd'hui mon va-tout.

— Alors, permets-moi de ne pas t'attendre. Tout ce monde-là me répugne et je te ferais tort sans le vouloir.

— Eh bien, pars; j'irai bientôt te retrouver à l'endroit que je vais t'indiquer... tu vois d'ici cette boutique de pâtissier à l'angle de...

Savinien attendait la fin de la phrase. Elle ne vint pas. Georges ne regardait plus dans la même direction. Ses yeux interrogeaient l'horizon que ferment les maisons de la rue de Richelieu, et toute son attention se concentrait sur une voiture découverte qui venait d'apparaître au tournant de la rue de la Bourse.

— Le signal ! dit-il entre ses dents. Diable ! c'est trop tôt. Ces gens-là ne savent rien faire à point.

Puis, se retournant vivement et sans plus s'occuper de Savinien que si cet utile ami eût été à la chasse dans les bois de Plouer :

— Où en est-on ? cria-t-il d'une voix claire et saccadée.

— Quatre-vingt-deux, offert, répondirent en chœur deux ou trois commis qui sortaient de la salle.

— C'est le moment, reprit Georges en se penchant à l'oreille de son fidèle remisier ; lance tout ton monde ; chaque seconde vaut dix mille au moins.

— Nous rachetons combien ? demanda laconiquement Galipot.

— Le double.

— C'est raide. Mais j'y vais.

— Dans cinq minutes, la dépêche sera affichée ; il nous restera une bonne heure pour travailler la hausse... et, avant une demi-heure, elle battra son plein. Mais je vais t'aider. Il y a de la besogne pour deux.

Galipot roulait déjà comme une boule vers l'entrée du

temple. Fougeray se précipita sur ses traces en jetant au vicomte cet adieu énigmatique :

— A la pâtisserie !... là-bas... tu sais... j'y serai à deux heures vingt, et tu ne regretteras pas de m'avoir attendu.

— Que le diable l'emporte, lui, ses courtiers et sa pâtisserie ! grommela Savinien stupéfait. Est-ce qu'il se moque de moi, de m'envoyer manger des gâteaux pendant qu'il jongle avec la hausse et la baisse ! Je m'en vais tout bonnement prendre un fiacre à l'heure et m'en aller faire des visites rue de Varennes et rue de Grenelle-Saint-Germain.

Il s'acheminait vers l'escalier, lorsqu'il aperçut, à dix pas de lui, une figure qui le décida à s'arrêter net.

Cette figure était celle d'un monsieur qui sortait du temple où Georges venait de se précipiter et qui venait de s'arrêter sous le péristyle.

Il traînait à sa suite un nombreux cortège qui ne tarda guère à former le cercle autour de lui.

Cet empressement prouvait l'importance financière du personnage, qui, d'ailleurs, pérorait avec l'aplomb et les gestes tranchants d'un homme accoutumé à parler devant des auditeurs respectueux.

Rien qu'à la façon dont l'écoutaient les gens qui l'entouraient, on devinait tout de suite que ses opinions faisaient loi parmi les spéculateurs de plus petit calibre.

Mais ce n'était ni son attitude ni celle de son entourage qui accaparaient l'attention du vicomte d'Amanlis.

Savinien, ce jour-là, était poursuivi par les ressemblances et il trouvait que, de loin, ce monsieur avait la même taille et les mêmes traits que le persécuteur de la dame voilée, le mari jaloux et rancuneux qui, vers onze heures et demie du matin, guettait encore sa femme, caché dans l'allée d'une maison de la rue du Helder.

— Je pensais bien, se disait-il, que ce Geor Dandin

était un homme d'argent ; il en avait la mine et les allures. Ainsi sa colère s'est calmée aussitôt que je me suis nommé. C'est le fait d'un financier qui ne veut pas s'embarquer dans une querelle et qui reste maître de lui en toute circonstance. La pratique des affaires rend prudent.

Mais je n'imaginais pas qu'il fût un des gros bonnets de la Bourse.

Il faut que je le voie de plus près pour m'assurer que c'est bien mon briseur de portes.

Et il se rapprocha du groupe qui entourait l'orateur.

Il s'en rapprocha tellement, que ce monsieur l'aperçut. Leurs yeux se rencontrèrent et Savinien vit clairement que ce monsieur le reconnaissait.

Il y a des changements de visage sur la signification desquels on ne se trompe pas : une contraction de la bouche, une rougeur passagère.

Mais ce fut tout. Le seigneur des reports et des primes ne bougea point. Il n'interrompit même pas le sermon qu'il adressait à ses adeptes. Seulement, il se plaça de façon à ne pas perdre de vue le jeune Breton perché sur la plus haute marche du grand escalier qu'il s'apprêtait à descendre.

— Il paraît qu'il ne m'en veut plus, murmura le vicomte. Il a peut-être pris son parti de sa mésaventure. A Paris, les maris sont de bonne composition. La femme de celui-ci lui aura persuadé qu'il s'était trompé. Il l'aura trouvée chez elle quand il est rentré à la maison. Elle lui aura juré et prouvé qu'elle n'était pas sortie de la matinée et il lui aura fait des excuses. Donc, je n'ai plus à m'inquiéter de cet heureux couple.

C'est égal... je voudrais bien savoir leur nom.

Et il chercha, parmi les gens qui se trouvaient à sa portée, une figure avenante, à seule fin de se renseigner sur ce discoureur que tous les habitués du lieu devaient connaître.

Le péristyle regorgeait de monde, mais tous ces gens-là étaient trop agités pour qu'on pût espérer d'en tirer une réponse. Ils ne tenaient pas en place et ils échangeaient en courant des phrases en argot de la coulisse.

Savinien avisa sur l'escalier, à deux ou trois marches plus bas que lui, un garçon qui roulait une cigarette et dont la physionomie lui plut.

Ce boursier en herbe était à peu près du même âge que le vicomte et il avait l'air de ne demander qu'à causer.

— Monsieur, lui dit Savinien en soulevant poliment son chapeau, pourriez-vous m'apprendre le nom de ce monsieur qui parle avec tant de vivacité... là... au milieu de ce groupe ?

— Celui qui a le nez rouge et les favoris taillés en côtelettes ?

— Oui... précisément.

— C'est un des secrétaires de M. de Bismarck, répondit le jeune homme avec un aplomb imperturbable.

— Comment, monsieur ?

— Il a été envoyé par son maître, qui a acheté des primes *dont dix* et qui voudrait s'en défaire.

Pour le coup, Savinien comprit que cet aimable farceur se moquait de lui ; il pâlit de colère, et il allait l'interpeller sur un autre ton, lorsque survint un petit commis qui montait l'escalier à toutes jambes et qui prit par la taille le donneur de renseignements facétieux, en lui criant :

— Qu'est-ce que tu fais là ? Le patron te cherche partout. Il y a une dépêche. On vient de l'afficher. Cours, grand flâneur. Il n'est que temps. La rente s'enlève comme une plume. On sera à quatre-vingt-trois avant la clôture.

Ils partirent tous les deux, comme des chiens courants

qui ont débusqué un lièvre, et ils étaient déjà hors de portée avant que le vicomte d'Amanlis eût trouvé l'impertinence qu'il cherchait pour en cingler le polisson auquel il avait eu la fâcheuse idée de s'adresser.

Et ils se perdirent si vite dans la foule, que Savinien dut renoncer à les poursuivre.

— J'ai donc l'air bien provincial, que ce drôle se permet de me faire une charge? dit-il entre ses dents. Je ne vais pas perdre mon temps à courir après lui ; mais si jamais je le rencontre, je le corrigerai de façon à lui ôter l'envie d'y revenir. Quel vilain monde, et que je plains Georges de vivre dans ce milieu-là ! Je ne m'y habituerai jamais, et je n'ai rien de mieux à faire que de m'en aller.

J'aurais pourtant bien voulu savoir comment se nomme le mari de la dame... mais j'y renonce... la première tentative m'a trop mal réussi.

Il est toujours là... il s'est même rapproché de l'escalier et on dirait qu'il m'observe... c'est le vrai moment de m'éclipser, car je ne tiens pas à lui fournir des explications complémentaires.

Sur cette sage résolution, le cousin d'Yvonne tourna le dos aux gens qui grouillaient sous la colonnade et se mit à descendre l'escalier en réfléchissant à ce qu'il venait de voir et d'entendre.

Il en était encore tout étourdi et il s'en allait précisément à l'heure où l'agitation atteignait son paroxysme. On faisait au-dessus de lui un tapage épouvantable et il était coudoyé à chaque instant par des gens qui avaient l'air de monter à l'assaut, tant ils mettaient d'entrain à escalader les marches. Les mots : la dépêche, l'affiche, la hausse, bourdonnaient à ses oreilles, assaisonnés parfois de jurons énergiques.

Evidemment, il se passait quelque chose d'extraordinaire. Une nouvelle imprévue avait dû causer ce redoublement d'agitation.

Vu d'en bas, le grand escalier ressemblait à une fourmilière où on aurait introduit un bâton pour mettre en rumeur les noires travailleuses qui l'habitent.

Savinien ne se préoccupait guère de l'influence qu'allait exercer sur les cours cette dépêche qu'on annonçait si bruyamment de tous les côtés, mais il pensait à son ami qui s'était jeté à corps perdu dans la bagarre et il se demandait comment il allait s'en tirer.

Georges Fougeray avait assez d'expérience pour bien mener sa barque à travers les écueils contre lesquels tant de spéculateurs font naufrage ; mais il y a des tempêtes qui déroutent les marins les plus habiles, et le vent qui soufflait en ce moment sur la Bourse allait sans doute causer des catastrophes.

Savinien avait cru comprendre que Fougeray était à la baisse et il venait d'attraper au vol une indication inquiétante. La rente monte, avait dit le petit commis qui venait de dérober à sa colère le farceur dont la réponse saugrenue l'avait si fort irrité.

— Qui sait si cette hausse ne va pas faire perdre à Georges tout ce qu'il a gagné depuis cinq ans ? murmurait le vicomte. J'en serais navré, car je l'aime, ce garçon, en dépit de ses légèretés. Mon oncle le jugerait sévèrement, mais moi je crois qu'il est resté honnête et bon, malgré la vie qu'il mène. Et, en vérité, ce serait lui témoigner bien peu d'intérêt que de le planter là au moment où il joue son va-tout... C'est l'expression dont il s'est servi.

Il m'a prié de l'attendre une demi-heure chez ce pâtissier du coin. Je puis bien lui faire ce plaisir-là. Et lorsque je l'aurai confessé, il sera encore temps d'aller voir mes parentes du noble faubourg.

Mais pourquoi a-t-il choisi cette boutique pour m'y

donner rendez-vous à cette heure-ci ? l'idée est bizarre. Je sors de table et je n'ai pas la moindre envie de me bourrer de gâteaux.

Bah ! j'en serai quitte pour boire un verre de vin de Porto, et si Georges se fait trop attendre, je fumerai un cigare sur le pas de la porte de cet important établissement, qui me paraît fort bien achalandé ; il y a quatre ou cinq voitures de maître rangées le long du trottoir.

Savinien était arrivé au bas de l'escalier. Il se retourna pour donner un dernier coup d'œil au monument où se décidait le sort de son ami, et il aperçut encore une fois, sous le péristyle, le mari rageur qui avait l'air de le suivre des yeux.

Peu lui importait, après tout, que cet homme s'occupât de lui. Il haussa les épaules et il continua son chemin.

Au fond, Savinien ne pensait pas seulement aux dangers que courait Georges. Il avait encore une autre préoccupation qu'il ne s'avouait pas à lui-même, mais qui le troublait un peu.

Il se rappelait certaines paroles lâchées par son camarade, certains détails de sa tenue pendant la station à l'angle de la colonnade, et il se demandait si ce garçon, qui ne doutait de rien, n'avait pas mis à exécution l'idée qui lui avait passé par la tête au restaurant, s'il ne s'était pas permis d'associer à ses spéculations du jour son ancien camarade de l'Ecole de droit, et cela sans y être autorisé, et même sans le prévenir.

— Pourquoi diable m'a-t-il présenté à ce M. Galipot, qui m'a tout l'air d'être un remisier ? se disait tout bas Savinien.

Il traversa la place, non sans peine, car elle était plus encombrée que jamais ; en arrivant à la pâtisserie que Georges lui avait indiquée, il se croisa avec deux messieurs qui en sortaient, et il entendit que l'un d'eux disait à son compagnon :

— Décidément, cette boutique-là, c'est la Bourse des femmes.

Les deux messieurs passèrent et Savinien se demanda, avant d'entrer, ce que signifiait le propos qu'il venait d'entendre.

Il savait bien que les femmes ne sont point admises dans l'intérieur de la Bourse et que cette interdiction ne les empêche pas toutes de spéculer sur les valeurs cotées et même non cotées.

Une élégante peut, sans sortir de son boudoir, écrire à son agent de change pour lui donner un ordre de vente ou d'achat sur le papier qui lui sert à rédiger des billets doux, et quelques-unes ne s'en privent pas.

On en a vu qui opéraient avec succès et qui raisonnaient sur la 'liquidation aussi pertinemment que de vieux remisiers.

Il y a aussi des rentières, des portières, des cocottes à la retraite qui jouent avec acharnement, mais dans des proportions plus modestes.

Celles-là fréquentent volontiers les esplanades plantées qui s'étendent sur les côtés de l'édifice où elles n'ont pas le droit de pénétrer. On les voit circuler sous les arbres, un cabas à la main, s'aboucher avec des courtiers marrons et tenir des conciliabules mystérieux où il est question de vingt-cinq actions de la Compagnie des Petites-Voitures.

Mais elles n'oseraient pas montrer leurs tartans démodés dans une boutique devant laquelle s'alignent, de deux à cinq, de luxueux équipages.

Il y en avait un surtout, un grand landau découvert, un huit-ressorts, attelé de deux superbes chevaux bais-bruns, tenus en main par un cocher en livrée marron et or, grave et raide sur son siège comme un président de cour d'appel, le fouet appuyé sur la cuisse droite et l'œil fixé sur ses chevaux.

Un valet de pied, habillé aux mêmes couleurs que le cocher, montait la garde, immobile comme un cent-garde, à l'entrée de cette pâtisserie aristocratique.

Evidemment, les gens, les chevaux et la voiture attendaient le maître pour le conduire au Bois, à moins que ce ne fût la maîtresse.

Savinien eut la curiosité de regarder les panneaux, pensant y voir un écu fortement armorié et timbré d'une couronne princière, ou pour le moins ducale.

Et il fut un peu surpris de n'y trouver que des initiales entrelacées de telle sorte qu'il ne se donna pas la peine de les déchiffrer.

Elles ne lui auraient probablement rien appris, car il était trop nouveau venu à Paris pour connaître les noms des familles opulentes qui ne figurent pas dans l'*Annuaire de la noblesse*.

— Tout cela, pensa-t-il en secouant mélancoliquement la tête, tout cela doit appartenir à quelque parvenu qui a gagné des millions en *écrasant les cours*, comme dit Georges.

Il n'y a plus que ces gens-là qui savent atteler et il n'y a rien de trop beau pour eux.

Puisque je suis décidé à attendre Fougeray, il me dira sans doute comment s'appelle ce personnage.

Pour tenir sa promesse et aussi un peu pour satisfaire sa curiosité, le vicomte d'Amanlis entra dans la boutique privilégiée.

Il serait plus juste de dire qu'il s'y glissa, car elle était pleine de monde, à ce point qu'il était difficile d'y circuler.

Il n'y avait absolument que des femmes, mais il y en avait beaucoup.

Toutes n'étaient pas jeunes; les mûres étaient même en majorité; mais toutes étaient très élégantes et quelques-unes étaient belles ou simplement jolies.

Les toilettes sortaient de chez le bon faiseur et avec ces toilettes-là, une Parisienne n'est jamais laide, parce qu'elle sait les choisir et les porter.

C'était merveille de les voir, assiégeant le comptoir et pillant du bout de leurs doigts finement gantés les assiettes chargées de tartes aux fraises et de babas au rhum.

D'autres groupées dans le fond du magasin, devant un buffet plein de petits fours et une console de marbre blanc hérissée de flacons de cristal taillé, jacassaient comme des perruches et trempaient leurs lèvres roses dans le vin de Xérès couleur de topaze.

Il y avait là un sujet de tableau pour un peintre, un de ceux qui excellent à représenter l'enceinte du pesage à Longchamp, ou bien la plage de Trouville à l'heure où les grandes mondaines s'y promènent.

Savinien, en fait de réunions féminines hors des salons, avait vu la saison des bains de mer de Dinard et de Saint-Malo, mais rien qui approchât de cette corbeille de fleurs animées qui éblouissait ses yeux de provincial.

Il n'était pourtant ni gauche, ni par trop timide, et il se sentait presque gêné au milieu de cette agglomération d'élégances.

Ces groupes-là lui plaisaient mieux que ceux qui encombraient le péristyle de la Bourse, mais il lui semblait plus difficile de s'y mêler.

Il est vrai qu'il était là seul de son sexe et que ces dames le regardaient d'un air qui n'était pas fait pour l'encourager.

Évidemment, elles le considéraient comme un naturel de quelque département lointain, un débutant fourvoyé par hasard dans un lieu où il était déplacé, peut-être même comme un indiscret qui venait là pour les épier.

— C'est bien singulier, pensait-il. Les femmes sont volontiers gourmandes, mais pas au point de passer leur journée à croquer des gâteaux, alors qu'il fait un temps radieux et que les Champs-Élysées commencent à verdoyer.

Est-ce que ces messieurs auraient dit vrai? Serais-je tombé, sans le savoir, en pleine Bourse des femmes?

Pour éclaircir ses doutes, il osa enfin s'approcher et se faire servir une brioche et un verre de Porto, qu'il se mit à déguster lentement, tout en lorgnant du coin de l'œil les dames qui l'entouraient.

Il n'eut pas besoin de les étudier longtemps pour reconnaître à leurs manières et à leur ton qu'elles étaient du vrai monde.

Les demoiselles du demi posent toujours un peu pour la galerie, et, s'il y en avait eu là, elles n'auraient pas manqué de s'occuper de ce grand jeune homme blond qui était suffisamment joli garçon, qui avait de la race et très probablement des louis dans sa poche.

Or, les voisines du vicomte d'Amanlis ne faisaient aucune attention à lui. Elles n'avaient pas interrompu leur causerie, et, en les écoutant, Savinien entendit voltiger les mots sacramentels: offert, demandé, primes, reports, fin courant.

Il y en avait même deux qui inscrivaient des chiffres sur un carnet relié en ivoire, avec un crayon enchâssé dans un étui d'or.

Savinien était fixé. Ces dames se livraient à des opérations de vente et d'achat ni plus ni moins que les spéculateurs du sexe fort qui se démenaient là-haut, sous la colonnade.

Cette découverte l'attrista.

— C'est comme dans mon rêve, se disait le cousin d'Yvonne. Celles-là aussi adorent le Veau d'or, et elles valseraient sans vergogne autour de sa statue, s'il en avait une.

Bientôt, il saisit des phrases entières de leur conversation.

— Vous retardez, comtesse. La baisse est arrêtée. Je viens de voir passer Rheinthal. Le tour est joué. On va monter.

— Il y a onze minutes que je suis à la hausse. Se retourner à temps, c'est le grand secret, ma chère.

— Ah! vous le possédez, vous, ce secret-là. Moi, je m'entête parfois. La dernière liquidation m'a pris quinze cents louis.

— Invitez Rheinthal à vos matinées, baronne. Il a les cheveux jaunes et il manque d'éducation première, mais il est bien informé.

Et cette comtesse qui pratiquait si heureusement l'art de se retourner, se retourna en effet pour dire de but en blanc à Savinien :

— On faisait quatre-vingt-deux quarante tout à l'heure. Où en est-on maintenant ?

— Je l'ignore absolument, madame, répondit le vicomte, interloqué.

— Vous n'êtes donc pas chez Galipot.

— Non, madame. J'ai le malheur de ne pas connaître Galipot.

— Ah! je croyais... dit tranquillement la dame.

Et elle le planta là, sans cérémonie, pour se remettre à discuter les cours avec ses amies.

Savinien, vexé et humilié d'avoir été pris pour le commis d'un coulissier, emporta plus loin son verre et son assiette.

Il se rapprocha d'un groupe de femmes moins effrontées qui s'étaient assises dans le petit salon du fond pour prendre des glaces.

Celles-là parlaient à demi-voix et leur entretien avait l'air d'être au diapason de la bonne compagnie.

Elles ne s'étaient cependant pas attablées pour le plaisir de savourer une Plombières, ou une *granite*, car elles tournaient souvent la tête du côté de la porte, et on lisait sur leurs visages qu'elles attendaient des nouvelles de la bataille engagée là-haut, autour de la corbeille.

Une seule faisait exception. Ce n'était pas la porte qu'elle regardait, c'était Savinien.

Ses yeux étaient fixés sur lui, de grands yeux noirs entourés d'un cercle bleu que devaient avoir creusé d'autres émotions que les vulgaires émotions du jeu. Elle avait l'âge où les femmes consolident leur beauté, quand elles ne deviennent pas décidément laides. Ce n'est déjà plus l'été, mais ce n'est pas encore l'automne.

Et celle-là était restée incontestablement belle.

— Elle est plus que belle, elle est sympathique, se disait Savinien. Mais pourquoi me regarde-t-elle avec tant de persistance ?

Savinien savait bien qu'il ne déplaisait pas aux femmes, mais il n'était pas fat, et si l'idée lui vint que cette personne le regardait parce qu'elle le trouvait à son gré, il ne s'y arrêta point.

Il faut dire qu'elle n'avait pas du tout l'air d'une de ces affolées de coquetterie qui tiennent à faire des conquêtes partout, et qui, pour placer leur cœur, s'en remettent volontiers au hasard d'une rencontre.

Elle était mise avec une simplicité élégante, et elle avait

des façons de grande dame, mais de grande dame réservée, presque hautaine.

Aussitôt que les yeux du jeune vicomte rencontrèrent les siens, elle tourna la tête sans affectation, et elle dit quelques mots insignifiants à une jeune femme blonde qui était assise à côté d'elle.

Mais elle avait dû examiner longtemps Savinien, et pourtant Savinien était bien sûr de ne l'avoir jamais vue.

Il fit comme elle. Il cessa de lorgner et il feignit de concentrer toute son attention sur la brioche qu'il émiettait dans une soucoupe.

Mais il ne se boucha point les oreilles et il entendit la voisine blonde dire :

— J'ai été bien surprise de vous rencontrer ici, chère madame, car je sais que vous ne jouez jamais.

— Non, le jeu ne m'intéresse pas. D'ailleurs, mon mari joue; c'est bien assez, répondit distraitement la dame que le vicomte avait remarquée entre toutes.

— C'est assez peut-être, mais ce n'est assurément pas trop et vous n'avez pas à vous plaindre, car on dit qu'il ne perd jamais et que ce mois-ci il gagnera des sommes folles...

— Allons ! se dit Savinien, cette princesse aux grands airs est tout simplement la femme d'un boursier. Et moi qui la prenais pour une des nôtres ! Décidément, je ne fais que des bévues, ce matin, et j'aurais grand besoin de l'expérience de Georges. A Saint-Malo ou à Rennes, je ne me serais pas trompé à ce point. D'abord, tout le monde se connaît... et puis chacun se tient suivant sa condition... les marchandes n'y singent pas les bourgeoises et les bourgeoises ne prennent pas des attitudes de duchesses.

Mais mon éducation parisienne est à faire.

— Le mien ne compromettra pas ma fortune, reprit la blonde. Il est bien trop avare pour risquer seulement un billet de mille francs sur des primes, mais il discute tous les ans, article par article, mon maigre budget et quand il s'agit de régler le compte de mon couturier ou celui de ma modiste, ce sont des scènes épouvantables.

Notez, je vous prie, que je lui ai apporté huit cent mille francs de dot, sans compter les espérances, et qu'il était ruiné *à blanc*, lorsque je lui fis l'honneur de l'épouser.

Ah! que vous êtes heureuse, chère madame, et combien de femmes voudraient être à votre place.

— Elles ont bien tort! murmura tristement la dame. Si elles connaissaient la vie que je mène, elles n'envieraient pas mon sort.

— Comment! est-ce que vous auriez à vous plaindre de lui? demanda la blonde avec cet empressement malicieux que mettent toujours les femmes à interroger une amie sur ses chagrins intimes.

L'autre, au lieu de répondre à cette question délicate, désigna d'un coup d'œil Savinien qui, de la place où il était resté, ne perdait pas un mot de ce curieux dialogue.

La blonde comprit et changea aussitôt de conversation.

— Il me semble que vous avez là une nouvelle paire de chevaux? dit-elle en regardant, à travers les carreaux de la devanture, le superbe attelage qui stationnait le long du trottoir.

— Oui, répondit la dame avec indifférence, mon mari me les a achetés pour ma fête. Mais il s'en sert beaucoup plus souvent que moi, ce qui me dispense de lui savoir gré de son cadeau.

— Mon frère l'a rencontré hier aux Champs-Elysées, tout seul dans son huit-ressorts, et il m'a dit n'avoir jamais vu deux bêtes plus belles ni mieux appareillées.

Et il s'y connaît, mon frère. La preuve, c'est que ses paris de courses lui ont déjà rapporté soixante mille francs cette année.

A propos de courses, chère madame, comment se fait-il qu'on ne vous ait pas vue à Longchamp une seule fois?

— Depuis un mois, j'ai été très souffrante. Mon mari veut absolument m'emmener promener au Bois après la Bourse ; ce sera ma première sortie de la saison.

— Alors, vous l'attendez ici?

— Mon Dieu, oui, et je vous assure que je me serais bien passée du plaisir qu'il veut me procurer. J'aurais surtout préféré ne pas venir dans cette boutique. Toutes ces femmes qui tripotent des affaires en buvant du vin de Frontignan me font horreur.

Quand on est d'un certain monde, il est honteux d'étaler cette passion effrénée pour l'argent.

— Il en faut tant pour vivre sur un pied convenable! Aujourd'hui, avec cinquante mille francs de rente on est toujours gêné.

— Mais vous, du moins, madame, vous n'avez pas donné dans ce travers, comme la petite comtesse qui se démène là-bas pour amener la grosse baronne à lui prendre des valeurs à terme... un mauvais marché qu'elle lui propose, très probablement.

— Oh ! non, moi je ne fais rien que par l'intermédiaire d'un commis qui est chez Galipot, dit étourdiment la dame blonde. C'est un charmant garçon, ce commis, et si bien renseigné !... Il ne m'a jamais trompée.

— Je souhaite qu'il ne vous trompe jamais, répondit avec une pointe d'ironie la dame aux yeux cernés.

L'autre, piquée sans doute, ne releva pas cette phrase à double entente, et la causerie en resta là.

Savinien l'avait écoutée d'un bout à l'autre, et il la trouvait instructive, sans compter que l'inconnue qui attendait son mari l'intriguait énormément.

Plus il l'observait à la dérobée et plus elle lui semblait intéressante. Tout l'attirait en elle, l'éclat de ses yeux, ses beaux traits fatigués, le parfum de mélancolie douce qui s'exhalait de toute sa personne, sa voix harmonieuse et chaude, dont le timbre sonore éveillait en lui un souvenir confus.

Il aurait voulu la connaître, la prier de lui confier ses douleurs, la consoler, la protéger.

Et sans trop savoir pourquoi, il se figurait qu'elle lui permettrait volontiers de la défendre contre ceux qui la faisaient souffrir.

En ce moment-là Savinien ne songeait guère à sa cousine.

Il subissait à son insu cet ascendant que les femmes d'un certain âge, et quelquefois même d'un âge certain, exercent presque toujours sur les jeunes, sur les naïfs, sur les nouveaux venus dans la vie.

Yvonne de Trémorin n'avait pas vingt ans, et ce genre de séduction n'était pas à sa portée.

Du reste, Savinien s'était bien gardé de laisser voir l'impression que cette inconnue produisait sur lui. Il avait eu soin de ne pas la serrer de trop près et, à part quelques regards un peu trop prolongés, rien dans son attitude n'avait indiqué aux financières de la pâtisserie qu'il s'occupait d'elle.

Il venait d'achever sa brioche et de vider son verre. C'était tout ce que son estomac pouvait supporter pour le moment, et il ne se souciait pas de prendre une indigestion pour se donner une contenance.

Il leva les yeux vers le cadran accroché au-dessus du comptoir et il vit qu'il était deux heures et demie.

Georges lui avait promis de venir le rejoindre à deux heures vingt minutes. Donc il était en retard, et Savinien était dans son droit en quittant la place.

Il s'y disposait ; il avait même déjà payé sa dépense à une demoiselle très élégante, plus élégante que bien des filles de gros armateurs Malouins. Mais comme, après tout, il n'était pas très pressé de partir, il voulut se donner encore une fois le plaisir d'examiner le singulier tableau que formaient ces femmes groupées dans tous les coins et tenant des conciliabules aussi sérieux que ceux des députés conférant dans les couloirs de la Chambre sur de graves questions politiques.

Naturellement, il n'oublia pas de jeter un dernier coup d'œil du côté où la belle inconnue et la jeune blonde étaient assises.

Elles n'avaient pas levé le siège et elles conversaient toujours, mais Savinien fit une découverte qui l'étonna prodigieusement.

Précisément derrière ces dames, dans la rue, un homme se tenait le visage collé contre la glace sans tain qui formait la devanture de la boutique à la mode, et cet homme, Savinien le reconnut aussitôt.

C'était celui qu'il avait déjà retrouvé sous le péristyle, au haut du grand escalier de la Bourse, c'était le mari jaloux qui, le matin, avait assailli la porte du vicomte d'Amanlis.

— Ah çà ! Il me poursuit donc ! dit entre ses dents Savinien. Je le retrouve à tout instant sur mon chemin. Il m'a vu, de là-haut, entrer à la pâtisserie, et il a quitté ses affaires de Bourse pour venir me surveiller ici. Cela prend la tournure d'une persécution, et il est temps d'y couper court en lui demandant nettement ce qu'il me veut.

Dans cette louable intention, il se dirigea vers la sortie, mais au même moment, le monsieur abandonnait son poste et entrait d'un pas délibéré.

Savinien, qui s'attendait à être abordé par lui, se prépara à le recevoir en ennemi déclaré, mais ce singulier personnage n'eut pas même l'air de le voir. Il passa presque à le toucher, et il s'en alla tout droit au fond de la salle saluer courtoisement les deux femmes qui causaient en prenant des sorbets.

La blonde lui tendit la main à l'anglaise. L'autre se leva et accepta nonchalamment le bras qu'il lui offrait.

— Adieu, chère madame, dit-elle ; pardonnez-moi de vous quitter. Je lis sur la figure de mon mari qu'il est horriblement pressé... comme toujours.

— Son mari ! murmura Savinien stupéfait. Mais alors, c'est elle... c'est la dame voilée qui a oublié son coffret chez moi. Je m'explique maintenant pourquoi ce monsieur s'était embusqué sur le trottoir pour espionner sa femme à travers une glace. Il savait qu'elle l'attendait dans la boutique et que j'y étais entré en sortant de la Bourse. Il est venu sournoisement voir si nous avions l'air de nous connaître. Il espérait sans doute qu'il allait nous surprendre en flagrant délit de causerie tendre.

Le mari dont il analysait la conduite passa devant lui comme il l'avait déjà fait en entrant, sans l'honorer d'un regard.

— Eh bien, mais... il me semble qu'il s'en va très satisfait, murmura Savinien. Comme j'ai eu raison de me tenir sur la réserve ! s'il avait pu seulement constater que j'approchais sa femme d'un peu près, à l'heure qu'il est, il ne douterait plus que c'était elle qui se cachait chez moi ce matin. Tandis qu'il a vu, de ses yeux vu, que je ne m'occupais pas plus de la dame que la dame ne s'occupait de moi. Et, en conséquence, il est convaincu qu'il s'est trompé tantôt et que je n'ai jamais eu d'accointances quelconques avec sa chère moitié.

Peste ! bien m'en a pris de ne pas la reconnaître à sa tournure ou à sa voix, car si je l'avais reconnue, je n'aurais ; m'abstenir de lui parler, et nous étions pris.

Mais est-elle donc faite, qu'elle n'a pas

changé de visage en m'apercevant ! Elle m'a reconnu cependant et voilà pourquoi elle me regardait avec tant de persistance. Mais elle n'a pas pâli, pas tressailli. Elle a continué à causer avec cette linotte blonde et à déguster un sorbet. Quel sang-froid ! Je ne m'étonne plus qu'elle joue des tours à son mari. On voit tout de suite qu'elle est accoutumée aux situations périlleuses.

Décidément, c'est une grande dame... une très grande dame, comme on dit dans la *Tour de Nesle*, qui m'a tant fait rire quand je l'ai vu jouer à Rennes par des cabotins ambulants. Il n'y a que les grandes dames pour avoir cet aplomb superlatif.

Hum ! grande dame de la finance, puisque son mari trône à la Bourse, mais celles-là valent les autres dans ces occasions-là.

Et dire que je ne sais pas son nom. Si j'osais, je le demanderais à cette jolie personne qui jacassait avec elle tout à l'heure. Elle est bavarde comme une pie, et si je m'y prenais adroitement, elle me dirait...

Ce monologue fut interrompu par l'entrée de Georges Fougeray, qui se précipita dans la boutique et tomba presque dans les bras de son ami, lequel était venu se planter sur le seuil pour assister au départ de l'inconnue.

Il était radieux, ce Fougeray, et sa première parole fut :

— Victoire sur toute la ligne, mon cher ! Voilà mon année assurée... et dans les grands prix... je vais pouvoir monter ma maison sur un joli pied... et quant à toi, mon petit...

— Il ne s'agit pas de cela, interrompit Savinien en prenant Georges par le bras pour l'obliger à se retourner.

— Et de quoi diable s'agit-il donc ? Quelle mouche te pique ?

— Connais-tu ce monsieur qui monte en voiture avec une dame?

— En voiture! on croirait que tu parles d'un fiacre. Tu pourrais bien dire en huit-ressorts... et il n'y en a pas dans tout Paris vingt qui soient tenus comme celui-là.

— Bon! j'en suis persuadé, mais je te demande le nom du propriétaire de cet équipage.

— Eh! parbleu, tu le sais, le nom. Tu ne fais que m'en rebattre les oreilles depuis que tu es à Paris.

— Comment cela?

— Ce landau mirifique appartient à l'illustre Montauron, directeur du *Crédit des Provinces*, banquier ordinaire de Son Excellence monsieur le baron de Trémorin, et par occasion banquier de M. le vicomte Savinien d'Amanlis.

— Et c'est M. Montauron qui vient d'y monter?

— Mais oui. Il n'a pas l'habitude de prêter ses équipages à ses amis... ni son argent non plus.

— Alors, cette dame assise à côté de lui est sa femme?

— Naturellement. Montauron a des principes, et il ne promènerait pas une maîtresse en plein jour. D'ailleurs, il ne donne pas dans les demi-mondaines. La majestueuse personne qu'il emmène au Bois a daigné l'épouser, il y a une douzaine d'années, quoiqu'elle soit née de parents aussi nobles que toi... Il est vrai qu'ils n'avaient pas le sou et que Montauron était déjà riche, il y a douze ans. Il l'est bien davantage à présent. C'est un gars qui a de l'audace, du flair et une chance infernale.

Tiens! aujourd'hui, il savait qu'une dépêche officielle allait être affichée à deux heures, et il a manœuvré en conséquence; il a pêché en eau trouble, et je te réponds que la pêche a été bonne. Il a dû ratisser son petit million au moins.

Ah! il peut se payer des huit-ressorts, celui-là... et sa femme n'a pas fait une mauvaise affaire en échangeant le nom de ses ancêtres contre le nom plébéien mais doré de ce veinard de Montauron.

— Comment s'appelait-elle avant son mariage?

— Ah! ma foi, tu m'en demandes trop long. Je l'ai su, mais je l'ai oublié. Elle te le dira elle-même quand tu la verras... car je suppose que Montauron te présentera quand tu lui auras fait ta visite.

— Je ne la lui ferai pas, dit vivement Savinien.

— Bah! et pourquoi? Ton oncle ne t'a-t-il pas recommandé de le voir.

— Oui, mais... j'ai vu M. Bouret, le sous-directeur de la banque...

— Et ça te suffit. Je comprends ça, ces gens-là ne sont pas amusants... et au surplus, tu peux maintenant te passer d'eux... à moins pourtant que tu ne sois amoureux de madame Montauron, ajouta Georges en riant.

— Moi! s'écria le vicomte. Quelle idée!

— Eh! eh! elle a bien trente-deux ans, si elle n'en a pas trente-cinq, mais elle a été charmante, et elle est encore fort agréable. Je te préviens, du reste, charitablement, qu'elle a la réputation d'être restée fidèle à son mari, qui n'a cependant rien de ce qu'il faudrait pour lui plaire.

Mais on est fort mal ici pour causer, et j'ai des nouvelles intéressantes à te communiquer... des nouvelles dont je ne tiens point à faire part aux joueuses de qualité qui encombrent cette boutique. Viens me conduire jusqu'au boulevard. Après, tu seras libre d'aller remplir tes devoirs auprès des douairières que t'attendent au fin fond du faubourg Saint-Germain.

Savinien se laissa entraîner. Il était complètement absorbé par l'étrange découverte qu'il venait de faire, et depuis qu'il savait que la dame au coffret était la femme de M. Montauron, il lui était impossible de penser à autre chose.

Les conséquences de cette aventure lui apparaissaient toutes à la fois. Il voyait déjà en imagination le mari surveillant sa conduite et la femme tombant un beau matin à l'hôtel pour reprendre la cassette qu'il avait eu la malencontreuse idée de déposer précisément dans le caveau de la maison de banque dirigée par M. Montauron, banquier de l'oncle Trémorin et peut-être quelque chose de plus.

Et, par surcroît de malechance, il ne pouvait plus consulter Georges Fougeray sur cette situation délicate.

Savinien était sorti le matin, bien décidé à raconter l'affaire à son ami. Il s'agissait alors d'une inconnue et la confidence n'aurait compromis personne.

Maintenant, il n'en allait plus de même. Apprendre à Fougeray, un des hommes les plus répandus de Paris, que madame Montauron avait failli être prise par son mari en flagrant délit de visite clandestine à un étranger logé dans un hôtel garni, c'eût été assurément une action indigne d'un gentilhomme.

Savinien se reprochait même déjà d'en avoir trop dit devant Georges, qui avait l'esprit délié et qui comprenait à demi-mot.

Mais Georges ne songeait guère, en ce moment, au ménage Montauron. Il était tout à son triomphe, il rayonnait, et à trois pas de la boutique il entama le récit de ses hauts faits.

— Mon cher, commença-t-il, prépare-toi à entendre des choses étonnantes et fais appel à tout ton sang-froid de Breton bretonnant pour ne pas t'évanouir de joie. Sais-tu combien nous venons de gagner?

— Comment, nous ! mais je t'ai déclaré expressément que je ne voulais pas jouer.

— Je le sais, ô Savinien, et comme j'ai joué pour toi sans ta permission, voire même malgré ta défense, tu n'as rien à te reprocher.

— Quelle est cette plaisanterie?

— C'est très sérieux. Je ne plaisante jamais quand il s'agit d'argent. Sache donc qu'à l'ouverture de la Bourse nous avons vendu trois cent mille francs de rente trois pour cent au cours de quatre-vingt-deux trente cinq et que nous l'avons rachetée au cours de quatre-vingt-deux.

— Si tu crois que je comprends ce jargon !...

— Tu n'as pas besoin de comprendre. Et d'ailleurs ton intelligence de rural est bien de force à saisir que la différence à notre profit est de trente-cinq centimes. Mais ce n'est pas tout. Nous avons acheté alors à ce même cours de quatre-vingt-deux un joli paquet de rentes qui...

— Je ne sais pas ce que représente ta différence et je ne veux pas le savoir, mais je sais fort bien que si j'avais perdu une somme un peu forte, je n'aurais pas pu la payer. Donc, il m'est impossible de partager le bénéfice de ton opération. Ce ne serait pas loyal, puisque je ne risquais rien, tandis que toi qui es riche, tu aurais supporté la perte.

— Sans toi, cher ami, je n'aurais pas pu opérer sur trois cent mille. Je me suis servi de ton nom et de ton crédit.

— Mon crédit ! mais tu es fou. Il est de six mille francs, mon crédit.

— Savinien, tu m'affliges, dit gravement Georges en lâchant le bras de son camarade. J'aperçois là-bas Galipot qui vient à nous, et je pense que tu ne tiens pas à t'aboucher de nouveau avec ce gentleman.

— Oh ! non, s'écria le vicomte d'Amanlis.

— Eh bien ! séparons-nous. Je passerai chez toi ce soir ou demain, et je t'expliquerai ce que tu ne veux pas entendre. Au revoir, millionnaire en herbe.

— Décidément, il est aliéné, murmura Savinien en voyant son ami courir à toutes jambes à la rencontre de M. Galipot. Et si je passais le reste de ma journée avec lui je finirais par perdre la tête aussi.

Je vais aller voir mes vieilles cousines pour me calmer.

III

Les jours se suivent et ne se ressemblent pas, dit un adage populaire qui pourrait tout aussi bien, et même à plus forte raison, s'appliquer aux nuits ; surtout aux nuits d'un garçon qui vient de débarquer de sa province et qui se lance, pour la première fois de sa vie, dans le tourbillon parisien.

Après une matinée orageuse, le vicomte d'Amanlis avait eu une soirée tranquille.

En quittant Georges Fougeray sur la place de la Bourse, il s'était acheminé à pied vers le faubourg Saint-Germain et il lui avait suffi de passer les ponts pour rentrer en possession de lui-même.

Le vent qui souffle sur la rive gauche calme les esprits ; il n'y apporte que des échos très affaiblis de l'agitation tapageuse du boulevard ; et Savinien s'était aperçu tout de suite que de l'autre côté de l'eau, il n'était plus le même homme.

Il pensait au paisible manoir de Plouer et à ceux qui l'habitaient ; la douce figure de sa cousine lui apparaissait, mais plus comme dans ce rêve où il l'avait vue pleurant au pied du Sinaï ; Yvonne lui souriait en le menaçant du doigt pour lui reprocher d'avoir oublié de lui écrire.

Et il se jurait de rentrer de bonne heure pour rédiger une longue lettre qui rachèterait ses torts.

Les deux parentes qu'il allait voir tenaient d'assez loin, l'une aux Trémorin, l'autre aux Amanlis, et toutes les deux l'avaient accueilli à bras ouverts, quoiqu'elles ne l'eussent pas vu trois fois à ses précédents voyages.

La vicomtesse de Londinières, qui était une Trémorin, lui avait signifié qu'elle entendait le conjoindre à une des cinq ou six héritières de son monde qui cherchaient un jeune mari de la vieille roche. Et Savinien avait 'eu beau protester qu'il ne venait pas à Paris pour se mettre en ménage, il lui avait fallu promettre de se laisser présenter aux nobles parents de ces demoiselles.

La marquise de Laffemas, dont l'arrière-grand'mère était une Amanlis, s'était empressée de faire appeler monsieur son fils, lequel conférait en ce moment avec son chef d'écurie, et ce sportsman, qui ressemblait à un groom anglais, avait bien voulu inviter Savinien à prendre place sur son break aux prochaines courses de Longchamp.

Ces deux visites, à vrai dire, n'avaient pas énormément récréé le gentilhomme breton, mais elles l'avaient calmé au point de lui faire oublier qu'un Paris tout différent de celui-là s'agitait à moins de quatre kilomètres de la rue de Varenne.

Dans ces parages aristocratiques, on ne soupçonnait pas l'existence de la Bourse des femmes, et Georges Fougeray n'y aurait pas brillé, quoiqu'il ne s'intimidât pas aisément.

Savinien le trouvait beaucoup plus amusant que les douairières et même que l'héritier présomptif de la marquise de Laffemas, mais il ne tenait pas à le voir ce jour-là.

Il craignait que Georges ne l'engageât dans quelque joyeuse partie, car maintenant qu'il était de sens rassis, il voulait se reposer de ses fatigues et surtout de ses émotions.

Il voulait aussi éviter de nouvelles explications avec son trop entreprenant camarade qui s'était servi de son nom pour jouer sur les fonds publics, et il espérait bien que, la nuit portant conseil, Georges ne parlerait plus le lendemain de partager avec un ami qui n'y était pour rien le bénéfice de ses opérations hasardeuses.

Le sage vicomte s'était donc décidé à ne pas regagner immédiatement les quartiers vivants que fréquentait Fougeray, le viveur par excellence. Il était allé d'abord promener ses rêveries au Luxembourg, où les marronniers commençaient à fleurir ; il avait flâné ensuite sur les nouveaux boulevards, dont le percement a transfiguré le vieux pays Latin, et, après avoir traversé le Jardin des Plantes, il avait pris le bateau-mouche pour descendre la Seine.

Une vraie journée de provincial. Il n'y manquait pour la compléter qu'une visite au tombeau de Napoléon sous le dôme des Invalides.

Mais ce voyage dans des régions paisibles l'avait rasséréné. En voyant des arbres et des fleurs, il s'était repris à aimer la nature, à regretter les bois et les landes de sa Bretagne.

Et peu à peu, il en était venu à se demander s'il ne ferait pas bien de rentrer tout bonnement à Plouer, sans pousser plus loin l'essai de la vie parisienne. C'eût été le meilleur moyen de couper court aux intrigues forcées et aux aventures financières. L'oncle Trémorin se plaindrait sans doute que son neveu se fût dérobé à l'épreuve qu'il voulait lui imposer ; mais Yvonne se chargerait de l'apaiser et ce retour inespéré la rendrait si heureuse !

Paris est pavé, comme l'enfer, de bonnes intentions et, ce soir-là, les intentions de Savinien étaient excellentes.

Il dîna vertueusement dans un honnête restaurant de la rue de l'Université où son oncle l'avait conduit quelquefois, pendant leur dernier séjour; il alla fumer deux ou trois cigares sous les galeries du Palais-Royal où il était bien sûr de ne pas rencontrer Georges, et ce fut tout.

A dix heures, il était au lit et dix minutes après il s'endormait avec le remords d'avoir encore une fois manqué le départ du courrier.

Il ne se réveilla qu'après avoir fait, comme on dit, le tour du cadran, et la première chose qu'il aperçut en ouvrant les yeux ce fut un petit tas de lettres que le garçon avait déposées, pendant son sommeil, sur sa table de nuit.

Il y en avait trois et sur l'enveloppe de la première qui lui tomba sous la main, il reconnut l'écriture du baron de Trémorin, une grosse écriture de l'ancien temps, ferme et droite comme les mâts d'un navire.

— Diable! murmura Savinien, mon oncle a pris les devants. J'ai bien peur que ce ne soit pas pour me féliciter de mon empressement à donner de mes nouvelles. Il y a quarante-huit heures que je suis ici et je n'ai pas encore écrit une ligne. C'est honteux, et s'il me reproche ma négligence, je ne l'aurai pas volé.

Il fallut pourtant bien ouvrir ce pli menaçant et il lut ce qui suit :

« Monsieur mon neveu, vous n'êtes pas exact, et c'est un très vilain défaut. Le piéton est arrivé ce matin les mains vides et votre cousine qui était allée le guetter sur la route, a été si vexée, qu'en revenant au château, elle a perdu mes journaux dans l'avenue. J'en ai été réduit à déjeuner sans lire la *Gazette de France*, et faute de cet apéritif, auquel je suis accoutumé, il m'a été impossible de manger. C'est pourquoi je vous envoie ma malédiction et celle de mademoiselle ma fille qui n'a pas mangé non plus et qui a déjà maigri de trois livres depuis votre départ.

» Ce préambule veut dire, mon cher garçon, que nous sommes presque inquiets de toi. Ta tante prétend que tu dois être malade. Yvonne ne prétend rien, mais elle n'est pas contente. Moi, je trouve que tu aurais dû te presser un peu plus de nous annoncer ton arrivée, mais je t'excuse parce que je compte sur une longue lettre demain. »

— Demain, c'est aujourd'hui, murmura piteusement Savinien. Dieu sait ce qu'ils vont penser en ne recevant rien. Mon oncle est capable de tomber ici sans crier gare... Eh bien, je n'en serais pas trop fâché, et s'il voulait me ramener à Plouer, je ne me ferais pas prier.

Mais voyons le reste, ajouta-t-il en reprenant sa lecture.

« Je comprends d'ailleurs, que tu devais être éreinté après une nuit en chemin de fer et je me serais dispensé de t'écrire si je ne m'étais souvenu qu'au milieu de toutes les recommandations dont je t'ai accablé, j'en ai négligé une qui a son importance. Montauron, le banquier auquel je t'ai adressé, est marié, et quand tu iras le voir, si ce n'est déjà fait quand tu recevras cette lettre, ne manque pas de le prier de te présenter à sa femme. Elle est fort bien née, — beaucoup mieux que lui, qui est parti de très bas, — elle est parfaitement posée dans la société parisienne, et comme elle n'est plus toute jeune, elle pourra, sans inconvénient aucun, t'introduire et même te patronner dans le monde qu'elle voit et qu'il me paraît bon que tu connaisses.

» Maintenant que j'ai réparé cet oubli et que je t'ai suffisamment grondé, il ne me reste qu'à t'embrasser, mon cher enfant, pour moi et pour deux autres personnes qui ne parlent que de toi du soir au matin. »

C'était signé : ton oncle affectionné, Guy de Trémorin; et il y avait en *post-scriptum :*

« Ne mène pas trop grand train ta lettre de crédit, mais ne vis pas comme un cuistre. Je ne t'ai point envoyé à Paris pour y faire des économies. Tu auras tout le temps d'épargner quand tu seras fixé à Plouer. »

Yvonne n'avait rien ajouté de sa main, mais Savinien trouva dans la lettre une petite fleur couleur d'or qui avait tout l'air d'avoir été cueillie par elle sur une certaine touffe de genêts sauvage que le vent avait semée sous sa fenêtre, au pied de la vieille muraille du manoir.

Le cousin fut touché de ce souvenir, mais il se serait attendri davantage s'il eût été moins surpris des instructions que lui envoyait son oncle à propos de madame Montauron. Le baron de Trémorin parlait de cette femme comme s'il la connaissait et certes il la connaissait fort mal, car s'il avait su comment elle se conduisait, il n'aurait pas engagé son neveu à se placer sous son patronage.

— Où diable ont-ils pu se rencontrer? se demandait Savinien. Je me souviens fort bien que, hier, elle m'a dit qu'elle venait d'entendre pour la première fois mon nom, que j'avais jeté à la figure de son mari pendant qu'elle était cachée dans ma chambre. Et mon oncle qui me conseille de la prendre pour introductrice! Il tombe bien, ma foi! Il faudrait d'abord que M. Montauron y consentît, et je ne suppose pas qu'il soit disposé à m'ouvrir sa maison.

Tout en se parlant à lui-même, le vicomte d'Amanlis ouvrait, d'une main distraite, une des deux autres lettres posées sur sa table de nuit.

— Ah! voilà qui est plus fort que tout le reste, s'écria-t-il aussitôt qu'il y eut jeté les yeux.

Le mari m'invite à une soirée! Qu'est-ce que cela signifie?

Et Savinien se mit à lire tout haut l'invitation qui était ainsi conçue :

« M. Charles Montauron prie monsieur le vicomte d'Amanlis de lui faire l'honneur de passer la soirée chez lui, vendredi 6 mai, et les vendredis suivants. »

— Mon nom y est en toutes lettres, murmura-t-il. C'est bien à moi que cette lettre est adressée. Comprenne qui pourra. Est-ce un piège qu'il me tend? ou bien serait-ce qu'après notre rencontre à la pâtisserie ses soupçons se sont dissipés?

Un piège! non, c'est absurde. Quand on est dans la situation de ce financier, on n'invite pas les gens pour les attirer dans un guet-apens. Je croirais plutôt qu'il veut me mettre en présence de sa femme pour observer son attitude et la mienne.

Et d'un autre côté, c'est monsieur qui invite... le nom de madame ne figure pas sur la lettre... Cela semble indiquer qu'il s'agit d'une réception d'hommes... vendredi prochain et les vendredis suivants... Il a ses jours comme un ministre... Mais que sa femme y soit ou non, la question est de savoir si j'irai.

Et Savinien se lança aussitôt dans le vaste champ des hypothèses. Il se demanda d'abord si madame Montauron lui saurait gré de ne pas accepter l'invitation de son mari. Depuis qu'il avait vu son visage, il s'intéressait à elle et il tenait avant tout à ne pas lui nuire. Il ne croyait pas qu'elle fût sans péché, mais il ne voulait pas lui jeter la première pierre. Ses yeux demandaient grâce pour elle, et le vicomte d'Amanlis était trop jeune pour ne pas se laisser toucher par la prière de deux beaux yeux.

Et puis, il n'envisageait plus tout à fait de la même façon la scène où il avait joué un peu malgré lui le rôle de sauveur.

Sans doute, les apparences étaient contre madame Montauron. Une femme qui n'a rien à se reprocher ne s'échappe pas du domicile conjugal, à l'insu de son mari, pour venir voir un monsieur logé dans un hôtel.

La peur qu'elle avait d'être surprise prouvait assez qu'elle était en faute.

Mais, après tout, rien ne prouvait que ce monsieur fût son amant. Le contraire paraissait même plus probable, puisqu'au lieu d'attendre sa visite, il avait eu soin de déguerpir de grand matin.

Que s'était-il passé entre eux avant cette malheureuse visite, quel lien attachait madame Montauron à un gentilhomme suédois qui n'habitait Paris qu'en passant ? Impossible de le deviner. Il s'agissait évidemment d'un secret dont ce seigneur étranger était dépositaire, un secret qui mettait à sa discrétion la femme du banquier, mais ce secret tenait sans doute au passé de la dame.

Elle venait peut-être supplier le comte Aparanda de lui rendre des lettres compromettantes.

Quoi qu'il en fût, madame Montauron avait certainement réussi à apaiser la colère de son mari, en lui persuadant qu'elle n'était pas coupable, puisqu'ils allaient se promener ensemble aux Champs-Élysées et au Bois.

En l'état des choses, ne valait-il pas mieux paraître à cette soirée ? S'abstenir, c'était en quelque sorte avouer une complicité avec l'épouse un instant soupçonnée.

Et, d'autre part, il fallait bien que Savinien eût tôt ou tard une explication avec M. Montauron, car enfin ce jaloux savait à qui il avait eu affaire la veille, puisque le vicomte d'Amanlis s'était nommé, et le neveu du baron de Trémorin n'était pas pour lui le premier venu.

Si le financier n'avait pas fait mine de reconnaître à la Bourse le jeune Breton qui lui était adressé, c'est que le lieu ne se prêtait pas à une explication délicate, et la boutique où ils s'étaient rencontrés ensuite s'y prêtait encore moins.

Mais cette explication, M. Montauron devait l'attendre, et, en vérité, c'était à Savinien de la fournir sans qu'on la lui demandât.

D'abord, il était le plus jeune, et ensuite M. Montauron avait pu se croire offensé.

— Oui, pensa le cousin d'Yvonne après avoir longtemps réfléchi, j'entends maintenant ce que cette invitation signifie. C'est comme si ce banquier me disait : Je me suis trompé ; ma femme n'était pas chez vous, et je regrette de m'être laissé aller à des violences déplacées. Je ne puis, pour des raisons que vous devinez, aller vous faire des excuses dans l'auberge où s'est passée cette scène fâcheuse ; mais je tiens à vous témoigner que je n'ai conservé aucun ressentiment contre vous, et vous saisirez, je l'espère, l'occasion que je vous offre d'en finir avec une situation fausse.

M. Montauron agit en galant homme, et puisqu'il a fait les premiers pas, je suis tenu de répondre à ce procédé par une démarche personnelle... et accepter son invitation, ce ne serait pas assez.

Je devais aller chez lui hier, alors que j'ignorais ses histoires avec sa femme ; maintenant que je les connais, c'est une raison de plus pour que j'y aille aujourd'hui.

J'ai un excellent prétexte pour me présenter à son hôtel. Mon oncle m'a expressément recommandé de lui faire une visite en arrivant, et dans la lettre que je viens de lire, il a soin de me rappeler cette recommandation.

Et je parierais bien que je serai reçu, car M. Montauron doit désirer plus que moi une entrevue où nous pourrons parler librement de ce qui s'est passé entre nous dans cet appartement garni.

Pourquoi reculerais-je devant cette entrevue? Mon rôle est tout tracé : je n'ai qu'à rester dans l'expectative, car ce n'est point à moi d'aborder la question scabreuse. Il l'abordera sans aucun doute, et alors je ne ferai pas l'ignorant. Je ne lui cacherai pas que, depuis notre rencontre à la pâtisserie où il est venu chercher sa femme, je sais son nom, et que j'ai cru devoir prendre les devants pour m'excuser de l'avoir reçu vertement alors que je ne savais pas encore qui il était.

J'ajouterai, bien entendu, que je n'ai pas l'honneur de connaître madame Montauron, et je ne mentirai qu'à moitié puisqu'elle ne m'a jamais parlé à visage découvert. Je solliciterai même la faveur de lui être présenté plus tard.

Mais, si je veux faire tout cela ce matin, je n'ai pas une minute à perdre, conclut le vicomte en sautant à bas du lit.

Dans sa précipitation, il oublia d'ouvrir la troisième lettre que le garçon avait apportée, et ce ne fut qu'après avoir terminé sa toilette, qu'en serrant les deux autres dans son portefeuille il avisa ce pli qu'il n'avait pas décacheté.

L'adresse était d'une écriture à lui inconnue, et elle était timbrée de Paris.

— C'est singulier, se dit Savinien, je ne suis arrivé que

depuis deux jours et voici déjà des gens qui éprouvent le besoin d'entrer en correspondance avec moi. Il paraît que sans m'en douter, je me suis fait de nouveaux amis.

Quand il lut, il fallut en rabattre.

La lettre venait des bureaux d'un agent de change et ne contenait qu'une formule imprimée dont la main d'un commis avait rempli les blancs.

Elle avisait le vicomte d'Amanlis que ses ordres avaient été exécutés à la Bourse de la veille, et elle lui indiquait très sommairement les cours auxquels on avait vendu, racheté et revendu pour son compte des rentes trois pour cent.

Cette notification fit faire la grimace à Savinien, qui se berçait encore de l'espoir de rester en dehors des opérations de son ami Fougeray.

Il n'y avait plus à en douter. Georges s'était servi du nom d'Amanlis et le sien ne figurait même pas sur l'avis.

— Que le diable l'emporte! s'écria le vicomte; me voilà obligé maintenant de tremper dans des tripotages auxquels je n'entends rien... peut-être même de me transporter chez cet agent de change... et qui sait ce que j'aurai à y faire!... Georges m'affirmait hier qu'il avait gagné, que nous avions gagné, comme il dit, mais je veux être pendu si je devine ce que signifient les chiffres inscrits sur ce chiffon de papier... ils peuvent bien annoncer la ruine ou la fortune... c'est du grimoire pour moi, et aujourd'hui même je mettrai cet animal de Georges en demeure de me débarrasser de ce souci, en allant faire lui-même sa liquidation... puisque liquidation il y a... jamais je ne m'accoutumerai aux mots de Bourse... ni aux choses non plus.

Savinien, un peu soulagé par cette tirade, mit la lettre d'avis dans sa poche.

Il ne la jugeait pas digne de prendre place dans son

portefeuille à côté de celle où sa cousine Yvonne avait inséré une fleur.

Et après avoir donné dans la glace un dernier coup d'œil à sa toilette, il partit pour tenter de s'aboucher avec le grand financier qui depuis vingt-quatre heures tenait tant de place dans son existence.

M. Bouret lui avait assuré la veille qu'on trouvait presque toujours Montauron le matin en son hôtel de l'avenue Ruysdaël, et il n'était pas encore midi.

C'était le moment de risquer l'aventure.

Après avoir donné ses intructions au portier, pour le cas où M. Fougeray viendrait le demander, Savinien sauta dans une victoria qui passait et se fit conduire au parc Monceau.

Il tenait à ne pas débarquer en fiacre à la porte d'un homme qui possédait de si beaux équipages, et puis il n'était pas fâché d'examiner un peu sa résidence avant de s'y présenter.

Il vit un véritable palais, ou tout au moins un château royal, entre cour et jardin.

Quelle cour et quel jardin ! Une grille dorée pour clôture, du marbre pour pavé, et au fond un perron monumental ; et derrière ce superbe édifice un parc immense, planté d'arbres séculaires, avec des pelouses à perte de vue.

Savinien songea au vieux manoir de Plouer dont la façade était zébrée de lézardes et autour duquel on soignait mieux les potagers que les gazons.

Mais cette comparaison ne l'intimida point ; il commençait à s'accoutumer aux splendeurs des financiers et il sonna bravement à la grille.

Savinien s'était dit que le vicomte d'Amanlis pouvait bien passer par les grandes entrées quand il se présentait chez un prince de la finance, et de plus, maintenant que sa résolution était prise d'aborder carrément M. Montauron, il mettait un certain amour-propre à aller droit au but.

Il tenait à se montrer, afin que tout le monde le vît sonnant à la grande grille, en plein jour, comme un homme qui ne cache pas ses démarches.

Et peut-être réussit-il à se faire remarquer, car à une des fenêtres du premier étage de ce palais, un rideau s'écarta un instant et une figure apparut qui s'éclipsa presque aussitôt.

Savinien eut l'intuition que la personne qu'il n'avait fait qu'entrevoir était la femme du banquier, mais il ne put s'en assurer, car le rideau retomba et ne se releva plus.

Personne n'avait bougé au coup de sonnette : la cour était déserte et la porte placée au-dessus du perron restait close.

— Où sont donc les laquais dorés que j'ai vus hier? se demandait déjà le vicomte. On dirait le château de la Belle au bois dormant.

Un bruit sec lui fit tourner la tête, et il vit qu'une porte latérale venait de s'ouvrir, une petite porte percée dans la muraille à côté d'un pavillon bas, qui avait tout l'air d'être la loge du concierge.

Il y alla, en se disant que sans doute on n'ouvrait la grille qu'aux gens qui arrivaient en équipage, et il fut reçu par un domestique en livrée sombre, une manière de géant taillé comme un Suisse d'autrefois, du temps où les hôtels seigneuriaux étaient gardés par des portiers qu'on faisait venir des cantons helvétiques.

Cet imposant personnage avait les traditions de l'ancien régime, car il fut poli. Il leva sa casquette galonnée et il prit avec empressement la carte que Savinien lui remit.

— Si monsieur le vicomte veut entrer au parloir, dit-il après avoir lu le nom du visiteur, je vais faire prévenir M. le baron.

Le baron, c'était évidemment le directeur du Crédit des Provinces.

— Peste! pensa le cousin d'Yvonne, je ne savais pas que M. Montauron fût titré. Ni M. Bouret ni Georges ne m'avaient signalé cette particularité, et sa baronnie ne figure pas sur la lettre d'invitation que j'ai reçue.

Après ça, peut-être n'est-il baron que pour ses gens. D'ailleurs, tous les financiers le sont plus ou moins.

Un coup de cloche sonné par le portier coupa court à ces réflexions provinciales et fit apparaître un valet de pied à l'entrée d'un vestibule qui s'ouvrait à droite dans un bâtiment séparé du corps de logis principal par une galerie vitrée, une serre, autant qu'on en pouvait juger de loin.

Ce valet de pied reçut des mains du concierge la carte de visite et introduisit Savinien dans une antichambre toute tapissée de fleurs et de plantes exotiques. On aurait pu se croire dans une forêt du nouveau monde, une forêt civilisée, car elle était garnie de sièges très confortables.

A travers une énorme glace sans tain, on apercevait le jardin de l'hôtel qui semblait ne faire qu'un avec le parc Monceau, dont il n'était séparé que par une grille basse, tout enguirlandée de feuillages.

— C'est merveilleux, se disait Savinien pendant que le domestique allait prendre les ordres de son maître. Voilà ce que j'appelle un luxe intelligent. Mon oncle ne troquerait pas son manoir délabré pour ce palais tout flambant neuf, mais je crois bien que ma chère Yvonne se plairait ici. Elle aime tant la verdure, et on en a mis partout.

Après une très courte absence, le valet de pied reparut, plus respectueux que jamais.

— M. le baron est au jardin, dit-il, et il prie monsieur le vicomte de vouloir bien venir l'y rejoindre.

Savinien, un peu surpris, suivit l'homme en livrée, qui le conduisit par un large corridor aussi fleuri que le vestibule jusqu'à une porte qui s'ouvrait de plain-pied sur une allée sablée.

— Et moi qui m'attendais à une audience solennelle dans un cabinet sévère, pensait le vicomte. Ce banquier ne fait rien comme les autres. Mais, ma foi! j'aime mieux cette réception champêtre. Sous les arbres, je serai moins gêné pour aborder les explications délicates.

Il allait demander au valet de quel côté il devait chercher le seigneur de ce domaine, lorsque tout à coup il le vit apparaître sur la lisière d'un bois, un véritable bois de haute futaie qui s'élevait à dix pas du perron.

C'était bien le monsieur qu'il avait vu trois fois la veille, trois fois dont une, — la première, — dans une circonstance inoubliable.

Seulement, son air et sa tenue n'étaient plus les mêmes. Il portait un veston matinal, un pantalon de fantaisie et un chapeau de paille. Son visage assez régulier avait pris une expression souriante et reposée.

Ce n'était plus le grave financier que les spéculateurs entouraient sous la colonnade de la Bourse; c'était encore moins le mari exaspéré qui se ruait à l'assaut de l'appartement numéro 19.

Cette transformation parut de bon augure à Savinien, qui se composa aussitôt une physionomie à l'avenant.

Il n'avait que l'allée à traverser pour aborder M. Montauron et il s'empressa de mettre le chapeau à la main, sans s'incliner trop bas cependant, juste ce qu'il fallait dans la situation particulière où il se trouvait vis-à-vis de ce banquier beaucoup plus âgé que lui.

Sa tante Trémorin, qui était d'un monde et d'un temps où on connaissait les nuances, lui avait appris à saluer.

M. Montauron y mit moins de façons. Il l'invita d'un geste à se couvrir et il lui dit gracieusement :

— Je vous attendais, monsieur, et je suis charmé de vous voir.

— A la bonne heure, se dit Savinien, il ne me donne pas du vicomte par le nez comme le faisait hier ce M. Bouret... et il se réjouit de me voir... c'est fort bien... mais pourquoi m'attendait-il ?

— Vous m'excuserez, j'espère, de vous recevoir en plein air, reprit Montauron. J'ai l'habitude de me promener le matin et je suppose que vous qui habitez la campagne, vous ne craignez pas de marcher.

— Oh ! pas du tout, s'écria le jeune Breton, mais c'est à moi de m'excuser. Je suis arrivé à Paris avant-hier et j'aurais dû me présenter chez vous immédiatement, car j'ai à vous remettre une lettre de mon oncle...

— Je sais ce qu'elle contient et je sais aussi que M. de Trémorin est en bonne santé ; il m'a écrit, il y a deux jours, pour m'annoncer votre voyage à Paris.

Je comprends d'ailleurs que vous ne soyez pas venu chez moi hier...

Ce discours, qui semblait faire allusion aux événements de la veille, troubla un peu Savinien, mais M. Montauron reprit aussitôt :

— Je comprends cela d'autant mieux, que j'ai été informé de votre visite à notre maison de banque, où vous pensiez me trouver.

— Ah ! M. Bouret vous a dit...

— Il m'a dit seulement qu'il vous avait vu, et qu'il avait envoyé chez vous la petite somme que vous désiriez toucher. Je l'ai rencontré à la Bourse, au moment du coup de feu, et je n'ai pu échanger avec lui que quelques mots.

— Heureusement, il ne lui a pas parlé du coffret, pensait Savinien.

— Mais vous voilà, continua le banquier, et puisque l'exercice ne vous déplaît pas, nous allons, si vous le voulez bien, faire un tour dans mon jardin. Personne ne viendra nous y déranger et vous pensez comme moi, j'en suis sûr, que nous avons à causer.

Savinien tressaillit. Il sentait que l'heure de l'explication avait sonné et il n'était pas bien sûr de se tirer heureusement de cette épreuve difficile.

M. Montauron le conduisit, par une allée tournante, sous une voûte de verdure formée par de grands arbres, dont les cimes se rejoignaient à cinquante pieds du sol.

L'endroit eût été bien choisi pour un duel sans témoins, car on y était parfaitement à l'abri des regards indiscrets.

Le banquier et le vicomte marchaient côte à côte, lentement et silencieusement.

Savinien ne tenait pas du tout à entamer le premier un entretien qu'il prévoyait et sans doute M. Montauron cherchait son exorde.

— Monsieur, dit-il enfin, je respecte et j'estime trop monsieur votre oncle et vous m'inspirez, vous, trop de sympathie, pour que j'aie recours à des circonlocutions, alors qu'il s'agit d'établir nettement la situation où je me suis mis vis-à-vis de vous.

Je sais que je m'adresse à un galant homme, et je n'éprouve aucun embarras à vous dire que, dans la scène qui a eu lieu hier matin, j'ai eu tous les torts.

— Je vous assure, monsieur, que j'ai déjà oublié ce qui s'est passé entre nous, s'écria Savinien, touché de ce langage.

— Moi, je m'en souviens, reprit le financier, et je me dois à moi-même de vous expliquer ma conduite ; je le dois aussi à ma femme, qui vous recevra bientôt et que je tiens à justifier dans votre esprit, car j'ai agi de façon à vous faire penser qu'elle était coupable.

— J'ai pensé que vous vous trompiez, voilà tout, dit vivement Savinien. Je ne pouvais pas penser autre chose, puisqu'il n'y avait personne chez moi, quand vous vouliez y entrer de force.

— Je me trompais, en effet, j'en ai acquis la certitude. J'ai été abusé par une ressemblance. Je suivais à pied la rue de Helder, lorsque j'ai vu de loin entrer dans un hôtel une femme qui avait à peu près la tournure de madame Montauron. Comment un soupçon absurde a-t-il pu germer dans mon esprit? Je ne saurais le dire. J'ai été pris subitement d'un véritable accès de folie... et c'est d'autant plus inexplicable, que madame Montauron ne m'a pas donné, depuis dix ans que nous sommes mariés, l'ombre d'un sujet de jalousie.

Savinien respira. Il commençait à croire que ce mari était un véritable George Dandin, et que l'affaire finirait par des embrassades.

— Je ne sais, monsieur, continua Montauron, si, après mon départ, vous vous êtes renseigné sur ce qui s'était passé avant la regrettable scène que je vous ai faite.

— Mon Dieu! non, répondit Savinien avec embarras, je trouvais indigne de moi de conférer avec les gens de l'hôtel sur une aventure qui m'intéressait fort peu, par la raison qu'à ce moment-là je n'avais pas l'honneur de vous connaître.

— En effet, vous ne saviez pas qui j'étais... malheureusement, car si je vous avais dit mon nom, la situation eût été tout autre. Vous m'auriez offert, je n'en doute pas, de visiter votre appartement, tandis que, me prenant pour le premier venu, vous ne pouviez pas céder à des menaces. Je me serais empressé de reconnaître mes torts, et c'eût été fini.

Lorsque vous vous êtes nommé, j'ai été sur le point de me nommer aussi, car vous m'étiez annoncé par M. de Trémorin, et je savais que j'avais affaire à un galant homme. Mais devant un aubergiste et ses domestiques...

— C'eût été compromettant, interrompit Savinien, qui se félicitait intérieurement de l'avoir échappé belle.

— C'est ce que j'ai pensé, et je me suis tu, dit le banquier; mais il est heureux que vous vous soyez fait connaître, car j'ai compris aussitôt que je devais me tromper. Vous veniez d'arriver à Paris et vous n'aviez jamais vu madame Montauron. Quelles relations pouviez-vous avoir avec elle? J'ai eu honte de ma conduite, et je suis parti.

Pour revenir à des idées plus saines, il suffisait que je fusse en état de raisonner. Je me suis dit que j'avais agi avec une légèreté impardonnable et qu'au lieu de courir après une femme qui ressemblait vaguement à la mienne, au lieu de la guetter et d'attendre dans la rue qu'elle sortît de la maison où elle était entrée, je ferais beaucoup mieux de retourner chez moi. J'y avais laissé madame Montauron; je l'y ai retrouvée, et j'ai eu ainsi la preuve que mes soupçons n'avaient pas le sens commun.

Je me suis demandé alors comment j'avais pu les concevoir, et je tiens à vous expliquer cette aberration afin que vous ne me preniez pas pour un extravagant.

D'abord, il y a dans la vie des moments où on a l'esprit tourné aux visions... Vous voyez que je plaide les circonstances atténuantes... Hier matin, j'étais dans un de ces moments-là, quand j'ai remarqué cette femme qui marchait devant moi... Sa taille, sa démarche ont éveillé en moi un souvenir... Je l'ai regardée avec plus d'attention... elle a disparu sous la porte cochère d'un hôtel... Pourquoi me suis-je arrêté devant cette porte... et surtout pourquoi me suis-je avisé de la franchir aussi et de traverser la cour?... Je serais fort empêché de répondre à cette question que je me suis posée dix fois depuis la conclusion de cette sotte aventure.

Mais il est survenu ensuite un incident qui, je l'avoue, m'a fait perdre la tête. J'étais seul dans cette cour et j'allais m'en aller, lorsque la femme que j'avais déjà vue s'est montrée tout à coup au bas d'un escalier devant lequel j'étais planté.

— S'il croit qu'il m'apprend du nouveau! pensait le vicomte qui avait retrouvé tout son aplomb.

— Cette fois, continua M. Montauron, elle m'apparaissait de face, mais sa figure était cachée par une épaisse voilette. Certains détails de sa toilette m'ont frappé... Comme si toutes les femmes qui suivent la mode ne s'habillaient pas à peu près de même!... Du reste, elle tenait à la main un objet qui m'a paru être une boîte.

— Oh! oh! il brûle! se dit Savinien. Pourvu qu'il n'ait pas eu vent de ma descente dans le caveau du Crédit des Provinces.

— Ce fait aurait dû suffire pour me rassurer, car madame Montauron n'a pas coutume de porter des paquets quand elle sort à pied. Mais je vous l'ai déjà dit, je n'étais pas de sang-froid.

Et, comme si elle eût pris à tâche de justifier mes absurdes soupçons, cette femme a rebroussé chemin aussitôt qu'elle m'a aperçu, et s'est mise à remonter l'escalier aussi vite qu'elle a pu. J'ai couru après elle... je ne savais plus ce que je faisais... et je n'y voyais plus clair, car il m'a semblé qu'elle se jetait dans le couloir où est situé votre appartement... Vous savez le reste.

— Et je me rends très bien compte, maintenant, des raisons que vous aviez pour frapper à ma porte, dit le vicomte d'un air convaincu. Cette fuite précipitée a dû vous paraître si étrange... Seulement, il y avait plusieurs portes dans le corridor...

— J'aurais pu tout aussi bien frapper à une autre, et si la pauvre créature que j'ai tant effrayée s'est réfugiée chez un de vos voisins, ce voisin a dû bien rire du spectacle ridicule que je lui ai donné.

— S'il avait eu du cœur, il aurait pris l'affaire pour son compte, dit Savinien, qui, à force de se rassurer, en était venu à se moquer du pauvre mari dont il recevait les confidences.

— J'aime beaucoup mieux n'avoir eu affaire qu'à vous, répondit vivement Montauron, car je suis bien sûr que vous me garderez le secret. Par bonheur, le maître de l'hôtel que vous habitez ne me connaît pas. Donc, personne n'a su qui j'étais, et comme les voyageurs se renouvellent souvent dans les hôtels, celui que cette créature venait voir s'en ira un de ces jours et elle ne reviendra plus. De sorte que...

— Je crois qu'il est déjà parti, dit étourdiment Savinien.

— Ah! vous vous êtes informé de lui? demanda M. Montauron, en regardant le vicomte qui s'empressa de réparer sa bévue.

— Oui, j'ai eu la curiosité d'interroger le maître de l'hôtel, et il m'a appris que la dame était venue plusieurs fois chez un étranger qui logeait au quatrième... un Espagnol, je crois... il avait changé d'appartement avant-hier... il était venu habiter au même étage que moi, au fond du couloir. Son amie ignorait qu'il eût déménagé... elle est montée au quatrième, elle a frappé, et, comme on ne lui ouvrait pas, elle est descendue dans l'intention d'aller se renseigner chez le concierge...

— Et, au lieu d'y aller, elle s'est enfuie en me voyant. Pourquoi?

— L'hôtelier suppose que vous ressemblez plus ou moins à son mari, et que, dans son trouble, elle vous aura pris pour lui.

— C'est possible. Je l'ai bien prise, moi, pour ma femme.

— Alors, elle est remontée, et elle a rencontré dans l'escalier une fille de service qui l'a reconnue, quoiqu'elle fût voilée, et qui lui a indiqué le nouveau logement du monsieur. Il l'attendait sans doute, car sa clef était sur la porte. Elle est entrée chez lui et elle s'y est barricadée..

— Et moi, pendant ce temps-là, j'assaillais votre domicile. En vérité, de toutes les passions, la jalousie est celle qui fait faire le plus de sottises. J'ai joué un rôle ridicule, et j'aurais pu en jouer un plus ridicule encore. Songez donc à ce qui serait arrivé si j'étais tombé sur un brutal; nous en serions venus aux voies de fait... un duel s'en serait suivi... cela ne m'aurait pas effrayé, mais dans ma situation de directeur et président du conseil d'administration d'une grande société, je suis tenu à éviter les affaires de ce genre... et le scandale m'aurait fait beaucoup de tort.

Votre oncle m'aurait retiré sa confiance, ajouta en souriant Montauron.

— Je suis persuadé du contraire. Mon oncle a servi dans la marine militaire et il est très porté à excuser les gens qui vont sur le terrain.

— N'importe; il vaut mieux que les choses n'aient pas été jusque-là... d'autant que j'étais complètement dans mon tort.

Vous dites que cet étranger est parti?

— Oui, monsieur, hier soir. La dame est restée chez lui toute la journée. Ils ont attendu la nuit, et vers huit heures il a envoyé chercher un fiacre, il a fait charger ses bagages et il est monté en voiture avec sa belle, m'a assuré le maître de l'hôtel.

Le vicomte d'Amanlis mentait outrageusement, mais c'était à bonne intention, et il n'avait pas à redouter que le mensonge fût découvert, car il était bien évident que M. Montauron ne s'exposerait pas à trahir son incognito en allant interroger l'hôte ou ses gens.

Pendant que Savinien lui donnait ces éclaircissements si véridiques, le mari crédule se rassérénait de plus en plus. Au début de l'entretien, son visage était encore assez sombre, mais les nuages s'étaient dissipés ; sa physionomie exprimait maintenant une satisfaction sans mélange, et le vicomte crut même y démêler un sentiment de reconnaissance à son endroit.

— Le pauvre homme croyait à l'innocence de sa femme, se disait Savinien, mais il lui restait encore quelques doutes. Il ne lui en reste plus ; je viens de la faire acquitter définitivement.

Savinien ne se trompait pas, car, au premier détour de l'allée ombreuse où ils marchaient, M. Montauron s'arrêta brusquement, lui prit les deux mains et lui dit du ton le plus cordial :

— Je sais que je puis compter sur votre discrétion, et je suis votre obligé, car je vous dois de ne pas m'être embarqué dans une affaire qui aurait pu avoir pour moi de fâcheuses conséquences. Aussi je vous prie de croire que je suis et serai toujours tout à votre service.

M. de Trémorin m'honore de son amitié. Je vous demande la vôtre et je vous offre la mienne.

— Je l'accepte de grand cœur, s'écria le vicomte d'Amanlis, qui se reprochait mentalement d'avoir entretenu les illusions conjugales de ce brave homme et qui ne demandait plus qu'à lui être agréable.

— Parlons de vous maintenant, cher monsieur, reprit

le banquier. Votre oncle m'écrit que vous allez passer six mois à Paris. Je n'ai pas besoin de vous dire que ma maison vous est ouverte, mais je voudrais que votre séjour ici eût d'autres résultats que de vous faire connaître un monde où l'on ne s'ennuie pas.

Oserai-je vous dire qu'aussitôt informé de votre prochaine arrivée, j'ai conçu un projet qui va vous surprendre, mais que je veux vous soumettre.

J'ai pensé... vous allez trouver que je me mêle de ce qui ne me regarde pas... j'ai pensé à vous marier.

— Me marier ! s'écria Savinien ; mais je vous jure, monsieur, que je n'en ai pas la moindre envie.

— Naturellement, dit en riant M. Montauron ; à votre âge on n'y songe guère et ce n'est pas pour vous mettre en ménage que vous êtes venu à Paris. Je comprends cela et je ne m'étonne pas que vous teniez à jouir de votre liberté pendant votre séjour dans une ville où, en fait de plaisirs, on n'a que l'embarras du choix.

Aussi, n'ai-je pas la prétention de vous imposer mes idées. Je n'ai pas même celle de vous donner un conseil. Mais je puis bien vous demander s'il vous répugnerait d'être présenté à une jeune fille charmante qui vous plairait, je l'espère, et à laquelle vous plairiez j'en suis sûr.

— Assurément non, mais...

— J'ajoute qu'elle est orpheline et qu'elle apportera à à son mari une magnifique fortune. Cinq millions au moins.

— Alors, monsieur, la question est tranchée. Je ne possède pas la cinquième partie d'un million. La disproportion serait beaucoup trop grande.

— Permettez-moi de vous dire que vous ne connaissez pas encore le monde parisien. Il se divise en deux catégories bien distinctes. L'une a l'argent, l'autre a la naissance, et elles tendent incessamment à fusionner.

Du reste, ce n'est pas d'hier que les choses se passent ainsi.

— Oui, je sais que cela se faisait beaucoup sous l'ancien régime et que cela se fait peut-être encore davantage aujourd'hui, mais je n'ai pas de goût pour la fusion. Non que j'aie sur ce point les préjugés d'autrefois; seulement, je ne voudrais pas épouser une femme beaucoup plus riche que moi.

— Vous avez bien raison en principe, cher monsieur. Mais tout dépend des circonstances; apporter un titre de vicomte en échange des millions d'une personne qu'on n'aime pas et qu'on connaît à peine, c'est évidemment conclure un marché et je comprends que cet arrangement commercial répugne à votre délicatesse. Mais si vous étiez vivement épris d'une opulente héritière et que cette héritière eût pour vous le même sentiment que vous auriez pour elle, les millions n'auraient plus la même importance; votre mariage serait bel et bien un mariage d'amour. Car enfin, dans ce cas-là, la fortune ne serait plus que l'accessoire.

Et en vérité les demoiselles de notre monde de finance peuvent bien prétendre à être épousées pour elles-mêmes, tout comme si elles n'avaient pas de dot.

— Assurément, murmura Savinien, que l'insistance du banquier commençait à embarrasser, car il ne se souciait pas de lui dire de but en blanc que son cœur était pris et que sa fiancée était Yvonne de Trémorin.

— Mais, reprit en riant M. Montauron, je dois vous ennuyer avec mes théories sur les compensations, et si je continuais à vous prêcher l'union des races, j'irais contre mon but.

Vous verrez bientôt la personne à laquelle j'avais songé pour vous, car j'espère que vous me ferez le plaisir de passer la soirée chez moi vendredi prochain. Vous la verrez, dis-je, et vous serez parfaitement libre de ne pas vous occuper d'elle, si vous ne la trouvez pas à votre goût.

Parlons, maintenant, si vous le voulez bien, de M. votre oncle. Il m'écrit qu'il se décidera sans doute à venir passer quelques jours à Paris dans le courant de l'été. C'est une bonne nouvelle qu'il m'annonce là. J'ai pour lui la plus vive sympathie et il y a longtemps que je suis son obligé, car il a beaucoup contribué à la conclusion de mon mariage, qui ne date pas d'hier.

Savinien eut beaucoup de peine à s'empêcher de sourire; il trouvait que son oncle avait rendu un fort mauvais service au banquier en se mêlant de l'unir à une femme qui, après dix ans de ménage, en était venue à courir après un comte suédois.

Il répondit cependant le plus sérieusement du monde :

— Je savais qu'il avait l'honneur de connaître madame Montauron. J'ai reçu ce matin une lettre où il me recommande expressément de solliciter dès mon arrivée la faveur de lui être présenté.

— Elle sera charmée de vous recevoir, et le plus tôt sera le mieux. Je lui ai annoncé votre prochaine visite.

— Ah ! dit Savinien assez étonné.

— Ai-je besoin d'ajouter qu'elle ignore absolument ce qui s'est passé entre nous, hier matin ? Je n'ai eu avec elle aucune espèce d'explication, et je ne pouvais pas en avoir; elle n'avait pas bougé de chez elle, j'en ai eu la preuve, et je n'avais garde de lui raconter ma sotte aventure. Elle ne s'est pas doutée que je venais de donner la chasse à une femme qui lui ressemblait, et c'est fort heureux, car elle eût été profondément blessée d'apprendre que je l'avais soupçonnée.

Nous avons déjeuné gaiement, comme d'habitude, et en déjeunant je lui ai dit que je vous attendais. C'était la première fois que je lui parlais de vous et elle savait à peine que M. de Trémorin eût un neveu. Aussi m'a-t-elle fait beaucoup de questions sur ce neveu d'un ancien ami de sa famille, et je n'ai pas pu lui en dire grand'chose, puisque j'étais censé ne vous avoir jamais vu. Elle a témoigné le désir de vous recevoir et de faire ce qui dépendrait d'elle pour rendre agréable votre séjour à Paris.

Entre nous, c'est elle qui a eu l'idée de vous marier à cette orpheline cinq fois millionnaire.

— Je la remercierai de sa bienveillance, balbutia Savinien, mais...

— Oh ! ne vous effrayez pas, je vous le répète ; ce n'est encore qu'un projet en l'air et vous serez toujours libre de ne pas profiter des bonnes intentions de madame Montauron.

Mais vous voyez qu'elle ne demande qu'à vous servir. S'il m'était resté l'ombre d'un soupçon, ce qu'elle m'a dit de vous m'aurait complètement rassuré.

— Cette femme est bien forte et ce pauvre homme est bien niais, pensait le vicomte d'Amanlis.

— Vous voyez aussi, reprit le banquier, que nous nous trouvons tous deux, vis-à-vis d'elle, dans une situation singulière. Nous nous sommes rencontrés hier de la façon que vous savez et il faut que ma femme croie que nous nous sommes vus ce matin pour la première fois... C'est pourtant la seconde.

— Pardon ! la troisième ; et madame Montauron m'a déjà vu.

— Comment cela ? demanda vivement le financier.

— Mais il me semble que, vers deux heures et demie, vous êtes entré chez un pâtissier à la place de la Bourse...

— C'est vrai... je n'y songeais plus... et je vous jure

qu'en vous voyant chez ce pâtissier j'ai éprouvé un cruel embarras. Je savais déjà que ma femme n'avait rien à se reprocher, et j'aurais voulu vous faire des excuses. Mais, en sa présence, c'était impossible. J'ai dû même feindre de ne pas vous connaître, car... comment aurais-je pu vous aborder sans entrer dans des explications que je voulais éviter?

— Je conçois cela, monsieur, mais j'avoue que j'ai été bien étonné quand je me suis trouvé face à face avec vous dans cette boutique. Je m'attendais presque à une nouvelle scène, car je vous avais reconnu tout de suite.

— Je l'ai bien vu, dit en souriant Montauron : j'ai même vu que vous vous prépariez à vous défendre, mais je n'avais pas la moindre envie de vous attaquer, et je me suis hâté d'emmener ma femme.

— Alors, demanda assez perfidement Savinien, c'est madame Montauron qui est montée en voiture avec vous?

— Oui, je l'avais priée de venir m'attendre là, parce que j'étais obligé de paraître un instant à la Bourse, et je ne prévoyais guère que le hasard vous y amènerait.

— Pas plus que je ne prévoyais vous y rencontrer. Et en vérité le hasard avait mal fait les choses... car vous auriez pu croire...

— Que vous étiez entré chez ce pâtissier pour vous ménager un tête-à-tête avec madame Montauron? Non, cette idée ridicule ne m'est pas venue. Mon accès de jalousie était passé.

— Pas tout à fait, mon brave homme, se disait Savinien ; tu m'as parfaitement épié à travers les vitres de la devanture et tu t'es senti très soulagé quand tu as vu que je ne m'occupais point de ta femme.

— A propos, j'y pense, reprit le banquier, vous avez reconnu la figure du monsieur qui, le matin même, vous avait cherché querelle si mal à propos; mais vous ne saviez pas qui j'étais, car pendant le colloque orageux que nous avons eu sur le seuil de votre porte, je ne vous avais pas dit mon nom.

— Je l'ignorais, en effet, quoique je l'eusse demandé à quelqu'un sur l'escalier de la Bourse... Je vous avais aperçu sous la colonnade...

— Où je causais au milieu d'un groupe... Vous vous étiez mal adressé, car j'y suis très connu... mais un autre a dû vous renseigner, puisque tout à l'heure, quand vous avez pris la peine de venir me rejoindre dans ce jardin, vous n'avez pas paru surpris de découvrir que votre ennemi du matin et le banquier de votre oncle ne faisaient qu'un.

— Je le savais depuis hier. Au moment où vous montiez en voiture, un de mes amis est survenu qui vous connaissait fort bien et qui m'a dit votre nom.

— J'espère que vous ne lui avez pas parlé de la malheureuse scène...

— Oh! monsieur, comment pouvez-vous me croire capable d'une telle indiscrétion... alors surtout que mon ami venait de m'apprendre à qui j'avais eu affaire?

— Excusez-moi... je viens de parler sans réflexion... Assurément, le vicomte d'Amanlis n'aurait pas livré le banquier de M. de Trémorin à la risée de... Puis-je savoir comment s'appelle cet ami que vous avez interrogé?

— Je n'ai aucun motif pour vous cacher son nom, dit Savinien. C'est un de mes anciens camarades de l'Ecole de droit de Rennes. Il s'appelle Georges Fougeray.

M. Montauron fit un mouvement qui ne semblait pas indiquer que l'ami du vicomte d'Amanlis lui fût sympathique.

— M. Bouret le connaît, reprit Savinien, et il ne pense de lui que du bien.

— Je n'en pense pas de mal, répliqua le banquier, et je n'en ai pas entendu dire. Il passe pour ne rien devoir à personne, quoiqu'il dépense beaucoup d'argent. Il en gagne sans doute, et je ne suppose pas que ce soit par des moyens blâmables. Seulement...

— Veuillez achever, monsieur, dit le vicomte, en voyant que M. Montauron semblait hésiter à compléter son appréciation.

— Je suis assez embarrassé pour vous dire toute ma pensée. Mon âge m'y autorise peut-être et aussi l'amitié dont m'honore M. de Trémorin. Mais je ne voudrais pas vous blesser...

— Ce n'est pas votre intention, j'en suis sûr.

— Je vous remercie de croire cela, et puisqu'il en est ainsi, je me permets de vous dire que la compagnie de M. Fougeray n'est pas de celles que recherchent les gens bien posés à Paris. Je crois que votre oncle ne serait pas très satisfait de vous savoir lié avec un homme qui n'est pas de votre monde.

— Mais, monsieur, je ne suis encore d'aucun monde, puisque j'arrive... et je n'ai pas le projet de me lancer dans celui où vit Georges. D'abord, je n'ai pas assez d'argent pour l'y suivre.

— N'est-ce que ce motif qui vous retient ? demanda en souriant Montauron.

— J'en ai d'autres pour m'abstenir, mais celui-là suffirait. J'ai eu, le jour de mon arrivée, un échantillon de l'existence que mène mon ami Georges, dîner, théâtre, souper et tout ce qui s'en suit. Mon modeste revenu ne me permet pas de me donner souvent ces plaisirs-là, qui du reste me plaisent médiocrement.

Je dois dire d'ailleurs que, pendant cette excursion dans des régions parisiennes qui m'étaient inconnues,

Georges ne m'a mis en relations qu'avec des hommes bien élevés.

— C'est quelque chose assurément, mais les apparences ne sont pas toujours d'accord avec le fond. M. Fougeray doit fréquenter des gens qui lui ressemblent.

— Mon Dieu, monsieur, dit Savinien un peu piqué, je suis persuadé que votre jugement est juste et impartial, mais je vous serais très obligé de le formuler plus nettement. Georges a été mon camarade ; je l'avais perdu de vue depuis quelques années ; cependant, il m'a accueilli avec une cordialité qui m'a touché et, quoique je n'aie pas l'intention de vivre de la même vie que lui, je compte le voir beaucoup pendant mon séjour à Paris.

Mais s'il m'était démontré qu'il tire ses ressources d'actes déshonorants, je cesserais toutes relations avec lui.

— Je n'ai rien voulu dire de semblable, croyez-le bien. M. Fougeray est dans le cas de beaucoup d'autres qui poursuivent la fortune avec acharnement, qui ne regardent pas de trop près aux procédés à l'aide desquels on l'attrape et qui finissent souvent par la saisir.

— Je ne sais ce que vous entendez par les procédés. Veuillez préciser, car, s'il s'agissait d'indélicatesses...

— D'indélicatesses ? Oh ! non... Le sens des mots a beaucoup changé depuis quelques années. Bien des gens jouent à la Bourse sans que leur considération en soit atteinte.

— Je ne me permettrais pas de décider la question de savoir si les opérations de Bourse sont morales ou non, mais il me semble, monsieur, que vous-même...

— Moi, c'est bien différent. J'administre un grand établissement de crédit qui emploie au mieux des intérêts de ses clients les fonds qu'ils lui confient. De là résulte la nécessité absolue d'acheter et de vendre des valeurs.

Et même, à de certains jours, je suis obligé de diriger en personne les agents qui opèrent pour le compte du *Crédit des Provinces.*

Ainsi, par exemple, hier, en rentrant chez moi, après la scène que vous savez, j'ai été prévenu qu'on répandait de mauvaises nouvelles politiques et qu'une baisse importante était à redouter.

J'étais à peine remis des émotions de la matinée et peu disposé, vous le croirez sans peine, à m'occuper d'affaires. Il m'a bien fallu cependant me transporter à la Bourse pour surveiller de près le mouvement qui se préparait.

Bouret y est venu aussi. Tout l'état-major a donné.

Et nous avons été assez heureux pour réaliser un gros bénéfice au profit de nos actionnaires. Ils auraient pu supporter une forte perte, si nous y avions mis moins de zèle et surtout si nous avions eu moins de flair.

Heureusement, j'avais deviné qu'il s'agissait d'une manœuvre destinée à faire baisser les cours et que la clôture se ferait en hausse.

— Georges Fougeray était absolument du même avis que vous, monsieur, et je crois qu'il a opéré en conséquence.

— Oh ! je le sais. Il était dans le secret. Il a même contribué, sans le vouloir, au succès que nous avons remporté, Bouret et moi. Nous avons été informés à temps qu'après avoir poussé à la baisse, il se retournait à la hausse, et, comme personne n'ignore qu'il reçoit des communications particulières, nous avons manœuvré exactement comme lui.

— Des communications... de qui ?

— Cher monsieur, vous m'en demandez trop long. J'ai

pour principe de ne jamais accuser personne sans être en mesure de prouver ce que j'avance. Or, je n'ai pas de preuves.

Ce qu'il y a de certain, c'est que vers deux heures une dépêche officielle a été affichée dans l'intérieur de la Bourse, une dépêche qui démentait catégoriquement les bruits alarmants qu'on faisait courir. Certaines gens le connaissaient peut-être avant qu'elle ne fût publiée, cette dépêche qui devait avoir et qui a eu en effet une grosse influence sur les fonds publics. Et ces gens-là jouaient à coup sûr.

— Alors, vous pensez que mon ami Georges...

— M. Fougeray est très lié avec un M. Rheinthal qui passe pour être l'intime d'un personnage influent.

— Oui... J'ai vu ce monsieur parler à Georges, hier, avant l'ouverture de la Bourse.

— D'autres que vous l'ont vu... et ont dirigé leurs opérations dans le même sens que celles de M. Fougeray.

— Mais, monsieur, s'il était vrai que Georges pût prévoir d'avance la hausse ou la baisse, il me semble qu'il devrait être déjà plusieurs fois millionnaire.

— Non, son crédit n'est pas encore assez bien établi pour lui permettre de tenter de grosses spéculations. Il a dû néanmoins faire d'excellentes affaires, car les puissants qui l'emploient le laissent glaner après eux dans les champs qu'ils moissonnent.

— Son crédit? répéta Savinien qui commençait à ouvrir les yeux. Excusez mon ignorance, mais tout ce que vous me dites est si nouveau pour moi.

— Que vous ne comprenez pas très bien la situation de M. Fougeray. Je vais vous l'expliquer.

M. Fougeray est entré, il y a peu d'années, chez un agent de change en qualité de commis chargé du *comptant*, c'est-à-dire des opérations les plus sérieuses et les moins productives. Il était actif et intelligent. Il s'est créé très vite des relations qui lui ont permis de tenter quelques affaires pour son compte.

Elles lui ont, paraît-il, très bien réussi, et il leur a donné de l'extension. Au début, il achetait ou vendait à terme trois mille francs de rente. Aucun courtier ne l'aurait cru bon pour une opération plus forte. Maintenant, et surtout depuis qu'il passe pour être bien renseigné, il en trouverait qui achèteraient ou qui vendraient, sur un ordre de lui, trente mille francs de rente. C'est beaucoup lorsqu'on ne possède pas une fortune bien assise, mais ce n'est pas assez pour enrichir un spéculateur du jour au lendemain.

Un franc d'écart entre le prix de vente et le prix d'achat de trente mille de rente représente dix mille francs, pas davantage. Et les différences de un franc se produisent assez rarement.

— Et si on opérait sur trois cent mille francs de rente?

— La différence de un franc représenterait cent mille francs. Mais je doute fort que, même aujourd'hui, M. Fougeray trouvât un coulissier qui consentît à risquer de payer pour lui, en cas de perte, une somme aussi forte.

Galipot lui-même ne s'aventurerait pas dans ces proportions-là, à moins que votre ami ne lui fournît une garantie en espèces ou une caution.

— Galipot? répéta Savinien qui se rappelait parfaitement le personnage ainsi nommé.

— C'est un de nos coulissiers les plus hardis et les plus heureux. M. Fougeray est de ses clients. Vous avez dû hier, les voir causer ensemble, à la Bourse, au moment du coup de feu.

— Oui... et même, à mon grand étonnement, Georges m'a présenté à ce M. Galipot.

— Ah ! vraiment ! C'est en effet assez singulier. Vous rappelez-vous en quels termes cette présentation a été faite ?

— Non, pas exactement. Je me souviens seulement que M. Galipot m'a demandé si j'étais le neveu de M. le baron de Trémorin.

— Et vous lui avez répondu affirmativement. Je m'explique maintenant pourquoi Galipot est venu, séance tenante, interroger Bouret sur la solvabilité de votre oncle.

— Comment ! il s'est permis de...

— Oh ! il ne s'est pas gêné, et je vois fort bien pourquoi il tenait à se renseigner. M. Fougeray s'est servi de votre nom pour jouer sur la rente. Est-ce que vous l'ignorez ?

— Il l'a fait sans ma permission... Il me l'a avoué après la Bourse... et je n'ai pas voulu le croire.

— Mais vous avez dû recevoir ce matin une lettre d'avis de l'agent de change qui a fait l'opération.

— Une lettre d'avis ! balbutia Savinien ; oui, j'en ai reçu une... et j'avoue que je n'y comprends absolument rien. Du reste, je n'ai pas cherché à comprendre, car j'ai pensé que l'agent de change s'était trompé en me l'adressant. C'est à Georges Fougeray qu'il aurait dû l'envoyer.

— Je ne crois pas, dit en souriant M. Montauron. Les agents ne commettent jamais de ces erreurs-là, car ils savent fort bien au nom de qui ils ont opéré.

Mais je pourrais mieux vous renseigner si vous aviez cette lettre sur vous et si vous vouliez bien me la montrer.

— La voici, répondit le vicomte d'Amanlis qui tenait fort à connaître exactement la situation que son ami lui avait faite.

M. Montauron eut à peine jeté les yeux sur l'avis, qu'il s'écria :

— C'est prodigieux !

— Qu'y a-t-il donc ? demanda Savinien assez inquiet.

— Je n'aurais jamais cru que ce M. Fougeray eût tant d'audace... il est vrai qu'il ne risquait rien. Savez-vous sur quelle somme de rente il a joué ?

— Il m'a dit un chiffre... mais pour moi ce chiffre ne représentait rien, et je l'ai oublié.

— Eh bien ! cher monsieur, votre ami a commencé par vendre trois cent mille francs de rente. Puis, dans le courant de la Bourse, il a racheté ce qu'il avait vendu et six cent mille francs de rente en plus qu'il a revendus avant la clôture. De sorte qu'il a tout liquidé séance tenante.

— Oui, j'entends cela... mais je n'en suis pas plus avancé. La langue des affaires est pour moi de l'hébreu et je ne devine pas quel a été le résultat final.

— Je vais parler plus clairement. Les trois cent mille ont été vendus au cours de quatre-vingt-deux trente-cinq et rachetés au cours de quatre-vingt-deux. La différence est de trente-cinq centimes, soit trente-cinq mille francs.

— De bénéfice ?

— Sans doute.

— Mais c'est énorme !

— Ce n'est rien en comparaison de l'opération qui a suivi. On a acheté à quatre-vingt-deux six cent mille francs de rente qui ont été vendus à quatre-vingt-trois. L'écart étant de un franc, le bénéfice est de deux cent mille francs.

Et le total général est de deux cent trente-cinq mille, moins les courtages.

— Est-ce possible ?

— C'est tout ce qu'il y a de plus positif.

— Si Georges a souvent de ces aubaines, il sera bientôt millionnaire.

— Il le sera, et il ne tient qu'à vous de le devenir aussi. Voilà un joli début. Cent dix-sept mille cinq cents francs pour votre part.

— Ma part ! Mais je n'ai pas de part, puisque je n'ai pas joué.

— On a joué pour vous, et cela revient absolument au même.

— Pardon ! Je suis bien libre de ne pas accepter un gain auquel je n'ai pas droit.

— Je crois que vous vous trompez, et je vais vous le prouver.

Je connais assez exactement la limite du crédit de M. Fougeray, et je vous assure que Galipot a cru opérer pour vous... Il savait bien que Fougeray était de moitié, mais que vous répondiez, en cas de perte, de la totalité des différences.

— Mais, monsieur, si j'avais perdu deux cent trente-cinq mille francs, il m'aurait fallu, pour les payer, vendre tout ce que je possède... et encore le prix de la terre qui compose toute ma fortune n'y aurait pas suffi.

— M. de Trémorin aurait payé pour vous, je n'en doute pas.

— Et moi, je suis certain du contraire. Mon oncle a une fille, et alors même que son bien devrait me revenir après lui, ce bien n'est pas assez considérable pour lui permettre un sacrifice de cette importance.

Un sourire discret se dessina sur les lèvres de l'administrateur du *Crédit des Provinces*, mais il ne releva point l'assertion du vicomte.

— Je connais M. de Trémorin, reprit-il, et je sais qu'il n'aurait pas souffert que le nom de son neveu fût taché. Les dettes de Bourse sont des dettes d'honneur, puisque la loi ne les reconnaît pas plus que les dettes de jeu.

Je ne vous dis cela, cher monsieur, que pour vous montrer la situation dans laquelle vous aurait mis votre ancien camarade si le coup qu'il a joué avait mal tourné.

— En vérité, s'écria Savinien, il est inouï qu'un agent de change se lance dans de telles opérations pour le compte de quelqu'un qui ne lui a pas donné d'ordres et qu'il ne connaît pas.

— Il ne vous connaît pas, mais il connaît Galipot, et il sait que Galipot l'aurait payé si vous aviez perdu.

— Mais si ce Galipot était responsable, comment se fait-il qu'il ait eu autant de confiance en moi ? Lui non plus ne me connaissait pas.

— Ne m'avez-vous pas dit tout à l'heure que M. Fougeray lui avait parlé de votre oncle ? Il n'en a pas fallu davantage. Galipot ne demande qu'à gagner des courtages et il est allé se renseigner auprès de Bouret, qui a dû lui donner sur la solvabilité et l'honorabilité de M. de Trémorin les meilleurs renseignements.

Je ne serais pas surpris d'ailleurs que votre ami lui eût affirmé que vous étiez un riche propriétaire foncier. Rien ne sonne mieux que ce titre-là aux oreilles des coulissiers.

— Il me semble en effet avoir entendu Georges dire quelque chose de pareil, murmura Savinien. Si j'avais su dans quel but il parlait ainsi...

— Vous l'auriez démenti, je n'en doute pas. Et peut-être auriez-vous eu tort.

— Comment cela, je vous prie ?

— Je vous l'expliquerai tout à l'heure, mais je tiens d'abord à vous faire toucher du doigt les manœuvres de M. Fougeray.

Il avait reçu des instructions venues de haut et transmises par M. Rheinthal. Il était chargé de pousser à la baisse pendant la première partie de la Bourse, afin de permettre à certains spéculateurs de racheter dans de bas cours. Ceux-là savaient qu'une dépêche rassurante serait affichée vers deux heures. M. Fougeray le savait aussi, et il avait le désir de profiter du secret qu'on lui avait confié. Mais il voulait réaliser un gain qui en valût la peine. Et comme son crédit chez Galipot avait des bornes, il a imaginé de se servir du vôtre.

Vous allez me répéter que vous n'aviez pas de crédit, puisque vous étiez tout à fait inconnu à la Bourse, mais M. Fougeray vous en avait créé un sans vous le dire.

Soyez sûr qu'il avait préparé le terrain en vous annonçant à Galipot et à d'autres comme un gentilhomme arrivant de sa province pour spéculer et disposant de gros capitaux.

Je dois ajouter que les courtiers y auraient peut-être regardé de plus près, si le succès de l'opération leur eût paru douteux. Mais ils savaient que votre ami avait conféré avec Rheinthal avant la Bourse.

— C'est fort bien, dit Savinien; je suis convaincu maintenant que Georges m'a joué un très vilain tour, et je ne veux pas profiter de manœuvres que je désapprouve absolument.

Je ne répondrai point à cet agent de change et je ne toucherai rien.

— Mais M. Fougeray désire toucher, lui.

— Qu'il touche, je ne l'en empêcherai pas. Il touchera même tout.

— Vous vous trompez, cher monsieur. L'agent ne connaît que votre nom et il ne payera qu'à vous.

— Alors, j'irai le trouver, et je lui déclarerai que la somme appartient tout entière à Georges Fougeray.

— Il ne se contentera pas de votre déclaration.

— Eh bien, je lui raconterai comment les choses se sont passées.

— C'est ce que je ne vous conseille pas de faire.

— Pourquoi cela, s'il vous plaît ?

— D'abord, parce qu'il n'en faudrait pas davantage pour ruiner complètement le crédit de votre ami et même pour le déconsidérer tout à fait. Si on venait à savoir dans le monde des affaires qu'il a usé de supercherie pour opérer sur une grosse somme de rentes, il ne trouverait plus un remisier qui consentît à exécuter un ordre de lui.

Vous lui causeriez donc un gros préjudice, car il doit tirer du jeu à terme ses principales ressources. Or, je ne pense pas que vous ayez l'intention de lui nuire.

— Assurément, non... car jusqu'à cette maudite journée d'hier, je n'avais eu qu'à me louer de lui... et cependant il mériterait une leçon.

— C'est mon avis, mais l'occasion serait mal choisie pour la lui donner. En disant la vérité, vous vous feriez beaucoup de tort à vous-même.

— Je ne vois pas comment.

— Songez donc, cher monsieur, qu'on vous accuserait d'être le prête-nom, autant vaut dire le complice de M. Fougeray. On n'admettra pas qu'il ait agi sans vous consulter, et vous passerez pour avoir, d'accord avec lui, trompé un coulissier sur votre solvabilité.

— Mais puisque j'abandonnerai mon bénéfice...

— Vous ne pouvez pas l'abandonner. L'agent vous mettra en demeure de recevoir, et alors même que l'argent resterait chez lui, il ne vous appartiendrait pas moins. On dirait que vous l'y avez laissé pour servir de couverture... c'est-à-dire de garantie... à de futures opérations.

— Et si je le touchais pour le remettre intégralement à Georges Fougeray?

— Personne ne le saurait et surtout personne ne le croirait.

— Quel parti dois-je donc prendre, selon vous?

— Le seul qui ne soit pas compromettant. Ne rien dire, toucher la totalité de la somme, sauf à forcer votre ami à la recevoir de votre main.

Mais nous reviendrons plus tard sur ce sujet, si vous le désirez... J'aperçois madame Montauron au bout de cette allée, et vous me permettrez bien de profiter de l'occasion pour vous présenter à elle.

Tout en causant, M. Montauron et le vicomte d'Amanlis avaient fait le tour du parc sans s'en apercevoir, et après cette longue promenade, ils étaient revenus au point d'où ils étaient partis.

Ils débouchaient dans l'allée qui longeait l'aile droite de l'hôtel, et au bout de cette allée apparaissait une femme en peignoir de cachemire.

Elle s'avançait lentement à la rencontre de son mari et elle effeuillait distraitement une branche de lilas blanc, sans avoir l'air de se préoccuper le moins du monde de la présence d'un étranger dans le jardin.

Savinien était ému, mais il ne le laissa pas voir, et il se prépara à bien jouer le rôle que les circonstances lui imposaient.

— J'en suis sûr maintenant, se disait-il, elle m'a vu de sa fenêtre au moment où j'ai sonné à la grille. Elle savait donc qu'elle allait me rencontrer ici et elle vient au-devant d'une entrevue périlleuse. Décidément, elle est trop forte, mais je vais lui montrer que je suis aussi fort qu'elle.

Il avait oublié en un instant les méfaits de Georges

Fougeray et il ne pensait plus qu'à se tirer le mieux possible de cette situation délicate.

Il venait de surprendre un coup d'œil du mari qui prouvait bien que ce mari débonnaire gardait encore un certain fonds de défiance. Montauron avait regardé le vicomte pour voir s'il allait se troubler en apercevant madame Montauron, et il il dut être rassuré, car Savinien eut une attitude irréprochable, l'attitude d'un homme du monde qu'on va mettre en relations avec une femme à laquelle il n'a pas encore été présenté.

Il y avait un écueil à éviter et il l'évita. Il n'oublia point qu'il l'avait déjà vue, la veille, sans lui parler, que le mari le savait, et qu'il ne fallait pas affecter de ne pas se souvenir de cette rencontre.

— J'aurais reconnu madame Montauron dans la rue, dit-il tout bas au financier, tant sa beauté et sa distinction m'avaient frappé.

Montauron sourit d'aise à ce compliment et aborda sa femme avec une figure épanouie.

— Ma chère Aurélie, commença-t-il, voici M. Savinien d'Amanlis que nous attendions avec impatience depuis que M. de Trémorin nous a annoncé sa prochaine arrivée. Je suis charmé que vous ayez eu l'idée de descendre au jardin, puisque je puis vous le présenter avant votre jour de réception.

— Et moi, je vous remercie, mon ami, dit gracieusement la dame. Le vendredi, j'appartiens à tous nos invités, et je n'aurais pas pu exprimer librement à M. d'Amanlis le plaisir que nous aurons à le recevoir dans l'intimité.

Depuis combien de temps êtes-vous à Paris, monsieur? ajouta-t-elle en s'adressant au vicomte émerveillé de tant d'aplomb.

— Depuis deux jours, madame, répondit Savinien, et je vous prie de m'excuser si j'ai tant tardé.

— Vous êtes tout excusé, cher monsieur, s'écria Montauron. Vous ne pouviez pas accourir au parc Monceau en descendant du chemin de fer. Mais nous vous tenons maintenant et j'espère que vous nous reviendrez souvent. Notre maison vous sera toujours ouverte. Et je serais ravi qu'il vous plût de venir habiter notre quartier.

Vous êtes logé à l'hôtel, je suppose ?

La question fut faite d'un air dégagé, mais Savinien comprit parfaitement qu'elle avait un but, car le banquier observait sa femme du coin de l'œil.

— Oui, monsieur, répondit tranquillement le cousin d'Yvonne, j'ai pris gîte rue du Helder, dans une maison meublée où mon oncle descend lorsqu'il vient à Paris.

Madame Montauron ne sourcilla point lorsqu'elle entendit désigner cette rue dont le nom devait lui rappeler de brûlants souvenirs, et son mari, enchanté du résultat de l'épreuve qu'il venait de lui faire subir, reprit joyeusement :

— M. de Trémorin vous avait sans doute recommandé de demeurer là et vous avez eu bien raison de vous conformer à ses instructions. Mais je lui en veux un peu de ne pas avoir pensé que vous seriez vraiment trop loin de nous, qui sommes ses amis et qui allons être les vôtres. Et je suis sûr qu'il ne trouvera pas mauvais que vous déménagiez pour vous rapprocher de l'avenue Ruysdaël.

— Assurément non, mais je ne sais si je trouverais aux environs du parc Monceau une auberge à ma convenance, murmura Savinien assez surpris de cet empressement à l'accaparer. Dans ce quartier aristocratique, il n'y a guère, je crois, que des habitations particulières.

— Ou des garnis peu présentables. Mais pourquoi ne loueriez-vous pas un appartement que vous meubleriez vous-même ? Vous êtes ici pour six mois, m'écrit M. de Trémorin. Cela vaut la peine de s'installer.

Tenez ! je suis précisément propriétaire d'une maison où il y a un logement vacant, qui vous conviendrait à merveille. C'est rue Rembrandt, à deux pas d'ici. Nous pourrions voisiner.

— En vérité, mon ami, dit en souriant madame Montauron, si vous insistez, M. d'Amanlis va croire que vous cherchez à faire une bonne affaire en vous débarrassant d'une non-valeur locative.

— Oh ! je suis bien sûr que M. d'Amanlis ne m'accusera de rien de pareil. Je serais trop heureux de mettre gratuitement mon appartement à sa disposition, si je pensais qu'il voulût l'accepter.

— Je n'en doute pas, répliqua Savinien, et je ne demanderais pas mieux que de devenir votre locataire... aux mêmes conditions qu'un autre, bien entendu, mais je suis à Paris avec une lettre de crédit de six mille francs, et si j'achetais un mobilier, j'aurais à peine de quoi le payer.

— N'est-ce que cela ? s'écria M. Montauron. Ai-je donc besoin de vous dire que ma caisse est à votre service ?

— Je vous remercie, monsieur, mais...

— Vous ne voulez pas y recourir. J'admets cela, mais vous pouvez vous meubler sans emprunter. N'avez-vous pas chez un agent de change une somme dont la dixième partie suffirait à solder le prix d'un très joli mobilier de garçon ?

— Pardon, monsieur... Vous oubliez que cette somme...

— Je n'oublie rien du tout, et je vous ai démontré, je crois, que vous ne pouviez pas abandonner cet argent, sous peine de mettre votre ami dans un très grave embarras.

Ma chère Aurélie, je vous fais juge de la situation. M. d'Amanlis est allé hier à la Bourse où il n'avait jamais mis les pieds et un de ses amis a, sans le consulter...

— Quoi ! monsieur, interrompit madame Montauron, vous étiez hier à la Bourse !... N'êtes-vous pas entré à deux heures et demie dans la boutique d'un pâtissier qui se trouve sur la place ?

— Oui, madame, et je...

— Mais alors c'est bien vous que j'y ai vu. Tout à l'heure, quand mon mari vous a présenté, il me semblait que votre figure ne m'était pas inconnue, et je ne m'expliquais pas où j'avais pu vous rencontrer. J'y suis maintenant. Vous êtes resté au moins dix minutes debout, à deux pas de la table où je prenais une glace en causant avec madame de Gravigny, une jolie blonde que vous avez certainement remarquée et qui me parlait de spéculations auxquelles je n'entends rien.

Il me souvient même que vous m'avez beaucoup regardée, ajouta gaiement madame Montauron.

— Je ne m'en défends pas, madame, répondit en s'inclinant Savinien, qui comprenait fort bien où elle voulait en venir et qui se sentait tout disposé à l'aider.

— Et vous avez vu aussi mon mari, puisque vous étiez encore là quand il est arrivé. Pourquoi ne lui avez-vous pas parlé ?

— Mais parce que je ne le connaissais pas encore.

— C'est vrai, que je suis étourdie ! Je ne songeais pas que vous ne pouviez pas deviner le nom de quelqu'un que vous n'aviez jamais vu.

— Un de mes amis qui est survenu me l'a appris au moment où vous montiez en voiture. L'occasion eût été mal choisie pour aborder M. Montauron.

— Si j'avais su que vous étiez le neveu de M. de Trémorin, moi, je n'aurais pas fait de façons, pour vous tendre la main, s'écria le mari que cette explication si naturellement amenée comblait de satisfaction. Mais c'est à peine si j'ai pris garde à vous. Ma femme au contraire vous a dévisagé.

Voilà ce que c'est que d'être un joli cavalier, ajouta-t-il en se frottant les mains comme un homme enchanté de lancer un mot heureux.

Il jubilait et il n'était pas le seul. Madame Montauron pouvait se flatter d'avoir filé cette scène de reconnaissance avec une habileté supérieure, et Savinien sentait que maintenant sa situation vis-à-vis du banquier était complètement dégagée.

— Etrange ville que Paris, soupira madame Montauron. Tout y arrive. On passe sans le savoir à côté d'un ami, et on rencontre sans pouvoir l'éviter un ennemi qu'on voudrait fuir.

— Il y arrive des choses bien plus extraordinaires, encore, dit en riant le mari ; par exemple de gagner cent mille francs à la Bourse, sans se douter qu'on a joué. Il faut absolument, ma chère Aurélie, que je vous raconte cette histoire... mais vous êtes un peu souffrante, et l'air est vif dans le jardin... vous plaît-il que nous rentrions... avec M. d'Amanlis ?

— Il me plairait de lui montrer ma serre, s'il a encore quelques instants à nous donner, répondit madame Montauron en regardant Savinien qui comprit.

— J'adore les fleurs, dit-il vivement.

— Eh bien, venez, monsieur. Mon mari va m'aider à vous faire les honneurs de notre jardin d'hiver.

— Bien volontiers, s'écria le banquier, mais voici l'ami Bouret qui apparaît sur le perron et quand il se montre ici le matin, c'est qu'une grosse affaire l'y amène. Je vais à sa rencontre... en cinq minutes je saurai ce qu'il me veut et je vous rejoindrai ensuite.

Savinien s'était rapproché de madame Montauron.

— C'est le ciel qui l'envoie, dit-elle tout bas, dès que son mari eut fait quelques pas. Nous allons être seuls un instant et il faut absolument que je vous parle.

Montauron s'était acheminé au pas accéléré vers son associé Bouret ; il eût sans doute été moins disposé à s'occuper avec lui des affaires du *Crédit des Provinces,* s'il n'eût été complètement rassuré.

Mais toutes les épreuves auxquelles il venait de soumettre, sans en avoir l'air, sa femme et Savinien, avaient tourné à leur justification complète.

Et il ne voyait plus le moindre inconvénient à les laisser en tête-à-tête.

Savinien, lui, se félicitait d'avoir tiré de peine madame Montauron qui l'intéressait, quoiqu'il se raidît encore contre la sympathie qu'elle lui inspirait, mais il aurait bien voulu en rester là.

Il ne se souciait aucunement de continuer à se mêler des affaires de cette dame. Il la plaignait presque autant qu'il la blâmait, mais il ne voulait pas se compromettre pour elle.

Et cependant, il ne pouvait pas éviter l'entretien qu'elle lui demandait ; il lui devait des explications et même, à la rigueur, des conseils. On n'abandonne pas une femme qu'on a sauvée. Un service, en pareil cas, oblige celui qui l'a rendu à en rendre d'autres.

Le vicomte était pris dans un engrenage et il le sentait bien.

Il avait, d'un signe, fait comprendre à madame Montauron qu'il était à ses ordres ; il se tenait près d'elle et il attendait qu'elle lui montrât le chemin de la serre.

M. Bouret, plus sémillant que jamais, les avait salués de loin et semblait très disposé à les accoster, mais Montauron s'était accroché à son bras et ils s'avançaient à pas lents, causant avec animation et même s'arrêtant souvent, pour échanger leurs idées plus à l'aise, comme cela arrive volontiers aux gens qui traitent un sujet intéressant.

Les distancer n'était pas difficile et madame Montauron fit ce qu'il fallait pour cela.

— Venez, monsieur, dit-elle en accélérant son allure. La serre est vaste et nous pourrons nous isoler, au moins pendant quelques instants. Jusqu'à ce que nous y soyons, parlez-moi de choses insignifiantes. On nous observe peut-être.

Savinien, pour suivre ce sage conseil, entama un discours sur les beautés du jardin, levant la tête pour mesurer de l'œil la hauteur des arbres, et montrant du doigt les perspectives gracieuses que la main d'un artiste en jardinage avait ouvertes sur le parc Monceau à travers les massifs.

Tout en se livrant à cette pantomime de précaution, il admirait non seulement le sang-froid et l'habileté de madame Montauron, mais aussi sa toilette et sa personne.

Elle portait un merveilleux peignoir de satin et barège blancs, orné de volants de valenciennes, qui laissait voir un pied charmant chaussé d'une mule à hauts talons ; rien qu'une dentelle d'or sur ses beaux cheveux noirs, insolemment relevés, et à la main, une ombrelle chinoise en madras jaune à manche de jade.

Lorsque Savinien l'avait vue à la Bourse des femmes, il avait été frappé surtout de l'éclat de ses yeux, mais il ne s'était pas aperçu que, si elle n'était pas très jeune, elle était encore admirablement belle, d'une beauté qui ne devait rien à l'art.

Le ciel clair d'une matinée de mai est impitoyable pour les femmes sur le retour ; mais madame Montauron n'avait pas besoin pour cacher son âge du demi-jour discret d'un boudoir. En plein air et en pleine lumière, sa peau d'un blanc mat ne montrait pas une ride, pas même ces teintes bleuâtres qui marbrent les tempes des pécheresses, et qui équivalent à un extrait de leur acte de naissance.

Le cercle bleu qui cernait ses grands yeux s'était effacé, et ses traits ne gardaient plus la moindre trace des émotions de la veille.

Elle avait l'air avenant et reposé d'une châtelaine qui fait les honneurs de son parc à un aimable visiteur.

La beauté était incontestable ; la physionomie était sympathique. Le regard parlait, la bouche respirait la bonté.

Impossible de confondre cette adorable femme avec les poupées qui s'agitent dans les salons parisiens. Elle devait aimer avec passion et sans l'ombre de coquetterie.

— Elle a trompé son mari, ce n'est pas douteux, se disait Savinien, mais je parierais bien qu'il y a un drame dans sa vie.

Ils arrivèrent ainsi à la porte d'une galerie vitrée qui formait un jardin d'hiver dont un souverain se serait contenté.

On y avait rassemblé toutes les plantes des tropiques et on pouvait s'y croire dans une forêt vierge, tant les arbustes y poussaient vigoureusement. Mais ce désordre apparent n'était qu'un effet de l'art. On y marchait sur le sable le plus fin, et les sièges confortables y abondaient. Un jet d'eau jaillissait d'une vasque de marbre blanc au milieu de ces verdures, un ruisseau babillard courait à travers les fleurs, et le fond était occupé par une spacieuse volière, peuplée d'oiseaux rares.

Madame Montauron entra, après s'être préalablement assurée d'un coup d'œil rapide, que les deux promeneurs étaient restés fort en arrière; Savinien la suivit en se préparant à parler vite et bien, car les instants étaient précieux.

— Vous m'avez sauvé plus que la vie, vous m'avez sauvé l'honneur, commença la dame. Grâce à vous, j'ai pu fuir et, par un bonheur inespéré, rentrer chez moi avant que mon mari y arrivât.

— Il vous a guettée pendant plus d'une heure dans la rue du Helder, dit Savinien.

— C'est à cette circonstance que je dois de lui avoir échappé. Notre hôtel a une sortie sur la rue Murillo, une porte dont j'ai seule la clef et que nos gens ne connaissent pas. J'ai pris un escalier dérobé où je n'ai rencontré personne. Quand M. Montauron s'est présenté dans mon appartement, il m'y a trouvée et j'avais eu le temps de changer de toilette.

— Il est convaincu que vous n'étiez pas sortie et qu'il a été trompé par une ressemblance.

— Il vous l'a dit?

— Oui, madame, et je lui ai donné des explications qui ont achevé de dissiper ses soupçons, si tant était qu'il en eût encore. Je lui ai raconté que la femme qu'il a poursuivie s'était réfugiée chez un de mes voisins du troisième étage et qu'elle y était restée toute la journée. Et il a si bien cru ce que je lui disais, qu'il s'est excusé de la scène qu'il m'avait faite et qu'il m'a prié de lui garder le secret... même vis-à-vis de vous... ou plutôt surtout vis-à-vis de vous.

— Ah! je savais bien que le neveu du baron de Trémorin ne me trahirait jamais!

— Vous connaissez mon oncle? demanda vivement Savinien.

— C'est lui qui m'a mariée. Il ne vous a donc jamais parlé de moi?

— Jamais, madame. Mais ce matin, j'ai reçu de lui une lettre où il me recommande expressément de solliciter la faveur de vous être présenté.

— Plus tard... je vous dirai comment M. Trémorin s'est intéressé à moi... et quand vous connaîtrez mon passé, vous comprendrez tout ce que j'ai souffert depuis dix ans... mais nous n'avons pas une minute à perdre... mon mari va nous rejoindre... et je vous supplie de répondre aux questions que je vais vous adresser.

— Parlez, madame !

— Est-il vrai que cet étranger... celui qui habitait au-dessus de vous... soit parti ?

— Le maître de l'hôtel me l'a affirmé.

— Et... vous a-t-il dit son nom ?

— Il m'a dit qu'il s'appelait le comte Aparanda, qu'il était Suédois et qu'il s'était fait conduire au chemin de fer du Nord.

Madame Montauron tressaillit et reprit d'une voix altérée :

— Cet hôtelier a dû vous parler d'une enfant...

— Il ne l'a jamais vue. Le voyageur qu'il logeait n'a reçu absolument personne pendant les huit jours qu'il a passés dans la maison... pas même vous, madame, m'a déclaré l'hôte.

— Ainsi, il est parti seul, murmura la dame qui se troublait de plus en plus.

— Oui, madame, mais il est possible qu'il n'ait pas quitté Paris.

— Qui vous fait penser cela ?

— Je crois l'avoir rencontré, quelques heures après sa sortie de l'hôtel.

— Vous le connaissez donc ? demanda vivement madame Montauron.

— Je l'avais vu de ma fenêtre traverser la cour de l'auberge... je ne l'avais vu que par derrière... mais il m'a semblé le reconnaître à sa tournure et surtout à son costume... Il portait une toque, une pelisse et des bottes fourrées.

— Et, cette fois encore, il était seul ?

— Absolument seul.

— Et pas une lettre ! pas un avis ! murmura madame Montauron accablée. Que faire, mon Dieu !

— Si je puis vous servir encore, disposez de moi, madame, dit Savinien très ému.

Ce Breton était ainsi fait, qu'il ne savait pas résister à son premier mouvement et qu'il était toujours à la merci d'un entraînement généreux.

— J'accepte, répondit la dame sans hésiter ; quand nous nous reverrons, je vous apprendrai ce que vous pouvez faire pour me délivrer des tourments qui me déchirent le cœur... Il faut que je vous revoie... pas ici... et je ne puis me présenter dans l'hôtel que vous habitez... Pourquoi ne suivriez-vous pas le conseil que vous donnait tout à l'heure mon mari ?

— De venir demeurer dans une maison qui lui appartient ! s'écria Savinien. Y pensez-vous, madame ?

— L'appartement que vous loueriez est au rez-de-chaussée... Il y a un petit jardin qui, comme le mien, communique avec le parc Monceau... je vous indiquerais le moyen de nous rencontrer... vous pourriez ainsi me remettre ce coffret que vous avez consenti à garder et que je n'oserais pas vous prier de m'apporter devant mes gens.

— Ce coffret... je ne l'ai plus, madame, dit piteusement le vicomte d'Amanlis.

— Vous n'avez plus ce coffret ! s'écria madame Montauron qui venait d'apercevoir à travers le vitrage de la serre son mari s'avançant avec M. Bouret dans l'allée.

Ils avaient mis à la parcourir trois fois plus de temps qu'il n'en aurait fallu en marchant au pas ordinaire, mais ils avaient fini cependant par arriver à la hauteur du jardin d'hiver et ils allaient y entrer.

Heureusement, ils firent encore une station pour clore l'entretien qui les absorbait et Savinien put s'expliquer.

— Vous devez vous rappeler, madame, dit-il vivement, que j'avais refusé de me charger du dépôt que vous vouliez me confier. En partant, vous avez oublié, peut-être volontairement, le coffret sur ma table. Je m'en suis aperçu trop tard. Je ne pouvais plus vous le rendre, puisque vous n'étiez plus là, et je ne pouvais pas non plus le garder dans une chambre d'auberge. Ma première pensée a été de le mettre en lieu sûr, et j'ai songé tout naturellement à la maison de banque sur laquelle mon oncle m'a ouvert un crédit...

— Quoi ! celle qu'administre mon mari !

— J'ignorais alors qui vous étiez, madame.

— Et vous avez porté le coffret ?...

— Au *Crédit des Provinces*.

— Je suis perdue, murmura madame Montauron accablée.

— Perdue ! mais, madame, ce coffret a été enfermé dans une caisse dont j'ai seul la clef... Personne ne sait ce qu'il contient et personne ne le saura jamais, puisqu'on n'y peut pas toucher sans ma permission. Vous ignorez sans doute comment se font les dépôts. Il y a un caveau...

— Oui, je sais... mais il suffit qu'on ait vu ce coffret... Mon mari le connaît.

— Ce n'est pas lui qui l'a reçu, et ce n'est pas à lui que je m'adresserai lorsque je viendrai le retirer.

— Alors, vous avez eu affaire à un employé subalterne ? demanda la dame, un peu rassurée.

— Oui... c'est-à-dire... voici ce qui s'est passé. J'avais une lettre de crédit à présenter,... un garçon de bureau m'a appris que je devais la faire viser par le sous-directeur..

— M. Bouret ?

— Précisément. Il connaissait mon nom et il a donné l'ordre de me faire entrer dans son cabinet. Je ne tenais pas du tout à le voir, mais je n'ai pas pu décliner l'invitation. Il m'a reçu à merveille, et, en causant, il a remarqué ce coffret, que je tenais à la main. C'est alors qu'il m'a expliqué le système adopté par la maison pour les dépôts. J'ai cru bien faire en acceptant ce qu'il me proposait.

— Et... il ne vous a pas fait de questions ?

— Pour savoir de quelle nature étaient les valeurs que je déposais ? Non, madame. Il paraît que le règlement s'y oppose. On reçoit les dépôts sans les vérifier.

— Alors, il a pu croire qu'il n'y avait dans le coffret que de l'or, des billets de banque... ou des bijoux ?

— Je ne sais ce qu'il a pensé, mais il ne m'a rien demandé de plus. Il est descendu avec moi au caveau et il a assisté à l'opération du dépôt...

— Il sait donc dans quelle case est le coffret ?

— Je doute fort qu'il se rappelle le numéro qu'elle porte. Pourquoi l'aurait-il retenu ? L'opération que je faisais en sa présence n'avait rien d'extraordinaire. Il en voit de pareilles tous les jours.

— Oui, sans doute, mais je le connais... il a une tendance à se mêler des affaires des autres et il a dû se demander pourquoi le vicomte d'Amanlis, arrivé à Paris la veille, apportait une cassette au *Crédit des Provinces*, il a dû se dire que si elle renfermait des objets précieux, vous l'auriez laissée au château que vous habitez en Bretagne... et avec la nature de son esprit, il a dû soupçonner...

— Qu'elle contenait des lettres, dit vivement Savinien. Je crois me souvenir qu'il a parlé de gens qui déposaient des correspondances secrètes ou des pièces compromettantes... peut-être était-ce une allusion détournée. Quoi qu'il en fût, je ne l'ai pas relevée et il n'a pas insisté.

— Pourvu qu'il ne s'avise pas de raconter le fait à mon mari ! murmura madame Montauron.

— C'est tout à fait improbable, et d'ailleurs, si vous le désirez, madame, je puis dès demain retirer ce coffret ; vous me direz comment je dois m'y prendre pour vous le remettre, et je m'empresserai de...

— Quand nous nous reverrons, je vous expliquerai ce qu'il faut faire... vendredi peut-être... si je puis m'isoler un instant de mes invités... mais voici M. Montauron qui entre dans la serre avec M. Bouret.

Venez que je vous montre mes fleurs, reprit à haute voix la châtelaine de l'avenue Ruysdaël.

Et elle conduisit Savinien dans un coin qu'il n'avait pas encore visité, parce qu'elle l'avait sans doute réservé pour y trouver un sujet de conversation lorsque son mari serait là.

C'était véritablement le coin des merveilles. Il y avait là des montagnes de rhododendrons de toutes les couleurs, d'énormes touffes d'azalées de toutes les nuances de l'arc-en-ciel, et surtout un congrès de roses éblouissantes, toutes les variétés créées par la science des jardiniers modernes.

— Voici l'*Archiduc-Charles*, dit madame Montauron en touchant du bout de ses doigts effilés une magnifique fleur qui brillait comme un rubis.

— Vous admirez ma collection, s'écria le banquier : c'est Aurélie qui l'a formée, et je crois qu'elle peut rivaliser avec l'exposition d'horticulture qui va s'ouvrir. Je suis sûr que M. de Trémorin serait ravi de la voir, car je sais qu'il est amateur.

Savinien aussi aimait les roses, mais il pensait en ce moment à la petite fleur de genêt qu'Yvonne avait cueillie pour lui et qu'il portait sur son cœur, car il l'avait précieusement serrée dans son portefeuille.

— Moi, reprit Montauron, j'aime mieux les fleurs bourgeoises comme on en voit dans les jardins de province, les juliennes, les mauves, les œillets, les pois de senteur, mais je ne suis qu'un barbare. Demandez plutôt à Bouret, qui me reproche tous les jours de ne pas aimer les bibelots.

Bouret, qui jusque-là s'était tenu discrètement en arrière, profita de l'interpellation de son directeur pour entrer en scène et saluer madame Montauron, qui lui répondit par une inclination de tête assez sèche.

Puis, il vint tendre la main à Savinien, qui se serait bien passé de sa présence, mais qui n'avait aucune raison de lui faire froide mine.

— Eh bien, monsieur le vicomte, lui dit-il de cet air dégagé qu'il prenait volontiers, vous devez être content de votre début à la Bourse. Galipot m'a dit ce matin que vous aviez gagné dans les deux cent mille. Vos coups d'essai sont des coups de maître.

— Mais non, balbutia Savinien, qui rougissait jusqu'aux oreilles, ce monsieur se trompe, et je vous affirme que...

— Oh ! je sais bien que vous aurez à faire la part de Fougeray, qui vous a donné de bons renseignements ; mais il vous restera encore une jolie somme, et j'espère que vous allez l'employer à vous faire ouvrir au *Crédit des Provinces* un compte courant qui vous dispensera de toucher à votre lettre de crédit.

Croiriez-vous, mon cher directeur, reprit-il en s'adressant à M. Montauron, croiriez-vous que M. d'Amanlis, neveu de M. le baron de Trémorin, est venu chercher hier à notre caisse une malheureuse somme de cinquante louis... Il est vrai qu'il venait aussi déposer des valeurs, et cela m'a fourni l'occasion de lui montrer notre caveau et le fonctionnement de notre système.

Monsieur est maintenant un de nos abonnés. Il a une case numérotée 919 ; il a sa clef, son mot, et nous répondons de la jolie cassette qu'il nous a confiée.

— Une cassette ! répéta M. Montauron en fronçant le sourcil.

— Je veux dire un coffret en acier d'un travail très fini. S'il a été fabriqué en Bretagne ce ne peut être que par un ouvrier de Paris... à moins cependant qu'il ne soit ancien... je n'ai pas eu le temps de l'examiner de près, mais je ne serais pas étonné qu'il datât de la Renaissance... Montauron sait que je m'y connais.

Savinien, assommé par ce flux de paroles, baissait la tête pour cacher sa rougeur, et ne savait que répondre à l'indiscret personnage dont le bavardage le mettait sur les épines.

Madame Montauron, qui devait souffrir autant que lui, vint à son secours.

— Messieurs, dit-elle, puisqu'il vous plaît de mêler les affaires aux roses, vous trouverez bon que je vous quitte.

— Oh ! madame, s'écria galamment Bouret, la punition serait trop dure pour ces messieurs qui ne l'ont pas méritée. Je vous supplie d'agréer mes excuses et je vous jure qu'il ne m'arrivera plus de parler finances devant vous. J'en parle bien assez ailleurs. Et, du reste, je m'en vais. J'étais venu pour entretenir Montauron d'une difficulté soulevée par un de nos agents, à propos des ordres donnés hier pendant la Bourse. C'est fait, et on m'attend à l'avenue de l'Opéra. J'y vole.

Ayant dit, le sémillant sous-directeur prit congé de madame Montauron, infligea au vicomte d'Amanlis une nouvelle poignée de main, et s'en alla sans que personne cherchât à le retenir.

Le banquier était devenu soucieux et quoique sa femme ne laissât rien paraître des inquiétudes qui la tourmentaient, Savinien comprit tout ce qu'elle devait éprouver, et pensa qu'il n'avait rien de mieux à faire que de se retirer.

C'était sans doute l'avis de M. Montauron qui lui dit :

— Je compte qu'en écrivant à monsieur votre oncle, vous lui annoncerez que nous nous sommes vus et que nous nous reverrons souvent. J'espère que bientôt vous pourrez lui annoncer aussi que vous êtes mon locataire pour six mois.

Savinien regarda madame Montauron à la dérobée, et il lut dans ses yeux qu'elle souhaitait qu'il vînt occuper l'appartement de la rue Murillo. Il y lut aussi qu'elle ne désirait pas qu'il prolongeât sa visite.

Il remercia donc le mari de son obligeante proposition, il lui laissa entendre qu'il était disposé à l'accepter, et il partit beaucoup plus préoccupé qu'il ne l'était en arrivant.

La visite sur laquelle il comptait pour éclaircir un peu la situation n'avait fait que la compliquer.

IV

— Mon cher, il faut absolument que vous soyez d'un cercle, si vous voulez être quelqu'un, dit le marquis Adhémar de Laffemas à Savinien qu'il venait de rencontrer au coin du boulevard des Italiens.

C'était deux jours après la visite que le vicomte d'Amanlis avait faite à M. Montauron; quatre heures sonnaient à l'horloge de la Bourse, et le jeune Breton, déjà très acclimaté, sortait d'une belle maison de la rue de Richelieu, une de ces maisons à six étages et à quatre escaliers, qu'on a bâties tout exprès pour y loger des tailleurs, des couturières en vogue et des agents de change.

— Je ne demanderais pas mieux, répondit modestement Savinien, mais je ne suis à Paris qu'en passant et j'y suis si inconnu !...

— C'est précisément parce que vous y êtes inconnu que je vous propose de vous présenter à mon club.

— Comment l'entendez-vous? demanda vivement Savinien, qui flairait une impertinence.

— Diable ! vous êtes sur l'œil comme le poulain que je viens d'acheter au haras de Chamant, s'écria en riant le marquis. Croyez, mon cher cousin, que je n'ai pas l'intention de vous dire des choses désobligeantes.

Vous ne connaissez pas encore le terrain où vous allez marcher et je tiens à vous renseigner, voilà tout.

Sachez donc que la meilleure condition pour être reçu sans difficulté membre d'un cercle, c'est d'y être totalement ignoré... pourvu qu'on ait un nom honorable et une fortune suffisante, bien entendu. Si vous étiez connu, vous déplairiez à certaines gens, quels que fussent vos mérites, et ces gens-là se feraient un plaisir de vous donner des boules noires au scrutin d'admission.

Tout récemment, j'ai vu refuser chez nous un charmant garçon parce qu'il a le nez de travers... Ce n'est pas votre cas, je m'empresse de le constater... un autre parce qu'il porte des gilets trop longs... ce n'est pas encore votre cas; vous êtes très correctement habillé... je me demande même si c'est à Plouer qu'on vous a fait ce pantalon-là...

— Non. C'est à Rennes.

— Alors, je marque un bon point à la vieille capitale du duché de Bretagne, et je reprends mon discours.

La semaine passée, on a *blackboulé* un troisième candidat... vous ne devineriez jamais pourquoi... parce qu'il avait évincé dans les bonnes grâces de Blanche Taupier, ce grand bellâtre de Pontaumur... Vous savez... Blanche Taupier des Nouveautés, celle qui conduit tous les jours, au Bois, une paire de rosses café au lait, qui ressemblent aux chevaux légendaires du sacre de Napoléon Ier.

Savinien secoua la tête pour exprimer que la renommée de cette demoiselle n'était point arrivée jusqu'au manoir de Plouer.

— Bon! vous ne l'avez jamais vue. Je vous en fais mon compliment. Elle vaut moins que ses poneys, qui ne valent pas grand'chose. Eh! bien, mon cher, Pontaumur, qui est un sot, n'en a pas moins une certaine influence au club, et il s'est si bien remué, qu'il a fait ajourner son rival heureux. Voilà une chose qui pourrait parfaitement vous arriver à vous, si vous étiez seulement ici depuis un mois, car enfin vous n'avez pas le projet de fuir les belles petites du tour du lac, et celle qui aura vos préférences, appartiendra toujours à quelqu'un... que vous supplanterez, je n'en doute pas, mais qui pourra se venger, s'il est des nôtres.

— Je ne crains rien de pareil, murmura le cousin d'Yvonne.

— Vous n'en savez rien, cher ami, et je vous conseille fort de profiter de votre incognito pour passer sans accroc.

Je me chargerai de vous annoncer et je n'aurai pas grand mérite à enlever votre élection. Mon boniment est tout fait. Le vicomte d'Amanlis, excellente noblesse bretonne... on vous prendrait rien que pour le nom... et d'ailleurs, il doit y avoir au cercle quelques vieux qui se souviennent encore de votre oncle Trémorin et qui vous appuieront ferme.

Nous disons : le vicomte d'Amanlis, vingt-quatre ans, allié aux Londinières, aux Laffemas... dont j'ai l'honneur d'être... fortune... au fait, quelle fortune avez-vous, cousin?

— J'ai six mille francs de rente, répondit bravement Savinien.

— Bah! vraiment? Je vous croyais beaucoup plus riche, mais peu importe. Vous épouserez une héritière un de ces matins. Votre cousine Londinières en a toujours dans sa manche, sans parler de celles que vous rencontrerez s'il vous plaît de vous produire dans le monde de la finance.

Je ne préciserai pas. Je dirai : fortune en terres. Ça fait toujours très bien.

— Ils répètent tous la même chose, pensait le dernier des Amanlis qui se rappelait les paroles de Georges Fougeray à propos de l'influence des immeubles sur le crédit.

— Vous aurez l'unanimité, conclut M. de Laffemas, et vous verrez qu'il fait bon être des nôtres. D'abord, pour les paris de courses, c'est un avantage. On a des renseignements. Je vous mènerai au *betting*, et je vous montrerai l'art de se faire un *book* avec lequel on est toujours sûr d'être en gain à la fin de la saison. Ainsi, tenez, moi, depuis le premier *meeting* du printemps, j'y suis de treize cents louis, et cependant je ne donnerais pas pour trois mille le bénéfice que je ferai cette année. Vous verrez ça après les courses d'automne.

— J'aurai le regret de ne pas le voir, car je serai rentré à Plouer.

— Allons donc! vous parlez comme si vous n'aviez qu'un congé de semestre. Vous resterez tant que vous aurez de l'argent, parbleu! et je suppose que vous ne vous êtes pas embarqué sans biscuits pour le voyage de Paris.

— J'ai un crédit très modeste que mon oncle m'a ouvert.

— Il aurait pu vous en ouvrir un très gros, car il est très *calé*, ce cher Trémorin. Ma mère vous chiffrerait sur le bout du doigt toutes les fortunes de Bretagne, et elle me disait encore hier que votre oncle cache ses millions. Il paraît qu'il a aussi une fille et qu'elle est charmante. Est-ce qu'il y a un mariage sous roche? Ma foi! je ne vous plaindrais pas. Seulement, je vous conseille de ne pas trop vous presser. Il est toujours temps de sauter le pas.

Et, en attendant, il est convenu que je vous emmène aux courses dimanche.

— Je serai charmé d'y aller avec vous.

— Et je vous réponds que vous gagnerez. On gagne toujours quand on joue pour la première fois... et puis, je vous indiquerai deux chevaux sûrs.

Ah çà ! qu'est-ce que vous avez donc, cousin, à tâter toujours votre poche de poitrine ? Est-ce que vous sortez de chez Rothschild ? dit le marquis en éclatant de rire.

— Non... mais je n'ai pas l'habitude de porter des billets de banque sur moi, et je viens de toucher une somme chez un agent de change.

— Déjà ! Oh ! oh ! vous êtes plus avancé que je ne pensais. Il n'y a pas huit jours que vous êtes ici et vous avez déjà joué à la Bourse. Et joué heureusement, à ce qu'il me paraît. Vous avez bien fait, cher ami. Autant de pris sur l'ennemi.

La Bourse a été inventée pour redorer les gentilshommes dépouillés de leurs apanages par la Révolution. J'en ai tâté quelquefois et je ne m'en suis pas mal trouvé. Le diable, c'est qu'il faut subir des contacts déplaisants, mais on s'y fait. Ne vous y faites pas trop et écoutez un conseil en passant.

Ne jouez jamais la série. Cette marche-là n'est bonne qu'à Monaco. Là-bas, sous la colonnade, il ne faut risquer que des coups de pistolet. N'y allez que le jour où vous aurez une nouvelle qui n'aura pas encore été escomptée, et ce jour-là, allez-y à fond.

Malheureusement, ces chances-là arrivent rarement à nos pareils, attendu que le gouvernement néglige de nous renseigner avant la lettre.

— Alors, si vous l'étiez... renseigné... vous ne vous feriez pas scrupule d'en profiter ?

— Moi ! est-ce que vous me prenez pour un preux du moyen âge ? Je suis de mon temps et je ne m'en cache pas. Il y a des choses que je ne ferais pas pour tout l'or du monde, mais il n'est pas défendu de tirer parti d'un avantage quand on n'a pas commis de bassesses pour se l'assurer... pas plus qu'il n'est défendu de jouer au whist contre des mazettes, quand on est de première force.

Savinien ne dit mot, mais il retint l'opinion de son cousin, qui se trouvait d'accord avec M. Montauron sur la question de savoir si un gentilhomme pouvait honnêtement profiter d'une opération de Bourse.

M. de Laffemas allait même jusqu'à déclarer qu'il était de bonne guerre de se servir d'informations particulières, venues de haut.

— Sur ce, mon cousin, reprit le marquis, je prie Dieu qu'il vous ait en sa sainte et digne garde, car je suis obligé de vous quitter. Pontaumur m'attend au club pour une revanche que je lui dois au bézigue chinois, et je tiens à lui gagner quelques milliers de points avant dîner pour lui apprendre à voter contre mes amis.

Du reste, je vais m'occuper, séance tenante, de vous trouver un second parrain. Il y a justement des élections ce mois-ci, et je ne veux pas que vous manquiez l'occasion. Je vous propose de me charger de tout, parce que je suppose que vous n'avez encore vu personne de notre monde depuis votre arrivée à Paris.

— Personne que madame votre mère et madame de Londinières.

— Ça ne compte pas. Et dans les autres, vous ne vous êtes pas lancé un peu ?

— Je suis allé voir M. Montauron, le banquier de mon oncle.

— Avez-vous vu sa femme ?

— Oui... Pourquoi me faites-vous cette question ?

— Parce que ma mère l'a connue un peu... autrefois.. Madame Montauron est une fille de bonne maison qui s'est mésalliée... mais elle est bien excusable, attendu qu'elle n'avait ni sou ni maille.

Alors, vous n'avez pas encore mis le pied chez une grande cocotte ?

— Non, vraiment, et je ne sais si...

— Oh ! il ne faut pas dire : fontaine... Allez-y, cousin, mais comme à la Bourse, pas souvent. Jouez l'intermittence.

Après avoir ainsi formulé son avis, le marquis donna une poignée de main à l'anglaise à son jeune parent et prit le pas accéléré.

Savinien n'avait aucune envie de le retenir. Il était bien aise d'être seul pour réfléchir à bien des choses, et de plus, en suivant le côté sud du boulevard, il était arrivé à la hauteur de Tortoni et il se proposait de traverser la chaussée pour voir s'il ne rencontrerait pas devant le café qu'il fréquentait de préférence Georges Fougeray qu'il cherchait inutilement depuis quarante-huit heures.

Avant de traverser le boulevard, Savinien resté seul eut tout le temps de réfléchir ; c'était l'heure où le passage d'un trottoir à l'autre commence à devenir impraticable pour les honnêtes gens qui vont à pied.

D'interminables files de voitures roulaient à gauche vers la Bastille, à droite vers la Madeleine ; les victorias des demoiselles fardées et les phaétons des *gommeux* luttaient de vitesse au milieu de la chaussée, les massifs omnibus à trois chevaux fendaient sans se détourner ces flots d'équipages qui s'écartaient pour leur faire place. On eût dit des vaisseaux cuirassés dispersant une escadrille de chaloupes.

Le vicomte d'Amanlis avait bon pied, bon œil, mais ne possédait pas encore le talent essentiellement parisien de saisir l'instant où le courant se ralentit et de se glisser juste à point entre deux fiacres qui marchent.

Rien ne le pressait d'ailleurs, et il n'était pas fâché de se recueillir avant de rentrer en communication avec Georges Fougeray.

Il lui gardait rancune, quoiqu'il lui apportât un gros paquet de billets de banque, les billets que venait de lui compter l'agent de change pour solde de la liquidation d'avril.

Car Savinien avait suivi le conseil de M. Montauron. Pour ne pas nuire à son ami, il s'était décidé à se taire sur le fait des opérations exécutées en son nom et à son insu ; il avait reçu sans murmurer la forte somme de deux cent trente-cinq mille francs, diminuée du prix des courtages, qui n'était pas peu de chose, et les liasses de dix mille dont sa poche était bourrée le gênaient considérablement.

Il lui tardait de s'en débarrasser et, comme la veille, il n'avait pas pu, à son grand étonnement et à sa très vive contrariété, mettre la main sur Fougeray, il avait résolu cette fois de ne pas rentrer chez lui avant de l'avoir trouvé.

La conversation de son cousin Adhémar, cousin très éloigné et trop parisien, n'avait pas modifié son opinion sur la conduite de Georges, mais elle l'avait troublé.

— Ils sont donc tous les mêmes, se disait-il tristement. Le cochon d'or ! toujours le cochon d'or de mon rêve ! Je pensais bien que Georges l'encensait sans vergogne. Georges est débarqué ici sans un sou et il veut faire fortune à tout prix. Georges a tort assurément, seulement Georges n'a ni nom, ni famille, et sa pauvreté l'excuse jusqu'à un certain point.

Mais voilà un gentilhomme authentique, un gentilhomme qui porte un titre de bon aloi, qui est riche et et qui sera encore plus riche un jour, car il est fils unique et la marquise a bien quatre-vingt mille francs de rente. Et il ne pense absolument qu'à l'argent, il ne parle que d'argent, et il a sur les moyens de s'en procurer les mêmes idées que mon camarade de l'école de Rennes. Il approuve les gens qui profitent d'une nouvelle inédite ; il se vante de parier à coup sûr sur les chevaux de courses ; il déclare que madame Montauron a bien fait d'épouser M. Montauron parce qu'elle n'avait pas de dot et qu'il était millionnaire ; il me conseille de monnayer mon titre de vicomte en m'enrichissant par un mariage... Et quand il parle de ma cousine Yvonne, c'est pour savoir quelle fortune elle aura.

Qu'est-ce donc que ce Paris où les meilleurs gagnent cette peste de l'or qui affole la tête et qui dessèche le cœur ?

Et, après s'être soulagé par cette diatribe, qu'il n'avait pas eu le mauvais goût de prononcer à haute voix, le naïf Breton se demanda si la province valait beaucoup mieux que Paris.

On n'y jongle pas avec les millions, comme on le fait à Paris, mais on les pourchasse avec une ténacité patiente. L'épargne y constitue le principal souci de la vie. On y pèse les dots et on y prise les fortunes plus soigneusement et plus exactement que partout ailleurs. Et la conversation ne roule guère que sur l'argent, roi de ce monde.

— Mon oncle n'en parle pas toujours, mais enfin il en parle, se disait Savinien. Ma tante a la manie d'estimer ce que rapporte chaque ferme à six lieues à la ronde. Il n'y a que ma chère Yvonne qui n'en parle jamais et qui n'y pense pas.

Ce souvenir de sa cousine fit naître d'autres réflexions. Savinien était arrivé au moment où il devait décider de l'existence qu'il allait mener pendant son congé. Il n'avait pas encore pris de parti définitif et il ne savait encore à quoi se résoudre.

Arrivé avec une provision de sages desseins, il avait vu tout à coup briller à ses yeux éblouis les mirages les plus séduisants : la grande vie, les cercles, les chevaux, les femmes, tout ce qu'on peut se procurer à Paris avec de l'or.

C'était la tentation de saint Antoine, revue, pas corrigée, mais considérablement augmentée.

Et Savinien d'Amanlis n'était pas un saint.

Il tenait bon, cependant ; il se jurait de résister, et, pour fuir le danger, il aurait volontiers repris le chemin de Plouer, sauf à confesser à l'oncle Trémorin que la vertu d'un garçon de vingt-quatre ans n'est pas de force à résister à une épreuve de six mois.

Mais la fatalité l'avait jeté pour son début dans une aventure qui n'était pas finie. Enlacé par des liens qu'il ne dépendait plus de lui de rompre, Savinien ne pouvait pas partir avant d'avoir parachevé le sauvetage commencé.

M. de Trémorin, qui connaissait de longue date madame Montauron, aurait conseillé lui-même à son neveu de rester sur la brèche pour la défendre, et la pauvre femme avait grand besoin qu'on lui vînt en aide.

Il y avait le coffret, le maudit coffret, d'où pouvaient sortir, comme de la boîte de Pandore, tous les malheurs imaginables.

Comment le restituer à celle qui le lui avait confié ? Au moins, fallait-il attendre qu'elle lui fournît une occasion sûre de le remettre entre ses mains, sans que personne le vît. Et elle l'avait ajourné au vendredi suivant pour une première explication.

Que faire d'ici là ? Sans doute, Savinien n'avait qu'à se transporter au *Crédit des Provinces*, à ouvrir, sous l'œil indifférent d'un garçon de bureau, la case 919 et à emporter la terrible cassette.

Mais d'abord il ne se souciait pas du tout de la garder chez lui où il n'avait pour la serrer que sa malle de voyage et une armoire à glace. Et puis, il avait fort bien remarqué que M. Montauron avait prêté une oreille attentive aux indiscrétions de son subordonné Bouret, et que son visage s'était rembruni sensiblement lorsque cet impitoyable bavard s'était amusé à décrire le coffret déposé par M. d'Amanlis et à citer le numéro de la case louée à ce déposant qui n'était pas le premier venu.

Évidemment, cette description imprudente avait rappelé au mari un objet connu, un objet appartenant à sa femme, et ses soupçons s'étaient réveillés.

Et il n'était pas prouvé qu'il ne fût pas homme à donner l'ordre de l'avertir, lorsque M. d'Amanlis se présenterait pour descendre dans le caveau. Montauron n'avait assurément pas le pouvoir, ni même la possibilité matérielle de violer un dépôt fait dans l'établissement financier qu'il gouvernait ; mais Montauron était le maître au *Crédit des Provinces*. Rien ne l'empêchait d'enjoindre à l'employé chargé de ce service de retenir sous un prétexte quelconque, le numéro 919 lorsqu'il se présenterait pour retirer le coffret, de le retenir jusqu'au moment où lui, Montauron, avisé par le téléphone, arriverait comme par hasard, afin d'assister à l'opération du retrait.

Il connaissait assez M. d'Amanlis pour que celui-ci ne pût pas décemment refuser de descendre au caveau avec lui, et sa présence aurait mis Savinien dans un cruel embarras.

Il y avait là un gros péril à prévoir, et le vicomte ne pouvait pas prendre sur lui de le braver sans avoir préalablement consulté madame Montauron sur l'opportunité de cette démarche hasardeuse.

Il en était venu aussi à se demander ce que pouvait bien contenir le coffret qui causait tant d'angoisses à la femme du banquier.

Des lettres ? C'était la première supposition qui s'était présentée à son esprit ; mais s'il n'avait renfermé qu'une correspondance coupable, le coffet eût été moins lourd.

De l'or ou des pierres précieuses ? Mais alors madame Montauron aurait donc détourné les valeurs de la communauté pour les donner à un étranger, à ce personnage couvert de fourrures, qui déménageait de si bon matin et qui, au lieu de monter en chemin de fer, allait enfermer une caisse énorme dans une des armoires à secret du *Crédit des Provinces*.

Savinien rejetait très loin cette dernière hypothèse. Une femme bien née, une femme que M. de Trémorin avait connue jeune fille et à laquelle il s'intéressait encore, pouvait bien avoir eu un amant, mais à coup sûr elle ne l'entretenait pas.

Savinien n'avait pas eu le temps de dire à madame Montauron dans quel endroit il avait rencontré le comte Aparanda, mais il comptait bien le lui apprendre dès qu'il pourrait causer librement avec elle, et il supposait qu'elle ne jugerait pas inutile de lui expliquer le secret de la mystérieuse cassette.

Depuis leur courte entrevue dans la serre, elle ne lui avait pas donné signe de vie ; mais M. Montauron s'était empressé de lui écrire dès le lendemain une lettre fort aimable pour lui rappeler que l'appartement de la rue Murillo était à sa disposition.

Cette insistance avait même paru assez singulière au cousin d'Yvonne.

Il en était là de son examen de conscience, lorsque, du trottoir où il attendait une éclaircie pour risquer la traversée, il aperçut Georges Fougeray, debout et perché sur la plus haute marche du perron de Tortoni. Georges Fougeray, le cigare aux lèvres, le *stick* haut et le chapeau rejeté en arrière sur la nuque.

Georges avait l'air de se préparer à quitter la place, et Savinien, qui craignait de le manquer, se jeta au milieu des voitures en serrant d'une main contre sa poitrine le portefeuille où étaient logés les précieux papiers que Fougeray, Galipot et Rheinthal lui avaient fait gagner malgré lui.

Quoiqu'il n'eût pas encore le pied parisien, Savinien d'Amanlis se tira sans accident de la mêlée des voitures qui encombraient la chaussée, et il aborda heureusement sur le trottoir protecteur, au moment où Georges Fougeray descendait l'escalier du perron de Tortoni, ce perron légendaire par lequel ont passé tous les viveurs de ce siècle, car Tortoni date au moins du Consulat.

Georges leva les bras au ciel en apercevant son ami, exécuta avec sa canne un joyeux moulinet et courut à lui.

— Enfin, te voilà ! dit-il en s'accrochant à son bras.

— Comment, enfin ! s'écria Savinien. Il y a deux jours que je te cherche.

— Et que tu ne me trouves pas, c'est vrai.

— Je suis allé quatre fois chez toi.

— Je m'étais arrangé pour ne pas te rencontrer.

— Alors tu me fuyais. Me feras-tu la grâce de me dire pourquoi ?

— Mon cher, tu as proféré avant-hier de telles hérésies sur la place de la Bourse, tu as étalé des principes si absurdes, que j'ai renoncé provisoirement à te convertir. Je t'ai lâché pour aller rejoindre cet excellent Galipot.

— Parbleu ! je l'ai bien vu ; mais ça ne m'explique pas...

— Apprends que mon principe à moi, c'est de ne

pas heurter de front les idées ridicules qu'un ami se chausse dans la cervelle. J'aime bien mieux lui laisser le temps de la réflexion. Tu étais en plein accès de pudibonderie provinciale, tu faisais des phrases... Jouer à la Bourse, moi ! Un gentilhomme breton vend ses bœufs et ses avoines, mais il ne descend pas jusqu'à tripoter dans des marchés à terme... et autres discours de la même force. J'ai pensé qu'il fallait te donner le loisir de cuver ta vertu, et je me suis dérobé.

— Quand tu me permettras de parler, je...

— J'ai jugé que tu en avais au moins pour quarante-huit heures ; je me proposais d'aller te réveiller demain matin et j'étais sûr de te trouver guéri.

Et puis, je savais qu'on règle les différences aujourd'hui et j'aimais mieux ne te revoir qu'après encaissement.

— Tu as une jolie opinion de moi, à ce qu'il paraît, puisque tu ne doutais pas que j'irais chercher cet argent.

— Je crois que tu as trop de bon sens pour manquer la fortune lorsque tu n'as qu'à étendre la main pour la saisir, et je ne me trompe pas, puisque tu as touché.

— Qu'en sais-tu ? dit Savinien avec humeur.

— Mon cher, je connais le geste des gens qui viennent de palper un gros colis. Ote ta main que tu tiens posée sur ton cœur comme un jeune premier, déboutonne ta redingote et montre-moi un peu ce portefeuille qui gonfle ta poche. Tu sors de chez l'agent, ça crève les yeux.

— Eh bien, oui, j'en sors.

— A la bonne heure ! Je le savais bien que tu irais. C'eût été trop bête de n'y pas aller, et je t'ai toujours connu de l'esprit.

— J'ai touché parce qu'on m'a démontré que je ne pouvais pas faire autrement, mais...

— Qui t'a démontré cela ?

— M. Montauron.

— Tu l'as consulté pour calmer tes scrupules de conscience ! Ah ! elle est forte celle-là, s'écria Georges en éclatant de rire. Montauron casuiste, c'est charmant, ma parole d'honneur !

— Je lui ai exposé la situation où tu m'avais mis malgré moi, et...

— Comment ! tu lui as dit que je m'étais servi de ton nom pour opérer ! Voilà une confidence que tu aurais pu te dispenser de lui faire !

— C'est toi qui m'y as forcé. J'avais reçu d'un agent de change une lettre à laquelle je ne comprenais rien. Je la lui ai montrée pour savoir ce qu'elle signifiait.

— O naïveté ! Si je t'avais cru si simple, je t'aurais donné une leçon... Il est vrai que j'ai essayé et que tu n'as pas voulu m'écouter.

Enfin, te voilà renseigné, car tu ne pouvais pas mieux t'adresser qu'à Montauron. Il connaît toutes les finesses du métier, celui-là.

Voyons ! qu'est-ce qu'il t'a dit ?

— Il m'a expliqué d'abord que, comme résultat de divers mouvements dont je n'ai pas cherché à saisir le mécanisme, je gagnais une somme énorme... deux cent trente-cinq mille francs...

— Moins les courtages. C'est exact.

— Je me suis récrié, je te prie de le croire, et comme je ne voulais pas qu'il crût que je m'étais exposé à perdre sans savoir comment je pourrais payer, je lui ai raconté ce qui s'était passé... Je lui ai déclaré que tu ne m'avais pas demandé la permission de jouer pour mon compte, et que...

— Parions qu'il n'a pas fulminé contre ma conduite.

— Il m'a dit que malheureusement les choses se passaient souvent ainsi dans le monde où tu vis.

— Là ! j'en étais sûr.

— Oui, mais il ne s'ensuit pas qu'il t'approuve.

— Il me semble cependant qu'il t'a conseillé d'aller toucher, ricana Georges Fougeray.

— Oui, afin de ne pas te mettre dans un très mauvais cas.

— Le fait est que la centaine de billets de mille qui me revient pour ma part sera beaucoup mieux dans ma poche que dans la caisse de l'agent. Elle arrive à point et j'aurais été très contrarié de ne pas la recevoir.

— Il ne s'agit pas de cela. Je voulais aller trouver l'agent de change, lui déclarer qu'il s'était trompé, ou qu'on l'avait trompé... qu'on avait abusé de mon ignorance... et que la somme appartenait à celui qui a fait l'opération sous mon nom que je ne l'avais pas autorisé à prendre.

— *On*, c'est moi, Georges Fougeray. Elle était jolie ton idée ! Et c'est Montauron qui t'a détourné de la mettre à exécution ?

— Il m'a fait observer que je te nuirais beaucoup dans l'esprit des gens de Bourse.

— Beaucoup, en effet. Il n'en aurait pas fallu davantage pour me couper tout crédit... autant vaut dire pour me ruiner. Ah çà, mon cher, qu'est-ce que je t'ai fait ? D'où te vient cette envie de me mettre sur la paille ?

— Je ne m'étais pas rendu compte des conséquences qu'aurait eues ma déclaration.

— Ce n'était pourtant pas difficile à deviner.

— Et dès qu'on me les a fait apercevoir, j'ai renoncé à mon projet.

— Grâce à Montauron. Décidément il a du bon ce loup-cervier. Enfin, que t'a-t-il conseillé, au juste ?

— Il m'a conseillé de me taire, de recevoir cet argent, et de te remettre la totalité de la somme, en te signifiant de ne plus recommencer.

— Qu'il t'ait conseillé de te taire et de toucher, je n'en doute pas. Montauron a du bon sens et il sait ce que c'est que les affaires. Mais le reste est de ton cru, cher ami. Je reconnais là ta chevalerie.

— Que l'idée soit de moi ou qu'elle m'ait été suggérée, peu importe. Je suis résolu à l'appliquer... et sans plus tarder... tu vas donc me faire le plaisir de me débarrasser de ces billets qui me gênent.

— Ici ! en plein boulevard ! devant dix personnes qui me connaissent !... Tu ne vois donc pas que tous les gens qui prennent leur absinthe devant Tortoni nous regardent. Et parmi eux, il y a des boursiers qui sont assez malins pour deviner que tu me remets le produit de la liquidation. Ils savent que c'est aujourd'hui qu'on paie chez les agents, et ils savent aussi que je n'ai de compte chez aucun. En te voyant me mettre dans la main des paquets de dix mille, ils éventeraient la mèche et mal nous en prendrait à tous les deux.

— A toi, peut-être, mais...

— A toi aussi. Ils diraient que tu es mon homme de paille.

Savinien tressaillit et peu s'en fallut qu'il ne se fâchât. Mais il sentait bien que Georges avait raison et que l'endroit n'était pas bien choisi pour régler des comptes.

— Soit ! dit-il, allons chez toi... ou plutôt viens chez moi, c'est plus près... mais finissons-en.

— Bon ! bon ! rien ne nous presse, s'écria Georges qui était parfaitement décidé à n'accepter que sa part et qui voulait gagner du temps.

Il comptait bien que Savinien renierait ses beaux principes avant que le coq eût chanté trois fois, et pour l'amener à composition, il avait son plan.

— Fais-moi d'abord le plaisir de m'accompagner jusqu'à l'hôtel des Ventes, reprit-il. J'ai des achats à y faire et je te montrerai des choses curieuses, sans compter que j'ai à t'en dire qui t'intéresseront.

— Merci, dit sèchement Savinien. J'aime mieux rentrer à mon hôtel et je compte que d'ici à une heure, tu viendras me débarrasser de cette somme.

— Ah çà, tu m'en veux donc sérieusement !

— Je te sais très mauvais gré de ce que tu as fait.

— Cela veut-il dire que tu ne me traiteras plus comme un ami ? demanda Georges avec une émotion sincère que sa voix trahit et qui toucha Savinien.

— Mon Dieu ! murmura le cousin d'Yvonne, je veux bien croire que tu ne t'es pas rendu compte de la gravité de tes actes et que tu n'y reviendras plus.

— Y revenir ! non ; oh ! ça, je te le promets. J'ai agi dans une bonne intention ; il m'était agréable d'associer mon meilleur camarade à une aubaine qui me tombait du ciel. Je me suis trompé, et j'espère que tu me le pardonneras, car j'aimerais mieux perdre tout ce que j'ai et vivre avec cent cinquante francs par mois, comme à Rennes, que de me brouiller avec toi.

La rancune de Savinien ne tint pas contre de si cordiales excuses. Il avait beaucoup de goût pour Georges et il lui en eût coûté de rompre. Il se laissa serrer la main et entraîner vers la rue Drouot.

— Parlons d'autre chose, lui dit Fougeray. Je t'ai ménagé une surprise, et c'est le vrai moment de te la faire. Seulement, je vais te la distiller ; je veux garder mon grand effet pour la fin.

Sache donc qu'hier nous avons reçu membres du

cercle dont j'ai l'honneur de faire partie, deux nobles étrangers.

Le premier est un Suédois qui a un nom à terminaison italienne.

Il s'appelle le comte Aparanda.

— Le comte Aparanda ! s'écria Savinien.

Et il fit un tel soubresaut, que Georges s'arrêta court et le regarda d'un air stupéfait.

— Parbleu ! dit-il, ce n'était pas sur ce nom-là que je comptais pour te faire ma surprise. J'avais ménagé mes effets et soigné ma mise en scène, je tenais en réserve un autre nom... c'était mon coup de la fin... et voilà qu'au premier mot que je lâche, tu sautes en l'air.

Quelle mouche te pique ? Et qu'y a-t-il d'étonnant à ce qu'un gentilhomme scandinave honore le *Diving-Club* de sa présence ? Est-ce parce que son nom finit en *a* que tu cabrioles ? Mais, mon cher, ça se voit tous les jours dans ces pays-là... Et la preuve, c'est que dans la *Vie Parisienne*... tu sais, la pièce qu'on jouait aux Variétés... musique d'Offenbach... rappelle-toi le rondeau de Métella.

> Vous souvient-il, ma belle,
> D'un homme qui s'appelle
> Jean-Stanislas, baron de Frascata ?

Eh bien, il est Suédois, ce baron de Frascata. Pourquoi le comte Aparanda ne serait-il pas Suédois aussi ? Je te cite de bons auteurs.

— Ce n'est pas cela, mais...

— Quoi ? Est-ce que tu le connais ce seigneur septentrional ?

— Non... j'ai entendu parler de lui.

— Ça n'a rien d'extraordinaire. Il a habité Paris autrefois, à ce qu'il paraît, et on ne l'a pas oublié, quoiqu'il soit resté dix ans absent.

Voyons ! Qu'est-ce qu'on t'a dit sur son compte ?

— Rien, balbutia Savinien, qui aurait voulu inventer une histoire et qui ne la trouvait pas.

— Alors, qu'est-ce que ça peut te faire que ce monsieur soit de notre cercle ? Ma parole d'honneur, je commence à croire que tu es amoureux, car tu ne sais plus ce que tu dis.

— Et toi tu parles à tort et à travers. Je puis bien avoir une raison particulière pour me préoccuper de cet étranger et tenir à garder cette raison pour moi.

— Bon ! il y a une femme dans l'affaire, avoue-le.

— Je n'avoue rien du tout. Crois ce que tu voudras, mais dis-moi tout ce que tu sais sur le comte Aparanda.

— Je ne demanderais pas mieux, mais je ne sais pas grand'chose. On raconte qu'il est fort riche... en forêts de sapins et en mines de fer dans son pays... moi, je ne crois pas à ces fortunes-là... mais qu'il soit millionnaire ou qu'il n'ait pas le sou, ça m'est absolument égal... on dit aussi qu'il a eu jadis de grands succès auprès des femmes... et il passe pour être encore ce qu'on appelle un beau ténébreux.

— Beau ! Est-ce qu'il est beau ?

— Peuh ! on me l'a montré hier soir sur le boulevard, et je suis obligé de convenir que sa figure ne manque pas d'un certain caractère; mais au fond je trouve qu'il a l'air d'un ours de son pays. Il est barbu comme un sapeur.

— C'est bien mon homme, pensait Savinien.

— Au surplus, tu pourras bientôt juger par toi-même de ses agréments physiques et moraux.

— Moi ! Comment cela ?

— Voici le moment de compléter mes effets. J'arrive à la surprise que je t'ai annoncée, à la vraie.

J'ai commencé par te dire qu'on avait reçu, en une seule fournée, deux gentlemen.

Eh bien, le premier, c'est le comte Aparanda ; le second... tu ne devines pas ?

— Ma foi ! non.

— Le second, c'est toi, parbleu !

— Ah ! c'est trop fort ! Est-ce que je t'ai prié de me présenter ? C'est donc décidément ta manie de m'engager sans me consulter ?

— Je n'avais pas besoin de te consulter. Je savais que tu accepterais.

— Tu te trompais. Je ne veux pas être d'un cercle.

— D'un cercle quelconque, je comprends ça, mais du *Diving-Club*, c'est bien différent. Tout le monde voudrait en être.

— Tout le monde, excepté moi.

— Qu'as-tu à dire contre ce cercle ? Il est très bien composé, on y dîne à merveille et il y a tous les soirs une partie superbe. Est-ce le nom qui t'effraie ? Parions que tu ne sais pas ce qu'il signifie en français ?

— Oh ! peu m'importe.

— *Diving-Club*, ça veut dire le cercle des plongeurs, comme *Rowing-Club* veut dire le cercle des rameurs, en d'autres termes, des canotiers ; *Sailing-Club*, le cercle des navigateurs...

— Pourquoi des plongeurs ?

— On n'a jamais pu le savoir... à moins que ce ne soit parce que des joueurs malheureux y ont fait le plongeon.

— Jolie enseigne, en vérité, et bien faite pour me tenter. Si je voulais être d'un club, ce n'est pas celui-là que je choisirais.

— Et pour quel motif ne veux-tu pas être d'un club ?

— Parce que, dans tous, on joue, et que je n'ai pas d'argent à perdre.

— Tu en gagneras. Je t'ai vu travailler au baccarat, et j'ai constaté que tu avais une veine corsée. D'ailleurs, tu ne seras pas forcé de jouer.

— Qu'y ferais-je, alors?

— Des connaissances agréables. Nous sommes là toute une bande qui menons joyeuse vie. Tu seras des nôtres et tu t'amuseras, je t'en réponds.

— Comme le soir de mon arrivée. Merci. Je ne suis pas assez riche. Tout à l'heure, mon cousin Adhémar de Laffemas m'a proposé de me faire admettre au Jockey, et...

— Si tu as refusé, tu as eu joliment tort. Ça t'aurait posé.

— Je n'ai ni accepté ni refusé.

— Alors, tu en seras ; mais ça ne t'empêchera pas d'être du *Diving*. C'est très chic d'être de plusieurs clubs.

— Très chic et très cher.

— Comptes-tu pour rien le plaisir de nous rencontrer tous les jours ? Tu ne te figures pas combien, à Paris, on a de peine à se joindre quand on n'a pas un lieu de réunion attitré. Je ne peux pas être du Jockey. Si je m'y présentais, j'obtiendrais l'unanimité des boules noires. Tandis qu'au *Diving*, je suis comme chez moi. Donc, si tu tiens à me voir souvent, tu y viendras.

D'ailleurs, tu es élu, et, si tu refusais maintenant, tu me mettrais dans la situation la plus ridicule.

— Tant pis pour toi. Il fallait me demander mon avis avant de poser ma candidature. C'est la carte forcée que tu veux me faire prendre.

— Pouvais-je deviner que tu refuserais ? Et sous prétexte d'économie, encore ! Mais innocent que tu es, tu ne sais donc pas que tu trouveras là pour six francs un dîner qui te coûterait quarante francs dans n'importe quel restaurant.

— Je dînerai pour six francs... ailleurs.

— Je t'en défie bien, par exemple... ou alors tu dîneras comme un portier. Voyons, Savinien, je t'ai annoncé à mes amis pour ce soir. Tu es inscrit à la grande table.

— Que le diable t'emporte avec ta grande table !

— Ne me fais pas l'affront de me laisser dîner sans toi. On me prendrait pour un Gascon qui se vante de connaître un vicomte et dont le vicomte fait fi. Tiens ! si tu t'avisais de donner ta démission, je te jure que je donnerais aussi la mienne.

— Tu ne ferais peut-être pas mal.

— Comment ! tu n'aurais pas de remords de me priver d'un plaisir auquel je tiens beaucoup et de déranger toutes mes habitudes ?

L'entêté Breton ne répondit rien, et Fougeray, à bout d'arguments, s'écria :

— Et ce comte Aparanda, qui t'intrigue tant, tu veux donc manquer l'occasion de le voir de près et de le connaître à fond ?

— Le comte Aparanda ! répéta Savinien qui, étourdi par ce flux de paroles, avait oublié l'homme aux fourrures.

— Oui. Il vient justement dîner ce soir. J'aurai soin de te placer, à table, entre lui et moi. Ça paraîtra tout naturel. Vous avez été reçus tous les deux au même scrutin. Il faut bien que vous entriez en relations. Et puisque ce personnage t'intéresse, tu pourras causer avec Sa Seigneurie tant que tu voudras.

Cette fois, Georges avait touché juste.

Savinien se souvenait du rôle que ce Suédois avait joué dans la mystérieuse histoire de madame Montauron, et il se disait qu'il rendrait sans doute un immense service à l'imprudente femme du banquier, s'il pouvait la renseigner sur la vie que menait le voyageur déménagé du numéro 26.

Le *Diving-Club* ne le séduisait pas du tout, mais il réfléchissait qu'il ne serait pas obligé d'y retourner, après y avoir fait acte de présence. Il en serait quitte pour payer une cotisation que son gain du baccarat lui permettait d'acquitter sans se gêner.

— Si j'étais sûr que le comte Aparanda dînera aujourd'hui, murmura-t-il, je me déciderais peut-être.

— Je te donne ma parole d'honneur que j'ai vu son nom inscrit à côté du tien sur le registre des dîneurs. Allons ! c'est convenu, tu viens et, pour que tu ne te laisses pas aller à changer d'avis, je ne te quitte plus. Je t'emmène d'abord à l'hôtel des Ventes. Nous y sommes.

En effet, cette causerie animée avait mené les deux amis au coin de la rue Drouot.

— Et qu'y vas-tu faire à l'hôtel des Ventes ? demanda le vicomte.

— Acheter quelques bibelots. Depuis la Bourse d'hier, mon entresol de la rue d'Antin ne me suffit plus. Je me paie un quatrième, rue Scribe.

Viens. Tu achèteras un objet d'art pour l'offrir à ta cousine.

Savinien ne répondit pas, mais il suivit Georges qui l'entraînait dans la rue Drouot.

Savinien ne s'intéressait guère aux curiosités de l'hôtel des commissaires-priseurs et il savait que la chère Yvonne préférerait à tous les objets d'art du monde une simple fleur cueillie à son intention par son cousin.

Mais il songeait au comte Aparanda qu'il devait voir au cercle le soir même, et maintenant qu'il était décidé à ne pas quitter son ami jusqu'à l'heure du dîner, il se disait qu'autant valait passer le temps dans une salle de ventes que sur le boulevard.

— J'y serai plus à l'aise pour réfléchir, pensait-il ; pendant que Georges s'occupera du mobilier qu'il veut acheter à l'encan, il me laissera en repos. Et en vérité, j'ai besoin de me recueillir un peu, car je ne sais plus où j'en suis.

On dirait qu'il est écrit que je ferai toujours le contraire de ce que je veux faire. Je viens de refuser, ou à peu près, mon cousin Laffemas qui me proposait de me présenter au Jockey, et maintenant, me voilà membre du *Diving-Club*, sans avoir brigué cet honneur... de même que, l'autre jour, j'ai gagné à la Bourse, sans le vouloir... de même que je me trouve mêlé contre mon gré aux intrigues de madame Montauron.

Parbleu ! il y a du moins une chose que je ne ferai pas malgré moi. On ne me forcera pas à me servir pour mon compte personnel de la somme que j'ai dans ma poche. Georges aura beau dire. Il m'en débarrassera avant le dîner, ou nous nous brouillerons.

S'il refusait de la prendre, je la lui enverrais par lettre chargée.

Et comme tout en se tenant ce discours à lui-même, Savinien tâtait souvent sa poche de poitrine, Georges lui dit en riant :

— Boutonne-toi hermétiquement, mon cher. Je te mène dans un lieu où il vient toutes sortes de gens... et, dans le nombre, il s'en trouve auxquels je ne confierais pas mon portefeuille.

— Alors j'ai bien envie d'aller t'attendre chez moi, dit vivement Savinien.

— Allons donc ! je plaisante, cher ami. J'y suis entré cent fois avec des billets de mille sur moi et personne n'y a touché. Il n'y a que les imbéciles qui se laissent voler. Les filous s'adressent à eux sur leur mine. Et, heureusement, tu n'as pas l'air plus provincial que moi.

— C'est égal, j'aimerais mieux que tu te chargeasses du paquet ; il me gêne.

— Il me gênerait bien davantage. Je vais pousser des

meubles dont j'ai envie, et, dans le feu des enchères, je pourrais oublier que je suis cousu de papiers précieux, tandis que toi, qui vas rester simple spectateur de la bataille, tu jouiras de tout ton sang-froid.

Tu n'es plus un enfant, que diable ! De quoi vas-tu t'inquiéter ?

Le vicomte d'Amanlis, pris par l'amour-propre, n'éleva pas d'objections, mais il se promit bien de tenir tout le temps la main sur son trésor.

Ils étaient arrivés à l'angle de l'édifice peu majestueux qu'on a bâti, il y a une trentaine d'années, pour remplacer définitivement le vieil hôtel Bullion, que les Parisiens d'autrefois s'obstinaient à appeler l'hôtel Bouillon.

La façade de cette lourde bâtisse était tapissée d'affiches de toutes les couleurs.

Vente, pour cause de départ, d'un beau et riche mobilier ; vente de diamants, bijoux, argenterie et dentelles, appartenant à mademoiselle X..., artiste dramatique; vente d'une très belle collection de tableaux anciens provenant de la succession de feu M. Van K..., célèbre amateur de Rotterdam; vente de faïences de Rouen et de Majoliques Italiennes ; vente d'armes persanes et de bronzes japonais.

Rien n'y manquait et toutes les variétés de maniaques n'avaient qu'à entrer pour satisfaire leur goût particulier, tout aussi bien que les simples bourgeois en quête d'un mobilier d'occasion.

Georges Fougeray, qui se croyait obligé de ne pas manquer une exposition d'objets d'art un peu intéressante, ni une vente annoncée à grand fracas par une demoiselle à la mode, l'universel Georges connaissait les détours et les usages de la maison.

Il poussa d'un geste familier une des portes mobiles

qui donnent sur la rue Drouot et il fit signe à Savinien de passer le premier.

— Marche toujours devant moi, lui dit-il gaiement, de cette façon, si quelque figure suspecte rôde autour de ta poche, je pourrai t'avertir.

Le printemps est la saison des grandes ventes. A l'époque où les lilas fleurissent, beaucoup de gens éprouvent le besoin de renouveler leur mobilier. Il serait difficile de dire pourquoi ils choisissent plutôt ce moment-là pour vendre ou pour acheter, mais c'est un fait.

Aussi l'hôtel regorgeait-il de monde.

C'était l'heure où les opérations sont en pleine activité. On commence officiellement beaucoup plus tôt, mais on réserve toujours les belles pièces pour la fin. Il faut bien attendre que la Bourse soit finie et que les acheteurs riches aient terminé leurs affaires.

Les voûtes du vestibule retentissaient des vociférations des crieurs ponctuées par les coups de marteau des commissaires. Les escaliers et les corridors étaient encombrés par la foule, une foule bigarrée où les femmes élégantes coudoyaient les brocanteurs en habit râpé.

Au rez-de-chaussée, se trouvent les salles affectées aux ventes courantes, des salles étroites, mal éclairées et plus mal fréquentées, où viennent échouer les meubles et les hardes des pauvres diables qui n'ont pas pu payer leur terme.

Savinien qui n'avait jamais mis les pieds dans l'établissement, crut que c'était là que son ami avait affaire, et s'achemina tout droit vers ces catacombes, sans que Georges l'avertît de son erreur.

Il s'approcha d'une porte ouverte et il vit un spectacle curieux.

On vendait là des défroques de toute sorte et de toute provenance, des sommiers, des marmites, des manchons déplumés, des pendules effroyables, des cachemires français et jusqu'à des instruments de musique.

Un commissaire flanqué d'un scribe annonçait les objets d'un air ennuyé, et le crieur se démenait pour accélérer l'opération. Des marchandes à la toilette maniaient les robes et les châles ; des revendeuses tâtaient et flairaient la laine des matelas ; des Auvergnats aux mains noires frappaient sur les casseroles.

— Ah çà, s'écria le vicomte en se tournant, est-ce que c'est ici que tu te proposes d'acheter ta literie ou ta batterie de cuisine ?

— Non, répondit Georges qui s'amusait beaucoup des étonnements de son ami. J'ai cru que tu songeais aussi à te mettre en ménage, et je t'ai laissé aller. Tu parles toujours de faire des économies, et dans ces salles basses, on trouve de quoi s'installer sans dépenser beaucoup d'argent.

Viens là-haut, mon cher, tu verras ce que c'est qu'une vraie vente et quels meubles je *guigne* pour mon appartement de la rue Scribe.

Et il prit le bras du vicomte pour le ramener au bas de l'escalier qui conduit au premier étage.

— Dis donc, continua-t-il en montant les degrés, tu ne ferais pas mal de te meubler aussi, sais-tu bien. Tu es ici pour six mois, et rester six mois à l'auberge, ce n'est pas gai. Tu ne pourras recevoir personne dans ton logement garni : une femme un peu élégante ne s'y risquerait pas.

Savinien n'aurait eu qu'un mot à dire pour lui prouver qu'il se trompait, mais Savinien ne pouvait ni ne voulait lui raconter son aventure avec madame Montauron.

— D'abord, répliqua-t-il en riant, je n'attends pas de visites féminines. Et puis, tu en parles bien à ton aise ; un mobilier de garçon me coûterait cinq ou six mille francs...

— Tu peux dire dix à douze mille.

— Eh bien ! où veux-tu que je les prenne ? Vous êtes étonnants, vous autres Parisiens ; pour vous, l'argent n'est jamais un obstacle. C'est comme M. Montauron, qui veut à toute force me louer un appartement dans une maison qu'il possède rue Rembrandt.

— Bah ! vraiment ? Et tu n'as pas accepté ?

— Non, ma foi !

— Tu as eu tort. Six mois de loyer te coûteraient moins cher que ta chambre et ton salon à douze francs par jour dans un hôtel, sans compter l'agrément de voisiner avec M. Montauron... et avec madame.

— Peut-être, si je consentais à coucher sur le parquet, mais je te répète que je n'ai pas de quoi me meubler.

— Alors, n'en parlons plus, Breton têtu, conclut Georges Fougeray.

Il n'en parla plus, en effet, mais il y pensa. Il venait de concevoir un projet qu'il se garda bien d'exposer à son ami, mais qu'il se jura de réaliser séance tenante.

Au premier étage, on vendait dans deux salles.

La première qui se trouva sur leur passage était pleine, mais le public n'y était pas le même qu'en bas.

Il y avait peu ou point de femmes et beaucoup de vieillards mal vêtus qui se passaient des tableaux de main en main, qui les frottaient après avoir mouillé leurs doigts et qui les regardaient de si près qu'ils avaient l'air de les lécher.

Par-ci, par-là, un monsieur bien mis, un amateur venu là pour une seule toile et attendant patiemment qu'on la mît sur la table.

— Entends-tu ? dit en goguenardant Georges Fougeray. L'aboyeur annonce un portrait attribué à Van Dyck, mise à prix soixante francs, c'est pour rien. Il faut voir ça.

Et il poussa dans la salle son ami Savinien, qui aurait

certainement résisté, si en y jetant un coup d'œil, il n'eût aperçu, au fond de l'enceinte réservée au commissaire-priseur et aux acheteurs de distinction, un homme dont la figure attira son attention, parce qu'elle lui rappela celle du déposant qu'il avait rencontré dans le caveau du *Crédit des Provinces.*

Cet homme se tenait debout, tout près du bureau élevé où siégeait le commissaire, et il regardait dédaigneusement la foule des acheteurs sans importance qui se pressaient autour de la longue table sur laquelle le crieur promenait le tableau attribué à Van Dyck.

Il ne portait point de fourrures, comme le voyageur que Savinien avait vu déménager de l'hôtel de la rue du Helder, mais il avait une barbe noire, des yeux enfoncés dans leur orbite et un nez de gerfaut.

Tout le portrait du seigneur suédois.

Savinien cependant avait des doutes. Le changement de costume le déroutait.

Mais tout à coup Georges s'écria :

— Tiens ! le voilà ce comte Aparanda que tu auras pour voisin au dîner du cercle.

— Quoi ! c'est lui ?

— En propre personne. Je ne l'ai vu qu'une fois, mais il a une tête qu'on ne peut pas confondre avec une autre. Par exemple, je ne m'attendais guère à le rencontrer ici... Mais, au fait, ça n'a rien d'étonnant. Il arrive à Paris et il veut s'y installer convenablement. Il est assez naturel qu'il se paie quelques tableaux. Seulement, s'il pousse ce Van Dyck-là, le Scandinave se fera voler. Le portrait vaut douze francs, cadre compris.

— C'est donc vrai qu'il va rester en France ? murmura Savinien.

— On le dit. Qu'est-ce que ça peut bien te faire ?

— Rien. Seulement je croyais...

12.

— Quoi ?

Le vicomte ne répondit pas. Il s'apercevait qu'il n'avait déjà que trop parlé.

— Décidément, mon cher, s'écria Georges, tu t'intéresses à ce seigneur beaucoup plus que tu n'en veux convenir.

— Je ne le connais pas, je te l'ai déjà dit.

— Eh bien, tu feras sa connaissance ce soir. Ses parrains m'ont assuré qu'il était très aimable, et très riche, ce qui ne gâte rien. Il parle français comme s'il était né rue Vivienne, et il se propose de donner des fêtes auxquelles il invitera tout Paris. Il paraît qu'il a apporté de Suède une somme énorme.

Savinien pensait :

— Je sais où elle est la somme énorme. Il l'a enfermée dans un coffre et il l'a déposée au *Crédit des Provinces*.

— Tiens ! dit Georges, on vient d'adjuger le Van Dyck pour vingt-deux francs. Le musée du Louvre a manqué là une belle occasion.

Ah ! on décroche deux immenses toiles qui représentent des chasses... des Snyders plus ou moins authentiques... très décoratifs pour salle à manger... j'ai dans l'idée que le Suédois a envie de se les offrir... nous les verrons de plus près, quand il donnera des dîners... car il en donnera, mon cher, et je compte bien qu'il nous invitera.

— Tu iras, si ça t'amuse. Quant à moi, je n'en tâterai point.

— Quel sauvage tu fais ! Dès qu'on te parle d'aller quelque part où on s'amuse, tu te hérisses comme un porc-épic. Ça te passera.

— Je ne crois pas... et j'espère que nous n'allons pas nous éterniser ici. Tu n'es pas venu, je suppose, pour acheter des tableaux ?

— Non. Je n'en suis pas encore à former une galerie, et

quand ma fortune me permettra d'en avoir une, je ne donnerai pas dans les maîtres anciens. Il y a trop de faux Hollandais et trop de Titien de contrebande. Tandis que les modernes, c'est un excellent placement. Les Corot, qu'on payait cent louis, il y a dix ans, se vendent couramment vingt mille francs.

— Tu n'aimes donc la peinture que pour ce qu'elle rapporte? dit Savinien en haussant les épaules.

— Je cherche à bien placer mon argent, parbleu! Mais je perds mon temps, et la vente du mobilier de Jeannine doit s'avancer. Tu as assez vu le comte Aparanda, n'est-ce pas?

— Trop.

— Eh bien, passons dans la salle à côté. Je n'ai pas envie de manquer le lit Louis XIII, les fauteuils Louis XIV et la pendule Louis XVI.

— Tous les siècles, alors. Qu'est-ce que c'est que Jeannine? Une marchande de curiosités?

— Non, c'est une demoiselle qui était fort à la mode avant la guerre, et qui vient de sombrer définitivement, après beaucoup de hauts et de bas. Son neuvième mobilier va la danser. Et comme elle avait de très belles choses, c'est une occasion dont je tiens à profiter.

Savinien se laissa conduire, et Georges le poussa dans une salle immense où ils eurent quelque peine à pénétrer.

Tous les gens qui la remplissaient n'étaient pas venus pour acheter.

Il y avait là beaucoup de pauvres diables perchés sur les gradins où on peut s'asseoir gratis, et quelques amies de Jeannine qui cherchaient moins à voir qu'à se faire voir.

Mais les chalands sérieux n'y manquaient pas non plus. La vente avait été annoncée à grand fracas depuis un mois et elle avait attiré le ban et l'arrière-ban des marchands et des amateurs.

Du reste, elle commençait à peine et elle devait durer deux jours.

Des cascades de rideaux et de tapisseries tombaient le long des murs; les chaises en bois sculpté, les buffets en vieux chêne et les cabinets de la Renaissance, entassés les uns sur les autres, formaient des barricades infranchissables.

Savinien se demandait naïvement s'il se trouverait assez d'acheteurs pour niveler en deux séances ces montagnes de meubles de style.

Il s'aperçut bientôt que les encans se succédaient avec une rapidité vertigineuse. Les objets mis en vente ne faisaient que paraître et disparaître sur la table, devant laquelle toutes les places étaient occupées par des marchands qui s'entendaient entre eux.

On n'en était encore qu'aux robes et à la literie. Ils avaient tout évalué d'avance, et comme ils se gardaient bien de se faire concurrence, on adjugeait après une seule enchère.

Mal en eût pris au profane qui se serait avisé d'essayer d'acheter. La bande noire se serait coalisée à l'instant pour lui faire payer son emplette cinq ou six fois plus qu'elle ne valait.

— Bon ! murmura Georges que avait jugé la situation d'un coup d'œil, on n'en est pas encore aux adjudications sérieuses. J'arrive à temps.

— Comment vas-tu faire pour enchérir au milieu de ce tohu-bohu ? demanda Savinien que ce singulier spectacle commençait à intéresser.

— Sois tranquille, nous n'allons pas rester où nous sommes. Je suis connu dans l'établissement et les petites portes s'ouvrent pour moi.

Vois-tu, là-bas, ce coin réservé à côté de l'estrade où trône le commissaire ?

— Oui, mais il est aussi encombré que le reste, ton coin réservé.

— Bah ! on nous y fera de la place. C'est plein de gens que je connais. Viens avec moi. Nous n'avons qu'à tourner par le corridor.

Savinien suivit docilement, et quand ils furent hors de la salle, Georges lui dit :

— C'est grand dommage que tu te sois mis en tête de ne pas louer l'appartement que te propose Montauron. Tu aurais trouvé ici, aujourd'hui, à te meubler à très bon compte.

— Tu plaisantes, je crois. Si j'avais de l'argent, ce n'est pas à la vente de cette fille que je le dépenserais. Je n'ai que faire de lits à baldaquin et de tapisseries des Gobelins.

— J'en sais de moins riches que toi qui ne se refusent pas ces inutilités. Mais tu n'as pas tout vu. Jeannine avait dans son hôtel des appartements d'amis. Elle faisait les choses en grand au temps de sa splendeur... et puis, elle a toujours visé à l'originalité. Elle prétendait mener la vie de château en plein Paris, rue Jouffroy, près de l'avenue de Villiers.

J'ai vu, avant-hier, à l'exposition qui s'est faite dans cette salle, un merveilleux ameublement de garçon qui ne se vendra pas cher, je le parierais... c'est trop artistique pour plaire aux bourgeois... et qui t'irait comme un gant.

— Bien obligé. Que ne l'achètes-tu pour toi, si l'affaire est bonne ?

— Moi, je n'en ai pas beso... ntresol est encombré, et dans mon nouvel ap... 'ai qu'une pièce de plus. Tandis qu'il te fau... cher, un cabinet de toilette, un salon-fumoir et une salle à manger. Tout cela y est... et d'un goût parfait... tu ne peux pas voir d'ici au milieu de ces amoncellements de canapés et d'armoires... Mais je te montrerai tout à l'heure ces meubles de choix, et je suis certain qu'ils te plairont.

— Je n'en doute nullement, mais je te répète encore une fois que je ne suis pas en situation de faire des folies.

— Ce ne serait pas une folie, et tu le regretteras.

— Bonjour, mes enfants, dit derrière les deux amis une voix de femme, une voix rieuse et claire. Vous venez vous payer un souvenir de cette pauvre Jeannine... la moindre chose de n'importe quoi... une cuvette anglaise ou une boîte à poudre de riz?

— Tiens! Anita! s'écria Georges en se retournant. C'est le ciel qui t'envoie.

— Non, c'est Mariette Charlier, qui a envie d'une paire de flambeaux en vieux Saxe, et qui m'a priée de venir à sa place, parce qu'elle a la migraine.

Dites donc, mon petit vicomte, vous n'êtes guère gentil de ne pas me dire bonjour, reprit-elle en s'adressant à Savinien. Allons! faites-moi une risette ou bien je me fâche.

— Savinien va t'en faire une douzaine, et toutes plus gracieuses les unes que les autres, interrompit Georges Fougeray, mais je réclame d'abord cinq minutes de tête-à-tête. J'ai un service à te demander, divine toquée.

— Voilà! voilà! répondit en tirant Georges à l'écart la plus jolie et la plus élégante des vierges folles qui avaient soupé avec le vicomte d'Amanlis, le soir de son arrivée à Paris.

Savinien ne savait trop quelle figure faire pendant cet aparté entre Georges Fougeray et cette Anita qui venait de se jeter à travers la conversation des deux amis, sans s'inquiéter de savoir si elle les dérangeait.

La demoiselle était fort jolie; elle était même belle et d'une beauté originale, ce qui est assez rare parmi ses pareilles. Presque toutes les habituées du tour du lac se ressemblent plus ou moins entre elles. Elles ont le même teint, les mêmes yeux, la même bouche, ou plutôt elles se les font, avec de la poudre de riz, du noir, du rouge et du cold-cream. On dirait qu'elles ont été toutes coulées dans le même moule et enluminées par la même émailleuse. Qui en a vu une en a vu cent.

Anita, au contraire, ne ressemblait à personne. C'était une blonde aux yeux noirs, une blonde cendrée qui aurait pu se faire un manteau de ses cheveux. La peau était d'une blancheur et d'une finesse admirables. Les lèvres, un peu fortes, s'entr'ouvraient volontiers pour laisser voir des dents qu'on pouvait, sans exagération, comparer à une double rangée de perles.

Et elle avait avec cela un air sauvage qui s'accordait assez mal avec toutes ces beautés classiques et qui la distinguait absolument de ses concurrentes de la haute galanterie.

Georges la comparait volontiers à une fleur poussée en plein vent, et il ne se trompait guère, car elle était née dans une baraque de saltimbanques, sur la place du Trône, en pleine foire au pain d'épice.

Comment cette enfant du hasard avait-elle rapidement franchi tous les grades qui conduisent au maréchalat des demi-mondaines? Nul n'aurait pu le dire au juste. Ces vies accidentées n'ont pas d'historiographes.

On savait vaguement qu'elle avait caboteiné en province et traversé le quartier Latin avant de monter sur les planches d'un théâtre en vogue, où elle avait conquis sans peine une notoriété productive.

Ce qu'il y avait de certain, c'est que la fleur des bois s'était très vite acclimatée à la température des serres chaudes.

Elle connaissait le tout-Paris des premières, et les beaux messieurs qui ne l'auraient pas regardée au temps où elle traînait ses bottines trouées sur le boulevard Saint-Michel, se trouvaient fort honorés de dîner et de danser chez elle.

Car Anita recevait; Anita avait un cuisinier; Anita donnait des bals. La serre où on l'avait transplantée était un bel hôtel entre cour et jardin, un hôtel situé sur le boulevard Malesherbes, un hôtel à elle appartenant et non grevé d'hypothèques.

Et, et en dépit de ses propriétés, elle était restée indépendante et bonne fille. Elle avait eu un maître et même plusieurs, mais elle n'en souffrait plus aucun. Il lui était resté de ses jeunes années un côté bohème qui ne nuisait point à ses succès.

Elle se plaisait avec les jeunes et elle plaisait aux blasés, précisément parce qu'elle n'était jamais à leurs ordres.

Georges Fougeray, qui savait la vie, pronostiquait cependant qu'elle finirait comme elle avait commencé, c'est-à-dire dans la misère; il avait reconnu chez elle les symptômes précurseurs d'une maladie funeste aux demoiselles arrivées à la fortune.

Anita était sujette à certains accès qu'on nomme dans ce monde-là des toquades; il lui arrivait trop souvent de s'amouracher à tort et à travers, et à force de mal placer son cœur, elle courait grand risque de se brouiller successivement avec tous les amis sérieux qui lui avaient fait les loisirs dorés dont elle abusait.

Savinien rendait justice à ses avantages de toute nature. Il admirait sa beauté étrange, il goûtait son langage plein de verdeur ; l'élégance parfois bizarre et toujours outrée de ses toilettes ne lui déplaisait pas. Il lui savait gré de n'être pas banale. Seulement, elle l'effarouchait : il en avait presque peur. Elle lui faisait l'effet d'une jeune panthère qui joue sur un tapis en rentrant ses griffes et qui amuse son maître jusqu'au jour où elle lui saute à la gorge pour l'étrangler.

Le souper qu'elle égayait de sa présence avait charmé le vicomte arrivé le matin de sa Bretagne ; mais il ne souhaitait pas de la revoir, et il se repentait déjà de s'être laissé entraîner à l'hôtel des Ventes, où il venait de la rencontrer.

Et ce n'était pas sans inquiétude qu'il se demandait ce que Georges Fougeray pouvait avoir à dire de si particulier à cette princesse des irrégulières.

Le colloque ne fut pas très long. Après trois minutes d'une conversation à voix basse, fréquemment coupée par des éclats de rire en sourdine, Anita y mit fin en disant :

— C'est convenu, Georget. Je ne connais pas encore cette variété-là ; ça m'amusera et ça me fera la main.

— De quoi parle-t-elle et de quoi sont-ils convenus ? pensait Savinien tout intrigué.

— Mon petit vicomte, lui dit la blonde aux yeux noirs, vous n'êtes pas gentil. Vous m'aviez promis une visite et je crois que je l'aurais attendue longtemps, si je ne vous avais pas trouvé ici pour vous adresser une première sommation... irrespectueuse. Georges m'avait promis de vous amener ; mais Georges est un lâcheur, et, du reste, quand j'ai envie d'une chose, je ne compte que sur moi-même pour l'avoir. Or, j'ai envie de vous montrer mon hôtel, et je vous déclare que si vous n'y venez pas d'ici à vingt-quatre heures, vous vous ferez de moi une ennemie irréconciliable.

Savinien cherchait une excuse polie, mais Fougeray ne lui laissa pas le temps de la formuler.

— Anita, ma fille, dit-il, ce n'est pas le moment de marivauder; pendant que tu perles des phrases pour apprivoiser un gentilhomme qui n'est pas un ours, on vend peut-être la pendule Louis XVI qui m'a donné dans l'œil.

— Ou les flambeaux de vieux Saxe que Mariette m'a chargée de lui acheter, s'écria la demoiselle. Entrons vite, mes enfants.

Allons, Georget, qu'est-ce que tu attends pour faire toc-toc à la petite porte.

Fougeray frappa et un garçon de salle lui ouvrit.

Pour être admis à passer par ce chemin dérobé, il fallait montrer patte blanche, mais Georges et Anita étaient des habitués de l'hôtel et le garçon connaissait son monde. Il les introduisit, y compris le vicomte d'Amanlis qui, étant avec eux, bénéficia de leur notoriété.

Ils se trouvèrent tous les trois dans une pièce de dégagement, qui communiquait par une porte ouverte avec la salle de vente et où venaient s'entasser les meubles vendus, charriés par des commissionnaires et dûment étiquetés au nom des acquéreurs.

Anita, qui ouvrait la marche, ne s'y arrêta point, et quand elle se montra au public assemblé dans la salle des enchères, son apparition produisit un certain effet. Elle échangea de loin des saluts avec quelques messieurs qui la connaissaient; du haut de son estrade, le commissaire lui dédia un sourire flatteur et le crieur lui avança une chaise.

On voyait qu'elle était là comme chez elle.

Georges alla dire un mot à l'oreille de l'officier ministériel qui dirigeait la vente et Savinien prit position derrière le siège de paille occupé par la belle Anita.

A vrai dire, il aurait bien voulu être ailleurs. Tous ces

yeux qui le regardaient le gênaient, et il était tout honteux de penser qu'on le prenait peut-être pour le cavalier servant de sa voisine.

L'imprudent vicomte n'était pas au bout de ses ennuis.

Anita se retourna de son côté, le tira par la manche et lui dit tout bas, quand elle l'eut obligé à se baisser :

— Voulez-vous me rendre un service?

Et comme elle vit qu'il rougissait, elle ajouta :

— Oh! ce n'est pas difficile. Il ne s'agit que de répéter, en regardant le commissaire priseur, les signes de tête que je ferai en vous regardant.

— Comment cela? Je ne comprends pas très bien, balbutia Savinien.

— Voici, mon cher. J'ai envie d'un mobilier qu'on va vendre... c'est pour un de mes amis qui n'est pas à Paris en ce moment... et je ne veux pas qu'on me voie enchérir... d'abord, parce que les brocanteurs qui sont là s'entendraient pour me faire payer plus cher... Ils savent que je ne m'arrête jamais quand j'ai une fantaisie... tandis que contre vous, qui n'êtes pas connu, ils pousseront mollement.

C'est pourquoi, si vous tenez à m'être agréable, nous allons organiser entre nous deux une petite télégraphie privée.

— Mais... il me semble que Georges jouerait beaucoup mieux cette pantomime.

— Georges est dans le même cas que moi... trop connu des marchands. Je parierais même qu'il aura recours à vous quand on mettra sur table la pendule Louis XVI dont il a envie. Nous vous devrons, lui et moi, d'économiser deux ou trois billets de mille, et puis... de quoi vous plaignez-vous?... Je vais vous faire les yeux doux pendant un quart d'heure au moins.

Anita appuya ce discours persuasif d'une œillade qui

triompha des scrupules du vicomte. Elle exécuta sur sa chaise une demi-volte de façon à faire face à Savinien et elle se mit à le regarder fixement, comme un caporal instructeur regarde un conscrit avant de commander : portez arme !

Fougeray avait fini de parler bas au commissaire et causait avec l'expert, qu'il interrogeait probablement sur l'authenticité de la fameuse pendule.

— Messieurs, dit le priseur en élevant la voix pour commander l'attention, nous allons mettre en vente un mobilier complet d'appartement de garçon... quatre pièces, y compris la salle à manger... il est inutile de détailler les objets... on les a vus à l'exposition et quelqu'un a demandé la réunion... si les enchères ne sont pas suffisantes, je diviserai... mais nous allons d'abord essayer de vendre en bloc... la vacation est très chargée et il est tard.

Je commence, messieurs. Le mobilier complet, un mobilier artistique et entièrement neuf. Il y a marchand à six mille.

Il y eut un silence. Les brocanteurs se consultaient entre eux.

— Six mille cinq cents, dit une voix de basse profonde, qui fit tressaillir Savinien sans qu'il pût s'expliquer pourquoi.

L'enchère lancée par cette voix puissante était partie d'un groupe qui occupait le milieu de la salle et Savinien ne distingua point dans la foule l'homme aux six mille cinq cents francs.

— Dites : sept mille, lui souffla, sans se retourner du côté du public, la blonde aux yeux noirs. Je connais le mobilier. Il vaut le double.

Savinien hésita. Il trouvait que la belle allait lui faire

jouer un rôle ridicule. Mais un regard le décida, un regard tendre, presque suppliant.

— Sept mille ! articula péniblement le vicomte.

Georges, qui n'était pas loin, lui envoya un sourire d'encouragement.

— Allons ! se dit Savinien, il m'approuve. C'est qu'il a compris que j'enchéris pour le compte de la dame... car il sait bien que je ne veux rien acheter.

— Messieurs, cria le commissaire, nous disons : sept mille, et nous n'en resterons pas là. J'ai donc bien fait de réunir.

— Maintenant, cher vicomte, reprit doucement Anita, plus un mot, je vous prie. Et ne regardez le commissaire que pour répéter les signes que je vous ferai.

— Sept mille à ma gauche, dit le commissaire. Pressons-nous, messieurs.

— Sept mille cinq cents, tonna la voix de basse.

— A vous, vicomte ! Imitez-moi, murmura la dame en hochant la tête.

Ce mouvement vertical équivaut à une affirmation dans tous les pays civilisés et spécialement à l'hôtel des Ventes, où le langage des signes est fort usité et parfaitement compris.

Un sourd-muet ne serait pas du tout embarrassé pour s'entendre avec messieurs les commissaires-priseurs. Il suffirait qu'on lui montrât écrit sur une ardoise le chiffre de la mise à prix. Chacun de ses mouvements approbatifs et même chacun de ses clignements d'yeux passerait pour une enchère.

On a vu adjuger des mobiliers splendides et des tableaux de maîtres à des gens affligés d'un tic nerveux, qui n'avaient aucune envie de les acquérir, et qui se trouvaient ainsi adjudicataires malgré eux.

Le vicomte d'Amanlis s'était trop avancé pour reculer.

Il reproduisit exactement la télégraphie d'Anita, et le commissaire traduisit aussitôt cette mimique en criant :

— Huit mille. On a dit huit mille à gauche. Voyez, messieurs. Ce chiffre ne représente pas la moitié de la valeur de l'ameublement complet... il a été payé vingt mille francs au tapissier et il est tout neuf.

Ah ! huit mille cinq cents, là, en face de moi.

Personne n'avait rien dit. La grosse voix se taisait. Probablement, le concurrent s'était décidé à procéder aussi par signes.

Savinien ne l'apercevait pas, mais les commissaires ont des yeux de lynx, et celui qui dirigeait l'encan n'avait pas hésité une seconde à annoncer une surenchère nouvelle.

Lorsque la lutte se passe à la muette, il est sous-entendu que chaque signe représente une enchère égale à la précédente, jusqu'à ce qu'il plaise à l'un des enchérisseurs de reprendre la parole pour modifier le chiffre en plus ou en moins.

En attendant mieux, c'était donc à coup de billets de cinq cents francs qu'on se disputait le mobilier de garçon.

La blonde ne semblait pas disposée à en rester là. Elle ne cessait de regarder le vicomte et de balancer de haut en bas sa jolie tête, et le vicomte répétait le mouvement.

Le commissaire, attentif et alerte, se tournait alternativement à droite et à gauche, pour saisir au vol les signes des deux adversaires.

Et du haut de sa chaire, tombèrent coup sur coup ces proclamations :

— Neuf mille.
— Neuf mille cinq cents.
— Dix mille.
— Dix mille cinq cents.

— Onze mille.

A ce dernier chiffre, qui venait de Savinien, la riposte se fit attendre.

Evidemment, le compétiteur réfléchissait avant de pousser plus haut. Il soupçonnait qu'il luttait contre un homme décidé à tenir bon et il avait peur qu'on ne le menât trop loin.

— Parfait, dit tout bas Anita. Il va lâcher. Si personne ne vient se jeter dans vos jambes, vous aurez fait une excellente affaire.

— C'est vous qui l'aurez faite, dit vivement Savinien.

— Silence et attention au commissaire ! Il doit en être à jouer du marteau.

— Oui, il le tient par le manche et il le brandit comme s'il se disposait à casser la tête à quelqu'un.

— Bon ! il en a encore pour une minute ou deux avant d'adjuger. Je connais sa méthode.

Chacun de ces messieurs a la sienne et il y a dix façons différentes de manœuvrer le bâton d'ébène terminé par une petite masse d'ivoire. Les uns le tiennent à bout de bras et l'agitent d'un air menaçant ; d'autres le touchent à peine et le balancent doucement à deux pouces de la table.

Mais quelle que soit la méthode, le marteau est l'épée de Damoclès suspendue sur la tête des acheteurs passionnés. Ils ne le perdent jamais de vue, ils tremblent de le voir s'abattre sur une enchère adverse et chaque oscillation leur arrache un nouveau sacrifice.

— Onze mille, messieurs ! cria le commissaire en se levant pour indiquer que le dénouement approchait. Nous disons : onze mille. Ce n'est pas assez ; mais l'heure s'avance et je vais adjuger.

Allons, là-bas... au bout de la table... on se tait ?

L'apostrophe s'adressait au clan des brocanteurs qui

n'avaient point encore pris part à la bataille. Ils trouvaient amusant de voir deux bourgeois se jeter les enchères à la tête et ils espéraient bien que le mobilier resterait à l'un des combattants pour le double de ce qu'il valait, sans que la bande eût besoin de s'en mêler.

Mais comme le feu se ralentissait, un vieux juif qui représentait la coalition se chargea de le ranimer.

Il fallait bien donner une leçon aux intrus pour leur ôter l'envie de recommencer.

— Onze mille deux cents, dit le Mardochée.

— Onze mille deux cents, reprit triomphalement le commissaire. A vous, monsieur, en face !

Le monsieur en face ne se pressa point de répondre. Sans doute, il était plus ferré que le vicomte d'Amanlis sur les ruses des revendeurs et il se défiait.

Mais enfin, après quelques secondes de silence, la voix de basse retentit encore une fois.

— Douze mille !

Ce chiffre imposant fut proclamé par l'officier ministériel et commenté par lui de la façon suivante :

— Nous approchons, messieurs. Ce mobilier serait payé très bon marché à quinze mille. Encore une enchère et je vais adjuger.

Savinien, que tous ces manèges commençaient à amuser, consulta du regard la belle Anita, qui, avant de lui répondre, tourna la tête du côté du commissaire.

Elle l'avait pratiqué souvent, et elle jugea d'un coup d'œil qu'il était disposé à en finir. Georges Fougeray, qui était resté debout à côté du bureau, venait de dire quelques mots à l'oreille de cet officier ministériel. Le marteau se rapprochait insensiblement de la table.

— Dépêchons, messieurs. C'est bien vu ?... bien entendu ? Une fois... deux fois...

— Dites treize mille : c'est ce que ça vaut, souffla doucement la blonde.

Le vicomte répéta le chiffre et sa voix fut couverte par le bruit d'une altercation qui venait de s'élever dans la salle, entre deux de ces oisifs qui accaparent les premières places à toutes les grandes ventes.

Mais le commissaire entendit parfaitement.

— Pour la troisième et dernière fois, messieurs, personne ne met plus ?... voyons, messieurs, le mot ?

Il y eut une courte pause. Le représentant de la bande noire s'était pris de bec avec un Philistin qui le gênait et le mot ne vint pas.

Le marteau s'abattit avec un bruit sec.

— Adjugé ! treize mille francs, le mobilier complet !

Cette phrase sacramentelle domina le tumulte, mais elle provoqua une réclamation inattendue.

— Pardon ! douze mille, dit la voix de basse.

— Treize mille... à monsieur, répliqua le commissaire en désignant Savinien.

— Mais non... à moi... il y a erreur.

— J'en appelle à tout le monde... Monsieur, à gauche, a eu le dernier mot.

— Oui, oui, nous l'avons entendu, crièrent en chœur les gens qui se trouvaient dans le voisinage d'Anita.

Le public est toujours du parti des jolies femmes, et le public croyait que c'était la dame qui avait acheté en se servant de son amoureux comme porte-parole.

— Je proteste, cria la voix. Cette adjudication est une supercherie.

Et au même instant, on vit un homme de haute taille fendre la foule à grands coups de coude.

— Monsieur, lui dit gravement l'officier ministériel, je vous prie de ne pas troubler la vente.

Crieur, annoncez deux tapisseries anciennes. Voyez-

...es, messieurs. Celles qui sont pendues au fond de la salle à droite.

Savinien ne songeait guère à les regarder. Il venait de s'apercevoir que son compétiteur était le comte Aparanda, et il n'en pouvait croire ses yeux.

Il n'y avait pas à s'y tromper, cependant.

C'était bien le même homme que le vicomte d'Amanlis avait aperçu tout à l'heure dans la salle où on vendait des tableaux et que Georges Fougeray lui avait nommé.

Il avait pris position tout près de la longue table qui servait à promener les objets mis à l'encan, à quelques pas de Savinien et d'Anita, et il paraissait peu disposé à accepter la sentence du commissaire, car il lui lançait des regards furieux et il n'attendait qu'un moment de silence pour contester encore à haute voix la validité de l'adjudication.

Mais les crieurs vociféraient à qui mieux mieux pour annoncer les magnifiques tapisseries du seizième siècle, les enchères s'élevaient de tous les côtés et le commissaire-priseur les menait grand train, sans plus s'occuper du comte Aparanda que si ce seigneur eût été encore au fin fond de la Suède.

Georges le désignait de l'œil à son ami Savinien et souriait d'aise comme un homme qui vient de jouer un bon tour à quelqu'un.

A ce moment, le vicomte remarqua que le secrétaire de l'officier ministériel lui faisait signe de s'approcher du bureau, et comme il n'avait pas l'air de savoir ce que cela voulait dire, Anita se chargea de le lui apprendre.

— Il demande votre nom et votre adresse, souffla-t-elle.

— Pourquoi faire? murmura Savinien assez surpris.

— Il faut bien qu'il sache à qui on a vendu.

— Mais, madame, c'est à vous qu'il a vendu... et je pensais que ces gens-là vous connaissaient.

— Ça ne fait rien. Donnez toujours votre carte, répondit Anita en comprimant avec peine une forte envie de rire.

Ou plutôt, non, ajouta-t-elle. C'est inutile. Votre ami Fougeray répond à votre place.

En effet, Georges causait avec le scribe qui prenait une note sous sa dictée.

Le vicomte, n'y comprenant rien et renonçant à comprendre, reporta son attention sur le comte Aparanda et vit que ce fougueux étranger s'était sensiblement calmé.

Il ne regardait plus du tout le commissaire-priseur qui lui avait fait un passe-droit, mais en revanche il dévorait des yeux la belle Anita qui maintenant se montrait de face au public.

C'était au point qu'elle s'en aperçut et qu'elle dit à Savinien :

— Tiens ! l'homme aux douze mille qui me lorgne, pour se consoler d'avoir manqué le mobilier. Il ne réussira pas mieux avec moi qu'aux enchères. Savez-vous ce que c'est que ce monsieur-là ? Il a une figure à faire peur aux petits enfants. Il ressemble à Croquemitaine.

— Georges le connaît, je crois, murmura le vicomte qui avait ses raisons pour taire ce qu'il savait sur le Suédois.

— Bon ! il va me renseigner. Je ne serais pas fâchée de savoir le nom du personnage dont je viens de faire la conquête... car il est conquis, ça se voit. Il a reçu le coup de foudre. Je produis quelquefois de ces effets-là. Malheureusement, ça ne tombe jamais sur des gens qui me plaisent, dit la belle en décochant au cousin d'Yvonne une œillade incendiaire.

Justement, Georges Fougeray s'approchait.

— Mes enfants, dit-il avant qu'Anita eût le temps de l'interroger, m'est avis que nous n'avons plus rien à faire ici et que le moment de filer est venu.

— Jamais de la vie. Mariette Charlier m'a priée de lui acheter...

— Les deux flambeaux en vieux Saxe qui s'étaient là-bas sur une console, à côté de ma pendule Louis XVI. Je sais ça, mais le commissaire vient de me dire qu'il réservait nos deux bibelots pour la deuxième vacation. Nous serons obligés de revenir demain, chère amie. Raison de plus pour décamper sans plus tarder. On étouffe ici et on y respire des odeurs délétères.

— Oh! je ne tiens pas à rester. Dis-moi seulement comment s'appelle cet homme barbu qui me fait de l'œil... là... devant nous... de l'autre côté de la table. D'Amanlis prétend que tu le sais.

— Parbleu! lui aussi le sait, et il n'avait pas besoin de moi pour te l'apprendre. C'est le comte Aparanda, un Suédois colossalement riche qui vient s'établir à Paris et qui est en train de monter sa maison. Tout à l'heure il achetait des tableaux dans la salle à côté, et si je n'avais pas coulé deux mots dans l'oreille du commissaire, il aurait enlevé le mobilier de garçon. Mais nous lui avons coupé l'herbe sous le pied. Je lui ferai mes excuses ce soir.

— Où le verras-tu? demanda vivement Anita.

— A mon cercle. On l'y a reçu hier et il y dîne aujourd'hui. Je me ferai présenter, après quoi je lui présenterai Savinien.

— Et tu me le présenteras un de ces jours. Il est laid, mais il a une tête à caractère. Il serait superbe en Fra Diavolo.

— Est-ce que tu as envie de jouer l'opéra-comique avec lui? Ah! le voilà qui rentre dans la coulisse. Allons-nous-en.

Anita, cette fois, ne se fit pas prier pour lever le siège. Elle reprit le chemin par où elle était venue, et Savinien la suivit très volontiers. Il en avait assez du vacarme des enchères, et il lui tardait d'éclaircir certaines obscurités qui le préoccupaient.

Pour le moment, ce n'était pas le comte Aparanda qui l'inquiétait. Il avait constaté avec satisfaction que ce mystérieux étranger n'avait fait aucune attention à lui, ce qui, d'ailleurs, était assez naturel, puisqu'ils ne s'étaient trouvés face à face qu'une seule fois, à la porte du caveau du *Crédit des Provinces*. Encore n'avaient-ils fait que se croiser en passant et le Suédois n'avait certainement pas pris garde au déposant qui lui succédait.

Mais le vicomte avait quelques explications à demander à Georges Fougeray, et même à la belle Anita qui venait d'user et d'abuser de la courtoise obligeance d'un gentilhomme breton.

Quand ils se retrouvèrent tous les trois dans le large vestibule qui longe les salles du premier étage, cette fantasque personne se campa devant Savinien et lui dit en éclatant de rire :

— Sans rancune, n'est-ce pas, vicomte ?

— De quoi pourrais-je vous garder rancune ? demanda Savinien qui ne s'attendait guère à ce début.

— Mais... de vous avoir meublé malgré vous.

— Qu'est-ce que cela signifie ?...

— Comment, vous n'avez pas deviné que le mobilier de garçon est à vous ?

— Pardon ! madame, vous m'avez dit que vous vouliez l'acheter, et c'est uniquement pour vous obliger que j'ai consenti à répéter vos enchères.

— Quoi ! tout de bon, vous avez cru... ah ! c'est trop drôle !... Et que voulez-vous que je fasse d'un mobilier de garçon ?... Supposeriez-vous, par hasard, que j'ai l'intention de l'offrir à un de mes amis ?... Ce serait le monde renversé, mon cher. Je ne fais pas de cadeaux... j'en reçois.

— Mais enfin, madame, je ne vous ai pas autorisée...

— A acheter pour vous? C'est possible, mais la chose est faite, et il n'y a pas à s'en dédire. D'ailleurs, de quoi vous plaignez-vous? Grâce à moi, vous avez eu pour treize mille francs un ameublement qui en vaut vingt mille.

— Peu m'importe! Je n'en veux pas et je ne le paierai pas.

— Êtes-vous donc serré à ce point? Vous m'arracheriez toutes mes illusions sur les vicomtes bretons.

— Je vous répète, madame, que je n'ai rien acheté et que je ne paierai rien, dit Savinien avec colère.

— Alors, ce sera donc moi, riposta la dame. Fi! mon cher. Un galant homme ne se conduit pas de la sorte.

Le cousin d'Yvonne était hors de lui et il allait répondre par une grosse impertinence, lorsque Georges intervint.

— Raisonne un peu au lieu de te fâcher, dit-il doucement. Je me suis trompé comme Anita. J'ai pensé que tu t'étais décidé à suivre mon conseil et à profiter d'une excellente occasion pour te meubler à peu de frais... De sorte que je viens de donner ton nom et ton adresse au commissaire-priseur... il t'enverra sa note demain...

— Et moi, je l'enverrai au diable!

— Si tu faisais cela, mon cher ami, nous passerions, toi et moi, pour deux farceurs. Et ne viens pas me dire que tu t'en moques. L'opinion du commissaire-priseur peut t'être indifférente, mais il y a dans la salle des gens qui t'ont vu enchérir... des gens de notre cercle... quand ce ne serait que ce comte Aparanda dont tu te préoccupes tant, et qui doit t'en vouloir d'être arrivé bon premier dans la course au mobilier.

Savinien tressaillit, Fougeray avait touché juste.

— Laisse donc, Georget, dit dédaigneusement Anita. Si monsieur persiste à refuser, je prendrai l'affaire à mon compte. Il m'en coûtera quelques billets de mille, mais nous ne resterons pas en affront.

C'en était trop. Le vicomte d'Amanlis, pris par l'amour-propre, répliqua :

— Non, madame, il ne vous en coûtera rien. Je paierai ce mobilier qu'il vous a plu de me faire acheter. Je supporterai les frais d'une plaisanterie que vous me permettrez de trouver de très mauvais goût. Quant à garder les meubles et à m'en servir, c'est une autre affaire.

— Parbleu ! tu t'embarrasses de bien peu de chose ! s'écria Georges, qui prit la balle au bond. Que ne les envoies-tu dans l'appartement que Montauron t'a proposé dans sa maison de la rue Rembrandt ?

— Quatre pièces au rez-de-chaussée, entre cour et jardin, trois mille francs par an, c'est une occasion que vous ne retrouverez pas, monsieur le vicomte, reprit un personnage qui avait entendu la dernière phrase de Fougeray, et que Savinien n'attendait guère.

— Tiens ! Bouret ! dit Anita. On te rencontre partout, grand financier.

— Partout où il y a des jolies femmes, oui, princesse.

— Mon cher vicomte, Montauron m'a longuement parlé de vous, ce matin ; il grille d'envie de vous avoir pour locataire et je vous engage fort à vous laisser faire. Bonjour, Fougeray, reprit M. Bouret, sans laisser à Savinien le temps de lui répondre. Parions que vous êtes venu pour acheter la pendule Louis XVI ? C'est le seul bibelot authentique qu'il y eût chez Jeannine.

— On ne la vendra que demain, dit Georges.

— Ça m'est égal. Je n'en ai pas envie. Je suis entré ici

en passant. Et je ne le regrette pas, puisque je vous ai rencontrés tous les trois.

Et toi, blonde Anita, qu'est-ce que tu t'es payé aux enchères ?

— Rien du tout, mon cher. Et pourtant, il s'en est fallu de peu que je ne fusse pincée de treize mille.

— Ah ! bah ! Conte-moi donc ça.

— Elle blague, dit vivement Fougeray qui tenait beaucoup à ne pas froisser Savinien, et qui redoutait les intempérances de langage d'Anita.

Mais figurez-vous que mon ami vient de se faire adjuger un mobilier complet qui me paraît avoir été fabriqué tout exprès pour l'appartement que votre directeur lui propose.

— Alors, je vais écrire à Montauron que vous louez, n'est-ce pas, vicomte ?

— Je ne suis pas décidé, balbutia Savinien, qui ne savait plus que dire à tous ces gens coalisés pour le forcer à se mettre dans ses meubles.

— Je vous jure que vous ne trouverez pas mieux et que vous chagrineriez beaucoup Montauron si vous refusiez... sa femme me le disait encore ce matin. Ils tiennent tous les deux à vous avoir pour voisin.

— Moi aussi, j'y tiens, à l'avoir, dit Anita, qui avait retrouvé toute sa bonne humeur.

N'oubliez pas, vicomte, que je demeure boulevard Malesherbes, à deux pas du parc Monceau, ajouta-t-elle en prenant le ton d'une quêteuse qui murmure la phrase consacrée : Pour les pauvres, s'il vous plaît.

— Très bien, ma belle, s'écria Bouret. Aide-nous à convaincre M. d'Amanlis qu'il ne peut pas décemment rester à l'auberge.

Voyons, monsieur le vicomte, quelles objections

avez-vous contre le projet de mon cher directeur? Est-ce que le quartier vous déplaît?

— Jeune homme, si vous répondez oui, ce ne sera pas poli pour moi... ni pour madame Montauron, dit gaîement Anita.

— Au contraire, le quartier me plaît beaucoup, mais...

— L'appartement vous plaira aussi. Il est charmant... et commode!... deux entrées... des portes dérobées... c'est à croire que Montauron l'a fait disposer tout exprès pour y loger un homme à bonnes fortunes.

Et ce ne sont pas les meubles qui vous manquent, puisque vous venez de les acheter.

Serait-ce que vous reculez devant les ennuis que donne toujours un emménagement, lorsqu'on est obligé de s'en occuper soi-même? Qu'à cela ne tienne! Je vais écrire à mon tapissier. Il se chargera de tout, et dans trois jours, vous serez complètement installé rue Rembrandt.

C'est convenu, n'est-ce pas?

—Tu n'auras qu'à payer demain la facture du commissaire-priseur, appuya Georges.

— Et ce détail ne vous gêne pas, reprit en riant M. Bouret. Quand on vient de gagner une centaine de mille francs, on peut bien se payer une fantaisie.

Ah! ce cher Fougeray vous a bien conseillé. Hier soir, à la petite Bourse, on ne parlait que de ce joli coup. C'est ce qu'on appelle opérer magistralement.

— Quoi! s'écria le vicomte en rougissant jusqu'aux oreilles, tout le monde sait que...

— Il ne faut pas que cela vous étonne. Galipot a crié l'histoire sur les toits. Mais elle n'a rien que de flatteur pour vous et pour Fougeray. Vous voilà cotés tous les deux comme ayant du coup d'œil, de la hardiesse et du bonheur. Et puis, il est toujours agréable d'encaisser une grosse somme, même quand on n'en a pas besoin.

Demandez plutôt à votre ami.

— Comment! Georges, s'écria l'irrégulière, tu lèves cent mille en une séance et tu ne me préviens pas ! Ce n'est pas gentil d'être cachottier avec une amie. Quand ça t'arrivera encore, jette-moi donc un mot à la poste.

— Je n'y manquerai pas, dit ironiquement Fougeray.

— Encore si tu m'avais prévenue que ce cher vicomte avait gagné autant que toi... j'aurais fait des frais pour lui plaire.

Et comme Savinien ne paraissait pas goûter ce langage, la folle reprit en lui riant au nez :

— N'ayez pas peur, je n'ai pas l'intention de vous emprunter vos cent mille francs. Seulement je déclare que si vous ne vous mettez pas dans vos meubles après un gain comme celui-là, c'est que vous avez de rudes instincts d'économie.

Le vicomte se tenait à quatre pour ne pas remettre à sa place cette drôlesse qui se permettait de lui donner devant témoins une leçon de conduite, et il enrageait d'autant plus qu'il sentait bien qu'elle avait presque raison.

— Tiens ! lui dit à demi-voix Georges pour faire diversion, notre Suédois qui passe !

Savinien se retourna vivement et vit le comte Aparanda qui se dirigeait vers une salle où il y avait une exposition de faïences, porcelaines et autres poteries d'art.

— Décidément, ce seigneur est une excellente pratique pour MM. les commissaires-priseurs, reprit Fougeray. Il va des ventes de tableaux aux ventes de meubles et des ventes de meubles aux...

— Tu crois ça, toi! dit la blonde. Tu n'as donc pas vu comme il m'a regardée? Il se soucie bien des assiettes qui sont là dedans! C'est pour me voir qu'il vient par ici. Parions qu'il n'entrera pas dans la salle du fond.

— Tu perdrais, chère amie, Il y est. Mais je conviens qu'il t'a mangée des yeux en passant à côté de toi.

— Où diable ai-je donc vu cette figure? murmura M. Bouret. Ah! je me souviens maintenant, et M. d'Amanlis doit se souvenir aussi. C'est ce bonhomme-là qui était dans notre caveau quand je l'y ai conduit.

N'est-ce pas, vicomte, que c'est bien le même?

— Il me semble que oui, balbutia Savinien.

— Ça me fait penser que j'ai oublié de demander son nom au chef de bureau qui lui a délivré sa carte d'abonnement.

Vous désiriez le savoir, je crois?

— Nous le savons, dit Georges. Et même nous dînons avec lui, ce soir.

— Vraiment? mais alors...

— Nous savons son nom, mais nous ne le connaissons pas, et surtout il ne nous connaît pas. C'est au cercle que nous dînerons avec lui.

— Ah! très bien. Qu'est-ce que c'est que votre cercle?

— Le *Diving Club*.

— Bon! je sais. Il paraît qu'on y joue raide. Si vous êtes aussi heureux au baccarat qu'à la Bourse, vous serez bientôt millionnaires tous les deux. Je vous souhaite de gagner à ce monsieur ce que contient le coffre qu'il a déposé au *Crédit des Provinces*.

Figurez-vous, mon cher, qu'il nous a apporté une caisse qui avait l'air de peser cent kilos. Un commissionnaire en avait sa charge. Pour peu qu'elle soit pleine de lingots, son propriétaire a de quoi vous tailler des banques.

— Mais, dit Georges en riant, nous n'avons pas l'intention de le dévaliser.

— Moi, je m'en chargerais volontiers, murmura la blonde.

Depuis un quart d'heure, Savinien était sur des charbons ardents. Tout conspirait pour le mettre hors de son assiette, et il semblait que les gens qu'il rencontrait se fussent donné le mot pour lui rappeler tout ce qu'il aurait voulu oublier : ses succès involontaires à la Bourse, l'aventure de madame Montauron, la descente au caveau où étaient enfermés le coffret d'acier de la dame et la caisse en bois du mystérieux étranger.

Ce malencontreux Bouret y revenait sans cesse, comme s'il eût pris plaisir à inquiéter le vicomte d'Amanlis, qui commençait à comprendre qu'il n'était pas de force à se tirer des embarras où la fatalité l'avait mis.

Tout Paris savait maintenant qu'il avait gagné deux cent mille francs de moitié avec Georges Fougeray, et il ne dépendait plus de lui de couper court à ses relations avec madame Montauron, ni d'écarter de son chemin ce comte Aparanda qu'il aurait voulu ne jamais revoir.

La patience lui manqua pour lutter contre sa destinée, qui était de subir les situations qu'il n'avait pas créées, et il résolut tout à coup d'en finir. Il fit comme un général qui, après avoir essayé de refuser la bataille, l'engage à fond lorsqu'il s'aperçoit qu'elle est devenue inévitable.

— Monsieur, dit-il de but en blanc à M. Bouret, voudrez-vous bien vous charger de prévenir M. Montauron que j'accepte sa proposition ?

— Parfaitement. Je le verrai ce soir. Mon tapissier fera prendre demain le mobilier que vous venez d'acheter, et avant la fin de la semaine vous serez chez vous.

— A la bonne heure ! s'écria Georges, tu te décides enfin.

— Oui, à tout, répliqua sèchement Savinien. Je dînerai ce soir au cercle, et la preuve, c'est que je te quitte pour aller m'habiller. Viens me prendre à sept heures moins un quart. Il faut absolument que je te voie avant le dîner. Nous avons un compte à régler.

Et sans s'attarder à des politesses qu'il jugeait superflues, le cousin d'Yvonne se précipita vers l'escalier qui mène à la sortie.

— Ah! disait-il entre ses dents, ils s'entendent pour me forcer à garder cet argent et à vivre de leur vie que je méprise et que je déteste! Eh bien, soit! je le prends, mais c'est pour le jeter par la fenêtre, et j'espère que ce ne sera pas long.

Eh bien, oui, j'irai habiter l'appartement que M. Montauron veut me louer, mais je n'y resterai que le temps qu'il faudra pour parachever le sauvetage de sa femme... et quand j'aurai dit à cette imprudente tout ce que je sais sur le comte Aparanda, quand j'aurai réussi à lui remettre le coffret qu'elle m'a confié malgré moi... ce jour-là, je me sauverai à Plouer et je n'en sortirai plus.

J'en ai assez des banquiers, des boursiers, des épouses coupables, des aventuriers suédois, et des blondes qui tutoient tout le monde.

Qu'ils adorent le Cochon d'or! je me contenterai d'adorer ma cousine.

V

L'argent ne fait pas le bonheur, dit un adage très contesté par les pauvres diables que le sort n'a point mis à même d'en vérifier la justesse.

Les riches pensent presque tous que la sagesse des nations a raison, et qu'il ne suffit pas de posséder des millions pour être heureux, ce qui ne veut pas dire que l'indigence les tente et qu'ils éprouvent le besoin de se ruiner.

Ceux qui n'ont jamais connu la misère s'en font parfois une idée poétique, et il leur arrive de rêver des douceurs de la vie de bohème, comme on rêve, au coin d'un bon feu, des charmes d'une expédition au pôle nord.

Mais quand on l'a menée par nécessité, cette existence du déshérité qui lutte contre les privations de toute sorte, en attendant qu'il ait conquis sa place au soleil, on ne s'illusionne pas sur les joies qu'elle procure et on n'a point envie de la recommencer.

On s'en souvient avec un plaisir mêlé d'un peu d'orgueil, comme un soldat arrivé à l'épaulette se rappelle les souffrances et les dangers d'une campagne pénible où il a gagné son grade d'officier. Il ne s'ensuit pas qu'on la regrette.

Et pourtant, l'âge et les soucis sont venus en même temps que la fortune ; la jeunesse et la gaieté ont passé comme les mauvais jours, et elles ne reviendront plus, tandis que les mauvais jours peuvent revenir.

L'avenir se rétrécit, l'horizon s'embrume. On voit l'envers des plaisirs et le néant des choses.

C'était un peu le cas de M. Montauron, quoiqu'il eût un grand fonds de philosophie et pas la moindre tendance au pessimisme.

Peu de gens avaient plus à se louer que lui de la destinée, et il n'avait pas le mauvais goût de se plaindre, ni même de poser pour l'homme blasé qui s'ennuie de prospérer.

Ce n'était point un esprit chagrin et, d'ailleurs, il n'avait pas le temps d'être mélancolique. Les oisifs peuvent songer à ce qui leur manque, aspirer à des félicités inconnues et se forger des douleurs imaginaires.

Un financier emporté par le courant des affaires ne s'amuse pas à analyser ses sensations et à chercher, comme on dit familièrement, la petite bête.

Et il n'était guère à Paris d'homme plus absorbé par des occupations multiples que Charles Montauron.

Président du conseil d'administration et directeur actif d'une puissante compagnie ; spéculateur hardi mêlé à toutes les grandes entreprises, il se sentait à peine vivre et le loisir lui manquait pour penser.

Depuis vingt ans qu'il avait commencé sa fortune, il roulait poussé par ce vent furieux qui chasse en avant les hommes d'argent ; il obéissait à la voix qui leur crie : Marche ! marche ! tu ne t'arrêteras jamais ; tu ne peux pas t'arrêter. Tu ne te reposeras que dans la tombe.

Charles Montauron était sans un sou, sans appuis, sans relations. Ce qu'il était, il ne le devait qu'à lui-même, à son travail, à son intelligence, à la rectitude de son jugement et aussi à sa droiture en affaires, à sa rigide probité, car pour arriver il n'avait mis le pied dans aucun de ces bourbiers que ne craignent pas de traverser les gens sans scrupules.

Il avait donc bien le droit de jouir paisiblement d'une énorme fortune loyalement acquise..

Mais le repos pour cette nature ardente, c'eût été la mort. Il lui fallait la fièvre de la lutte, les poignantes émotions des batailles de la Bourse. Après avoir combattu pour sortir des rangs, pour percer, pour vaincre, il combattait maintenant pour le plaisir de combattre.

Et cependant ce financier avait un cœur, il avait aimé; il aimait encore.

Il s'était marié par amour, alors qu'il en était déjà à son troisième million, marié à trente-cinq ans, à une jeune fille qui en avait vingt-deux, et à peine cinquante mille francs de dot.

A cette heure de sa vie, il avait songé à abandonner les affaires et à se contenter d'être heureux, car il l'était : sa femme était charmante et ne l'avait pas épousé pour son argent; il lui plaisait et elle l'eût accepté s'il eût été pauvre.

C'était elle qui lui avait demandé de rester sur la brèche, non qu'elle fût avide ni ambitieuse, mais parce qu'elle comprenait que son mari lui ferait un sacrifice en renonçant au travail.

Et depuis douze ans qu'ils étaient mariés, le seul chagrin sérieux qu'elle lui eût causé, c'est qu'elle ne lui avait pas donné d'enfants.

Elle avait souffert autant que lui de ce malheur, puis, avec le temps, ils s'étaient résignés tous les deux et ils avaient arrangé leur vie définitivement.

Ils ne se rencontraient que le soir et parfois le matin à l'heure du déjeuner. La journée du mari était prise par les affaires; celle de la femme par les bonnes œuvres.

Ils n'aimaient pas ce qu'on appelle le monde; si M. Montauron donnait des dîners et recevait le vendredi, c'est que sa situation l'y obligeait, et il ne recevait guère que des hommes.

Madame Montauron n'entretenait de relations qu'avec les amis de son mari, et n'admettait aucune femme dans son intimité, quoiqu'elle connût toutes les étoiles de la haute banque, toutes celles qui ont plus de diamants que de quartiers de noblesse.

Il est vrai qu'elle n'était pas de leur race, ayant eu pour père un gentilhomme ruiné, qui prétendait descendre des ducs de Bretagne. Aurélie de Louvigné, orpheline à vingt ans, songeait à prendre le voile dans le couvent où elle avait été élevée, lorsqu'un ami de jeunesse du feu comte de Louvigné s'était mis en tête de la marier, au retour d'un voyage qu'elle venait de faire en Italie, sous la garde d'une vieille cousine, son unique parente, qui, tous les ans, passait l'hiver à Pise pour tâcher de rétablir sa santé fort délabrée. A quoi elle n'avait pas réussi, car elle était morte un mois après la noce de sa protégée.

Ce mariage n'avait pas fait de bruit. Montauron n'était alors qu'un millionnaire de fraîche date dont la notoriété ne s'étendait pas au delà d'un cercle assez restreint. Aurélie de Louvigné, restée seule au monde, fuyait l'éclat avec autant de soin que d'autres le recherchent.

Si bien que fort peu de gens connaissaient au juste l'histoire de cette union et le passé des deux époux.

On savait seulement que leurs félicités conjugales n'avaient jamais été troublées, que leurs goûts s'accordaient au moins en ce point qu'ils préféraient tous les deux la vie calme et retirée aux agitations mondaines.

Les perspicaces, ceux qui ne s'en tiennent pas aux

apparences et qui cherchent toujours à aller au fond des choses, assuraient que le bonheur du ménage Montauron n'était pas sans nuages.

Ils avaient constaté chez monsieur des symptômes de jalousie et chez madame des signes de tristesse incurable.

Jalousie mal fondée, assurément ; tristesse sans motifs ; à moins que la jalousie ne fût rétrospective et que la tristesse n'eût une cause ancienne.

Mais ces observateurs étaient peu nombreux et pas malveillants d'ailleurs, de sorte que le monde proprement dit ne s'occupait guère d'un couple qui ne donnait aucune prise à la critique.

Et en vérité, les murs de l'hôtel de l'avenue Ruysdaël auraient été de verre, que les curieux médisants n'y auraient rien vu qui valût la peine d'être colporté par les salons où on est friand de scandale.

Montauron occupait toute l'aile droite et n'y admettait que des gens d'affaires. Madame Montauron se tenait dans ses appartements de l'aile gauche et n'en sortait guère que pour descendre à la serre, qui était située du côté du mari, ou pour parcourir le jardin, qui s'étendait fort loin.

Ce n'était qu'aux heures des repas qu'ils se rencontraient sur un terrain neutre, dans la grande salle à manger du rez-de-chaussée, et ces réunions obligées n'avaient jamais lieu sans témoins.

Chez les époux de moyenne condition, le déjeuner et le dîner se passent en conversations intimes.

Les riches sont condamnés à subir la présence des domestiques.

Deux grands laquais servaient à table M. et madame Montauron, qui ne pouvaient guère parler devant eux que de sujets indifférents.

Et il était rare que monsieur eût, après le repas, une heure à consacrer aux causeries familières.

Ce hasard s'était présenté le jour où Savinien d'Amanlis était venu faire le matin sa première visite au banquier de son oncle.

Il se présenta encore le jeudi soir, la veille du jour de réception hebdomadaire à l'hôtel.

Habituellement, M. Montauron sortait en voiture, après avoir pris congé de sa femme, qui remontait chez elle, où elle ne trouvait d'autre compagnie que celle de Brigitte, une vieille gouvernante qui l'avait élevée, et qui était devenue peu à peu sa confidente et son amie.

Ce soir-là, le financier proposa une promenade dans le parc, et madame Montauron, qui redoutait la fraîcheur d'un crépuscule du mois de mai, préféra s'asseoir à côté de son mari sous la véranda d'un salon ouvert sur le jardin.

Ils étaient là tous les deux, immobiles et songeurs. La nuit tombait. Leurs gens ne pouvaient plus les entendre, et cependant ils n'avaient pas encore échangé une parole.

Madame Montauron, accoutumée aux silences de son mari, qui avait sans cesse l'esprit tendu sur de graves questions d'affaires, s'étonna un peu quand il lui dit tout à coup :

— Vous souvenez-vous, ma chère Aurélie, de la maisonnette que vous habitiez à Ville-d'Avray avec votre cousine, madame de Morvieux ?

— Comment l'aurais-je oubliée, mon ami ? s'écria madame Montauron assez surprise d'entendre son mari évoquer ce souvenir du passé. C'est là que je vous ai vu pour la première fois.

— Oui, dit lentement le banquier, c'était par une soirée toute pareille à celle-ci. Les grands bois de Ville-d'Avray commençaient à verdir. Vous reveniez d'Italie, et vous craigniez le froid encore plus qu'à présent, car vous étiez souffrante. Je vous vois encore, pâle et triste, appuyée sur le bras du baron de Trémorin, qui voulait à toute force vous obliger à faire le tour du jardinet que votre cousine avait loué pour hâter votre convalescence. Je venais de vous être présenté, et plus j'admirais vos traits charmants, plus je me sentais gauche et embarrassé.

— J'étais bien plus intimidée que vous, dit en souriant madame Montauron, car je savais pourquoi vous veniez. Je connaissais le projet de M. de Trémorin; ma cousine ne me l'avait pas caché et elle l'approuvait de toutes ses forces. C'était un véritable complot pour nous marier... et vous en étiez... seule contre trois, je devais succomber... et je me défendis bien mal. Six semaines après, j'étais votre femme.

Mais savez-vous, mon ami, que c'est bien beau à vous de vous rappeler après douze ans cette soirée qui a décidé de ma vie.

— Il me semble que c'était hier.

— Et vous n'en êtes pas encore, j'espère, à regretter ce que vous avez fait ce jour-là?

— Je vous aime comme je vous aimais alors. Le cœur ne vieillit pas.

— Non, Charles. Tout a changé pendant ces douze années, excepté le mien. Je voudrais que vous puissiez y lire. Il est plein de vous, et je me reproche souvent de ne pas vous dire tout ce que je sens... Je n'ose pas, j'ai peur que vous ne me trouviez ridicule... Songez donc que je suis une vieille femme.

— C'est moi qui suis ridicule de vous parler d'amour à mon âge... et à propos de rien. J'ai passé toute ma journée à discuter des intérêts d'argent, et voilà que, tout d'un coup, je reviens au langage de la passion, comme si j'avais toujours vingt ans.

Bouret se moquerait de moi, s'il m'entendait.

— J'espère que l'opinion de M. Bouret vous est indifférente?

— En matière de sentiment, oh! oui, tout à fait indifférente.

Bouret a une façon d'entendre la vie qui n'est pas et ne sera jamais la mienne. Il ne pense qu'à l'argent et aux satisfactions matérielles, tandis que, je vous le jure, Aurélie, si je pouvais me dégager des liens qui m'enchaînent, mon bonheur serait d'aller vivre avec vous à la campagne, loin de Paris et du tourbillon des affaires.

Malheureusement, c'est un rêve que je ne réaliserai peut-être jamais, mais je le fais bien souvent et il faut peu de chose pour que mon esprit s'envole vers un avenir impossible, à moins que ce ne soit vers le passé... vers l'heureux temps où je commençais à vous aimer.

Tenez, ce soir, ce qui m'a fait penser au chalet de Ville-d'Avray, c'est que j'ai vu ce matin M. d'Amanlis.

— M. d'Amanlis! répéta madame Montauron en cherchant à dissimuler un tressaillement nerveux. Pardon, mon ami... mais je ne vois pas quel rapport... .

— N'est-ce pas M. de Trémorin qui nous a mariés? M. d'Amanlis est le neveu de l'homme à qui je dois mon bonheur.

— C'est vrai. Mais je crois que M. d'Amanlis ne s'en doute pas.

— Non. Je ne crois pas que son oncle le lui ait dit, et je ne suis pas très surpris du silence qu'il a gardé sur nos anciennes relations. Le baron est le gentilhomme le plus discret que je connaisse et le plus réservé sur ses affaires.

Ainsi, je me suis aperçu que ce jeune Savinien d'Amanlis ignorait complètement que M. de Trémorin

14.

eût de gros intérêts au *Crédit des Provinces*, et que lui-même est un de nos actionnaires. Son oncle, qui administre sa fortune, l'a quadruplée en peu d'années et ne lui a rien dit. De sorte que le vicomte se croit pauvre.

— M. de Trémorin aura craint sans doute qu'il ne se laissât entraîner à gaspiller sa fortune.

— Oh ! je ne le blâme pas d'avoir pris ses précautions. Elles ne préserveront pas ce garçon, j'en ai peur. Mais le baron a agi très sagement. Je m'explique beaucoup moins la conduite qu'il a tenue dans d'autres occasions.

— Qu'a-t-il donc fait qui vous surprenne ?

— Vous êtes-vous jamais demandé, ma chère amie, pourquoi nous ne l'avions jamais revu depuis que nous nous sommes mariés ?

— Non..., jamais, balbutia madame Montauron.

— Comment ! vous ne vous êtes pas dit quelquefois qu'il était bien singulier qu'il ne vînt pas nous voir ?

— Mais... il habite la Bretagne..., ses intérêts l'y retiennent.

— Ses intérêts devraient au contraire l'amener souvent à Paris, puisqu'il y a placé la plus grosse part de sa fortune.

Du reste, il y est venu deux ou trois fois depuis douze ans, et ce qui me confond, c'est que sa première visite n'ait pas été pour vous.

— Je croyais que vous l'aviez reçu à chacun de ses voyages.

— Moi, oui. Il n'a pas manqué de se présenter à mon cabinet... là-bas... avenue de l'Opéra... Seulement, cela s'est trouvé chaque fois la veille de son départ... il n'avait plus le temps de dîner ici, ni même d'y mettre les pieds... C'est là, convenez-en, Aurélie, un singulier procédé.

On jurerait qu'il tenait à vous éviter, lui qui avait été le camarade de votre père, l'ami de votre cousine, lui qui s'occupait si affectueusement de vous avant votre mariage... qu'il a fait, car, sans lui, je ne vous aurais probablement jamais rencontrée.

C'est lui qui, se prévalant de nos relations d'affaires, est venu me prendre pour ainsi dire par la main et qui m'a mené chez madame de Morvieux. Que ne m'a-t-il pas dit de vous, alors ! Un père n'aurait pas loué plus chaleureusement les qualités de sa fille. Et certes vous méritiez ses éloges. Je l'ai béni bien des fois pour m'avoir donné un trésor en vous décidant à m'accepter pour mari.

Et depuis qu'il a fait notre bonheur à tous deux, il semble que vous n'existiez plus pour lui.

Comment expliquer ce revirement ?

— Je ne me l'explique pas, dit d'une voix altérée madame Montauron. Je suis sûre de n'avoir jamais rien fait qui ait pu le choquer... et je crois aussi que vous exagérez un peu, mon ami. M. de Trémorin a des bizarreries de caractère... il est très original... très particulier, vous en avez eu mainte preuve... ainsi c'est à peine si nous savions qu'il a une fille... et un neveu... sa femme ne m'a jamais donné signe de vie, ni après mon mariage, ni avant.

Mais ce qui démontre bien qu'il n'a pas contre moi de griefs sérieux, c'est qu'en envoyant ce neveu passer quelques mois à Paris, il lui a expressément recommandé de se présenter, non seulement chez M. Montauron, mais aussi chez madame.

— D'accord. Je m'étonne cependant qu'il ne vous ait pas écrit, à vous personnellement... mais ce n'est pas une raison pour que vous ne fassiez pas bon accueil au vicomte d'Amanlis, qui mérite d'ailleurs que vous vous intéressiez à lui et qui me paraît avoir grand besoin de vos conseils... et des miens.

Nous tâcherons de le marier, n'est-ce pas? Quand ce ne serait que pour payer au baron une dette de reconnaissance. Nous rendrions au neveu le bonheur que l'oncle nous a donné autrefois.

— Je le voudrais... mais ne craignez-vous pas, mon ami, de contrarier les vues de M. de Trémorin? Sa fille serait pour le vicomte d'Amanlis un parti très convenable.

— Assurément, mais elle n'aura jamais les cinq millions que Julia Fourcas possède dès à présent et qu'elle apporterait volontiers en dot au vicomte d'Amanlis.

— Je doute que Julia Fourcas plaise à ce jeune homme et que cette alliance plût à M. de Trémorin.

— A cause de l'origine de la fortune? Mon Dieu! je ne prétends pas qu'il n'y avait rien à dire contre le père, mais il est mort... et sa fille n'est pas responsable de ce qu'il a fait. Elle est jolie et bien élevée. Son tuteur désire pour elle un mari qui ait un titre. Nous pouvons bien essayer de le lui fournir. Et je suis très décidé à leur présenter demain M. d'Amanlis. Il en sera ce qu'il pourra... ou plutôt ce qu'il voudra.

Vous l'avez invitée, je pense?

— Oui, mon ami, et je crains qu'elle ne s'amuse guère à une réception d'hommes graves où elle sera seule jeune fille.

— On fera un peu de musique, par exception. Julia a une assez jolie voix. Vous l'accompagnerez... à moins que M. d'Amanlis ne s'en charge... s'il a appris le piano à Plouer, ce dont je doute un peu.

Savez-vous, ma chère Aurélie, pourquoi je serais ravi de marier ce jeune homme?

— Mais... vous venez de me le dire... par reconnaissance pour son oncle...

— Et aussi pour un autre motif. Je crains que M. d'Amanlis ne fasse ici de grosses sottises. Trémorin a voulu qu'il tâtât de la vie de Paris. J'ai peur qu'il n'en tâte beaucoup trop. Il n'y a pas huit jours qu'il est arrivé et il est déjà embarqué dans une intrigue.

— Une intrigue? répéta madame Montauron.

— Mon Dieu, oui. Avez-vous entendu ce que Bouret m'a dit l'autre jour dans la serre à propos d'un certain coffret?

— Un coffret! répéta madame Montauron d'une voix étouffée; non... je ne me souviens pas.

Elle était horriblement pâle, mais la nuit était venue tout à fait, et la véranda n'était pas encore éclairée.

Le banquier ne vit point que sa femme changeait de visage, ou, du moins, s'il le vit, il n'en témoigna rien.

— Oui, ma chère, reprit-il, en se frottant les mains. Dès le lendemain de son arrivée, il est venu déposer dans le caveau du *Crédit des Provinces* un joli coffret d'acier.

— Il me semble en effet me rappeler maintenant que M. Bouret a dit cela devant moi... mais je ne vois pas en quoi cela prouve que M. d'Amanlis est engagé dans une intrigue.

— C'est pourtant clair comme le jour. Que pensez-vous qu'il y ait dans cette cassette?

— Mais... de l'argent... ou des valeurs. Votre caveau n'a-t-il pas été construit tout exprès pour recevoir des dépôts de ce genre?

— Parfaitement. Alors vous croyez que ce jeune homme a fait des économies là-bas, et qu'au lieu de les confier à son oncle, il les a enfermées dans une cassette qu'il a apportée à Paris?

— Ne m'avez-vous pas dit qu'il était riche?

— Je vous ai dit que M. de Trémorin a très habilement et très heureusement administré la fortune de son neveu, mais ce neveu n'en sait rien. Il croit être à la tête d'un revenu de six mille francs, pas davantage. Ce revenu, il ne le dépense pas à Plouer, par l'excellente raison qu'il ne le touche pas; c'est le baron qui gère les propriétés. M. d'Amanlis lui demande de l'argent quand il en a besoin,. Donc M. d'Amanlis ne thésaurise pas. Il est venu à Paris avec une lettre de crédit sur notre maison, et la preuve qu'il ne roulait pas sur l'or, c'est que dès le lendemain de son arrivée, il s'est empressé de prendre à notre caisse une misérable somme de mille francs.

J'en conclus que le coffret contient tout autre chose que des valeurs.

— Des papiers de famille, peut-être, dit timidement madame Montauron.

— Allons donc! L'oncle Trémorin doit avoir la garde des titres et des parchemins, de même que la garde des écus. Il est à la fois caissier et archiviste.

— Alors je ne devine pas,..

— Ce qu'il y a dans ce coffret? vous n'êtes guère perspicace, ma chère Aurélie. La première Parisienne venue vous dirait tout de suite que cette cassette est bourrée de lettres.

— Comment, de lettres?

— Eh! oui, les lettres d'une femme qui est, ou a été la maîtresse du vicomte. Il tient à ces reliques d'amour, il les porte partout avec lui, et, comme les chambres d'auberge ne sont pas sûres, il a imaginé de louer une de nos cachettes pour y enfermer son trésor.

— Quoi! vraiment, vous croyez que ce jeune homme a déjà une liaison sérieuse?

— Pourquoi pas? N'a-t-il pas tout ce qu'il faut pour plaire?

— Vous oubliez, mon ami, qu'il vit dans ses terres loin du monde.

— Bon! mais il a habité Rennes,,, il s'est montré, pendant la saison, sur les plages de Saint-Malo et de Dinard..., les occasions d'être aimé de quelque baigneuse élégante ne lui ont pas manqué.

Tenez! je parierais que la dame demeure à Paris et qu'elle lui a redemandé sa correspondance. Il a peut-être fait le voyage tout exprès pour la lui rendre.

— Que d'imagination vous avez, mon cher Charles! dit en souriant madame Montauron qui avait repris peu à peu son sang-froid, après avoir eu grand'peur lorsque son mari s'était mis à parler du coffret.

Elle voyait maintenant qu'il faisait fausse route, et comme elle n'était jamais allée prendre les bains de mer en Bretagne, elle ne craignait plus d'être soupçonnée.

— De l'imagination! moi! s'écria le banquier. Les hommes d'affaires n'ont que du bon sens, et un peu de clairvoyance. Je m'aperçois que M. d'Amanlis se débat dans les filets de quelque coquette et je voudrais le marier pour l'en tirer, si c'est encore possible.

Je soupçonne d'ailleurs qu'il ne tardera guère à nous réclamer sa cassette, maintenant qu'il a de quoi la loger.

— Comment cela? Vous venez de dire vous-même que les hôtels n'étaient pas sûrs.

— M. d'Amanlis n'est plus à l'hôtel.

— Depuis quand?

— Depuis ce matin. Il s'est décidé à accepter la proposition que je lui ai faite... devant vous.

— Quoi! il est...

— Mon locataire pour six mois, oui, ma chère amie. Et il n'a pas perdu de temps pour s'installer dans son nouvel appartement. Un ami qu'il a s'est chargé de lui faire acheter, à l'hôtel des Ventes, un mobilier complet. Bouret lui a envoyé son tapissier qui est un homme expéditif. En trois jours tout a été terminé. Il couchera ce soir dans ma maison de la rue Rembrandt.

Et, en vérité, je suis charmé qu'il soit notre voisin. Je ne me propose pas de le surveiller, mais j'espère qu'il fera moins de sottises, étant pour ainsi dire sous les yeux d'un ami de son oncle.

Madame Montauron se taisait. La nouvelle que son mari venait de lui apprendre l'inquiétait et elle réfléchissait aux conséquences possibles du déménagement de Savinien d'Amanlis.

— Trémorin me saura gré de ce que j'ai fait, reprit le banquier. Son neveu a, je le crains, des dispositions à se lancer dans le monde où l'on s'amuse trop, et il est tombé en assez mauvaises mains. Ce Fougeray qui a été son camarade lui a fait gagner une centaine de mille francs à la Bourse et l'a présenté dans un cercle de troisième ordre où on joue un jeu d'enfer.

Bouret m'a raconté que, dès le premier soir, M. d'Amanlis y a perdu une forte somme contre un étranger dont la moralité est assez suspecte.

— Ah ! murmura distraitement madame Montauron.

— Mon Dieu, oui, les cercles sont pleins de messieurs qui arrivent on ne sait d'où et qui exploitent les joueurs naïfs. Celui qui a dépouillé M. d'Amanlis d'une partie de ses bénéfices se dit Suédois, et se fait appeler, à ce qu'il paraît, le comte Aparanda...

Mais... qu'avez-vous donc, ma chère... est-ce que vous êtes souffrante ?

— Non... non... ce n'est rien... un frisson causé par la fraîcheur du soir, murmura madame Montauron, qui n'avait pu dissimuler un tressaillement nerveux.

— Et moi qui vous retiens sous cette véranda ouverte à tous les vents ! s'écria le banquier en se levant vivement. Je suis impardonnable d'avoir oublié que l'air vous incommode.

Je vais sonner pour qu'on apporte de la lumière et vous reconduire dans votre appartement.

— Non, mon ami; je suis très bien ici... et j'ai si rarement le bonheur de passer une soirée avec vous!

— Je voudrais pouvoir vous consacrer celle-ci tout entière, ma chère Aurélie. Malheureusement, j'ai à présider ce soir une réunion d'actionnaires... et je vais être obligé de vous quitter.

Mais vous allez me promettre de remonter. Ces arbres donnent une humidité effroyable. C'est charmant d'avoir un jardin, mais il n'y fait pas bon, au printemps, quand le soleil est couché.

— Vous avez raison, Charles. Je vais rentrer chez moi. Brigitte me fera la lecture.

— Oh! voyez donc, ma chère, s'écria M. Montauron, voyez un des effets de la nouvelle installation de notre jeune ami! Il n'est pas encore neuf heures et il est déjà rentré. N'est-ce pas le commencement de la sagesse?

— M. d'Amanlis?... comment savez-vous?...

— Je vois de la lumière chez lui. Tenez! là-bas... au delà de la grille basse qui nous sert de clôture de ce côté... les deux fenêtres qui sont éclairées au rez-de-chaussée, à droite...

— Ah! c'est là que...

— Mais oui... l'appartement que je lui ai loué fait face au perron où nous sommes... vous savez bien que le jardin de notre hôtel est contigu au jardinet de la maison de rapport que j'ai fait bâtir, il y a trois ans, sur la rue Rembrandt.

Et M. d'Amanlis n'a qu'à se bien tenir, ajouta en riant M. Montauron. Des fenêtres de notre premier, nous pouvons voir tout ce qui se passe chez lui.

Un valet de pied que le maître avait sonné entra, portant une lampe, et l'entrée de ce domestique évita à madame Montauron l'embarras de répondre.

Son mari du reste ne songeait déjà plus à son nouveau voisin. Il avait tiré sa montre et ce geste d'homme pressé indiquait assez qu'il était en retard pour se rendre à sa réunion d'actionnaires et qu'il allait partir.

— J'ai à peine le temps d'arriver, dit-il en soupirant. Je maudis les affaires qui me forcent à sortir quand je voudrais tant rester. Dieu sait même si je serai libre de déjeuner avec vous demain matin. Depuis quelques jours, je ne m'appartiens plus. J'oublie les heures, j'oublie...

— Vous n'oublierez pas, j'espère, que nous recevons demain soir? interrompit madame Montauron en s'efforçant de sourire.

— Non, ma chère Aurélie, dit gaiement le financier, je n'en suis pas au point de perdre la tête. Et, à propos de cette soirée, j'ai une grâce à vous demander. Faites-moi donc le plaisir de mettre tous vos diamants. Je veux que vous éblouissiez le neveu du baron de Trémorin. C'est convenu, n'est-ce pas... tous vos diamants.

Et M. Montauron s'en alla, après avoir baisé la main de sa femme, qui n'eut pas la force de se lever du fauteuil où elle était assise.

— Mes diamants! murmura-t-elle. Ah! je suis perdue!

VI

Savinien avait décidément fait une bonne affaire à l'hôtel des Ventes et le tapissier de M. Bouret avait fait un tour de force.

Le mobilier acheté en bloc semblait avoir été fabriqué tout exprès pour garnir élégamment le rez-de-chaussée de la rue Rembrandt, et le tapissier n'avait demandé que deux jours pour le mettre en place.

Rien n'y manquait. Le vicomte d'Amanlis n'avait eu que sa malle à apporter.

Le maître de l'hôtel de la rue du Helder s'était chargé de recevoir les lettres qui viendraient à son adresse et de les lui envoyer tous les jours, Savinien n'ayant pas jugé à propos d'informer de son déménagement les habitants du manoir de Plouer.

Il s'était mis dans ses meubles par dépit et il comptait bien que son installation ne serait jamais que provisoire.

Pour la compléter, il lui aurait fallu un valet de chambre et Georges Fougeray s'était chargé de le fournir, mais Savinien lui avait enjoint de ne pas se presser et s'était contenté des services de son portier.

Savinien ne voulait pas d'arrangements définitifs, par

l'excellente raison qu'il était plus résolu que jamais à décamper de Paris dès qu'il en aurait fini avec ses cent mille francs et avec madame Montauron.

Il avait mis dans sa tête de rentrer à Plouer les mains nettes et l'esprit en repos, sauf à raconter à son oncle les périlleux incidents de ce voyage écourté.

Pour l'argent, il était en train de le mener rondement.

Georges ne s'était pas fait prier pour recevoir sa part, et Savinien avait déjà écorné la sienne d'une trentaine de mille francs, dont quinze mille perdus au baccarat pour payer sa bienvenue au *Diving Club*.

Il espérait que le reste ne le mènerait pas trop loin, quoiqu'il fût très décidé à se priver d'un moyen de le dépenser qui lui en aurait fait voir la fin en très peu de jours.

Anita ne demandait qu'à l'aider à en venir à bout ; et dans cette course à la ruine, une liaison avec la blonde aux yeux noirs équivalait au train rapide qui fait ses dix-huit lieues à l'heure.

Pour des motifs que sa cousine Yvonne aurait fort approuvés, Savinien aimait mieux prendre tout simplement l'express, c'est-à-dire laisser au cercle et aux courses l'argent qu'il tenait à ne pas rapporter en Bretagne.

Et à cet effet il s'était abstenu de mettre les pieds dans ce charmant hôtel du boulevard Malesherbes où la plus folle des irrégulières cherchait à l'attirer.

Il avait décliné les propositions joyeuses de son ami Georges qui ne songeait qu'à organiser des dîners avec des demoiselles, et il s'était rejeté sur la fréquentation d'Adhémar de Laffemas, qui s'était fait un plaisir d'engager des paris pour le compte de son jeune parent, en attendant qu'il lui ouvrît les portes du Jockey.

Le sage vicomte s'était privé aussi de retourner au

Diving, où cependant il aurait pu rencontrer le comte Aparanda qui s'y montrait régulièrement tous les soirs.

La présentation réciproque avait été faite à table et suivie d'une forte partie où le gentilhomme suédois avait gagné à peu près tout ce que Savinien d'Amanlis avait perdu.

Mais Savinien n'en était pas plus avancé. Le noble étranger qui l'intriguait si fort était resté boutonné jusqu'au menton, et paraissait peu disposé à se lier avec les membres d'un cercle où il ne s'était probablement fait recevoir que pour jouer.

Il n'y avait donc pas d'informations à recueillir de ce côté, et le vicomte, n'étant pas personnellement intéressé dans la question, ne pouvait guère en prendre ailleurs sans risquer de compromettre la femme imprudente qu'il désirait servir.

Aussi avait-il pris le parti de ne rien faire jusqu'à ce que madame Montauron pût lui dire clairement ce qu'elle attendait de lui.

Il se rappelait la conversation qu'il avait eue avec elle dans la serre, et il s'en rapportait à elle pour faire naître l'occasion d'une nouvelle entrevue, plus longue et surtout moins surveillée.

Il n'espérait pas que cette occasion se présentât pendant la réception du vendredi, mais il pensait que madame Montauron profiterait de cette soirée pour lui indiquer un moyen de la revoir ailleurs.

Plus il y a de monde dans un salon, et moins il est difficile, même à une maîtresse de maison, de s'isoler un instant pour échanger quelques mots avec un invité.

On était à la veille de ce vendredi qui allait remettre Savinien d'Amanlis en présence du banquier et de sa femme.

Depuis sa première et unique visite, il ne les avait

revus ni l'un ni l'autre, quoiqu'il fût devenu leur locataire.

L'obligeant et infatigable Bouret s'était chargé d'arranger avec son directeur l'affaire de la location, comme il s'était chargé d'accélérer l'emménagement.

Et, le jeudi soir, le neveu du baron de Trémorin avait pris possession de son nouvel appartement, après avoir dîné seul dans un restaurant où il était à peu près sûr de ne rencontrer que des provinciaux.

Il voulait éviter Georges, qui parlait déjà de pendre la crémaillère en mauvaise compagnie, et il se proposait de se coucher de bonne heure, après avoir écrit à son oncle une lettre dont la rédaction l'embarrassait un peu, car il s'agissait de déguiser la vérité, et cependant de ne pas mentir.

Avant de se mettre à cette tâche difficile, Savinien s'était amusé à inventorier son mobilier imprévu et à examiner son logement improvisé.

Tout était à souhait. Les meubles neufs et de bon goût, le logement commode. De sa vie, le vicomte n'avait été si bien installé.

Cela manquait de portraits de famille et d'horizons lointains, mais c'était frais et gai.

On entrait par une cour qui s'ouvrait sur la rue Rembrandt et il y avait une sortie de plain-pied sur un jardin fleuri dont le locataire du rez-de-chaussée avait la jouissance exclusive, un jardin qui n'était séparé que par une grille d'un parc immense planté d'arbres séculaires.

Savinien, peu familiarisé avec la topographie de ces régions, mit un certain temps à s'orienter, mais il arriva à se rendre un compte exact de la situation de l'immeuble où il venait de transporter son domicile.

Il reconnut que le parc aux vieux arbres était celui où il s'était promené un matin avec M. Montauron et que le splendide hôtel qui s'élevait au fond de la perspective était l'hôtel de ce puissant financier.

Et ce voisinage si immédiat lui donna à réfléchir.

Il alla s'asseoir dehors sur un banc adossé à une de ses fenêtres et il y fuma plusieurs cigares en rêvant aux dangers que courait madame Montauron et aux possibilités de la rencontrer.

— Il me semble, se disait-il, qu'il ne tiendrait qu'à elle de venir chez moi sans que personne la vît. Elle a certainement un moyen de sortir et de rentrer incognito, puisque ni son mari ni ses gens ne se sont aperçus de son excursion matinale à l'hôtel de la rue du Helder. Il lui serait encore bien plus facile de s'échapper la nuit, et pour peu qu'elle ait une clef de la grille qui sépare les deux jardins, elle n'aurait pas de peine à se procurer un tête-à-tête avec moi.

Puis, il se demanda s'il devait la désirer, cette visite nocturne d'une femme qu'il voulait bien sauver, mais avec laquelle il ne voulait pas s'embarquer dans une liaison dangereuse.

Et peu à peu, il en vint à faire son examen de conscience, à analyser les sentiments que lui inspirait madame Montauron, à interroger son cœur pour savoir s'il ne se mettrait pas de la partie.

Elle était belle encore, cette compromise, ou plutôt cette coupable, — car elle avait certainement une faute à se reprocher, — et à l'âge de Savinien, on s'expose fort à prendre feu quand on entreprend de protéger une déchue.

Il se croyait à l'abri de l'incendie; mais il ne tenait pas à s'y exposer trop souvent, et il arriva à cette conclusion, qu'il ferait sagement de se dégager le plus tôt possible de toute solidarité avec la dame.

De quoi s'agissait-il, après tout? De retirer un coffret

déposé au *Crédit des Provinces* et de le rendre à sa propriétaire.

La première de ces deux opérations était très simple ; c'était à madame Montauron de faciliter la seconde.

Savinien n'avait pas besoin de savoir ce que contenait ce coffret, pas plus qu'il n'était intéressé à se renseigner sur le comte Aparanda.

Que lui importait, après tout, que ce Suédois fût ou ne fût pas l'amant de madame Montauron ? Tout au plus était-il tenu d'apprendre à la dame que ce personnage paraissait vouloir se fixer à Paris, et qu'au *Diving Club* elle pourrait se procurer son adresse.

Quand Savinien rentra, après une longue station en plein air, il était décidé à ne plus se mettre martel en tête et à mener tambour battant le dénouement d'un imbroglio périlleux.

Le moment était bien choisi pour écrire à son oncle et en même temps à Yvonne, qui savait lire entre les lignes.

Il trouva sa lampe allumée et le papier préparé.

Le portier avait tenu à prouver, dès le premier jour, qu'il ferait le service tout aussi bien qu'un valet de chambre.

Savinien prit place devant la table, traça d'une main ferme les trois mots obligés, « Mon cher oncle », et s'arrêta là.

Les idées ne lui venaient pas.

Savinien n'était pas ce qu'on appelle un styliste ; mais il écrivait assez facilement, et d'ordinaire, quand il s'agissait de rédiger une épître à son oncle, il n'était pas du tout embarrassé.

M. de Trémorin, qui était un homme de bon sens, n'exigeait pas qu'il tournât de belles phrases, ni qu'il se confondît en respects. Il ne lui demandait que d'être clair et sincère, et il poussait l'amour de la franchise à ce point que, le jour de la séparation, il lui avait recommandé de ne rien lui cacher, pas même les aventures galantes, s'engageant d'ailleurs sur l'honneur à ne pas raconter à sa fille Yvonne les fredaines de son neveu.

Et pourtant, ce soir-là, pour la première fois, la plume de Savinien, au lieu de courir sur le papier, restait immobile entre ses doigts.

Ce n'était pas qu'il n'eût rien à dire. Au contraire, il aurait pu écrire dix pages, s'il avait voulu seulement exposer sa situation et surtout l'expliquer.

Avouer ses bénéfices à la Bourse et sa perte au *Diving Club*, la difficulté n'était pas là.

Le châtelain de Plouer n'avait pas toujours habité ses terres; Savinien supposait qu'il avait eu une jeunesse assez orageuse et savait pertinemment qu'il avait gardé de ce temps-là un grand fonds d'indulgence pour les écarts des autres.

Et dans sa dernière lettre, cet oncle comme on en voit peu, conseillait au vicomte d'Amanlis de ne pas mener à Paris une existence de cuistre, — c'était le mot dont il s'était servi pour le détourner des exagérations de sagesse.

Il ne pouvait pas trouver mauvais que le vicomte dépensât lestement le produit d'une de ces aubaines qu'un gentilhomme ne recherche pas, mais dont il lui est permis de profiter lorsqu'elles lui arrivent.

Probablement même le baron n'aurait pas blâmé l'achat des meubles et l'installation dans un élégant rez-de-chaussée de la rue Rembrandt, où toutes les maisons furent construites pour loger des gens riches.

Savinien devait rester six mois à Paris. Il ne lui était pas défendu de s'y établir sur un pied convenable, au lieu de rester à l'auberge.

15.

Donc, toutes ces confidences, Savinien aurait très bien pu les faire à son oncle sans le fâcher.

Mais il n'y avait vraiment pas moyen de lui parler de sa singulière histoire avec madame Montauron, et comme cette histoire se rattachait à tous les autres incidents de ses débuts à Paris, il n'était pas un de ces incidents sur lequel il pût dire à M. de Trémorin la vérité sans réticences.

Il fallait cependant bien lui écrire une longue lettre. Il la lui promettait depuis quatre jours et il ne trouvait jamais que le temps de trousser à la hâte un billet laconique où les expressions de tendresse et les souhaits affectueux remplaçaient les détails absents.

L'heure était venue de s'exécuter et, d'autre part, Savinien avait bien envie d'essayer d'obtenir de son oncle quelques indications sur le passé de madame Montauron, sur ses rapports anciens avec le dit oncle qui, disait-elle, l'avait mariée.

La question n'était pas commode à aborder et assez délicate à traiter ; mais, en prenant des voies détournées, il n'était pas impossible de la présenter sans mettre en défiance M. de Trémorin.

Et Savinien avait assez d'esprit et de tact pour mener à bien cette tentative quelque peu hasardée.

Le moment, au surplus, était on ne peut mieux choisi pour tourner à loisir une lettre dont il voulait peser tous les termes.

Il avait fermé sa fenêtre qui donnait sur le jardin. Le portier qui lui servait provisoirement de valet de chambre était trop bien stylé pour se permettre de venir le déranger.

Autour de lui, silence profond. La maison n'était habitée que par des gens paisibles, et à dix heures du soir, dans la rue Rembrandt, les voitures ne roulent guère, à moins qu'il n'y ait réception dans un des hôtels du voisinage.

L'appartement, d'ailleurs, était entre cour et jardin et les bruits du dehors n'y pénétraient pas.

Cet appartement se composait de quatre pièces comme l'avait annoncé M. Bouret, quatre pièces sans compter l'antichambre, où on entrait par une porte qui s'ouvrait sur un large corridor allant de la cour au jardin : une salle à manger contiguë à un salon-fumoir ; et plus loin, un cabinet de toilette contigu à la chambre à coucher.

La salle à manger précédait le cabinet de toilette, en tout, deux fenêtres sur la cour ; le fumoir précédait la chambre, en tout, deux fenêtres sur le jardin, dont une de plain-pied, celle du fumoir, où Savinien venait de s'établir pour écrire à son oncle.

Et toutes ces pièces communiquaient entre elles, sans se commander.

On pouvait faire le tour de l'appartement sans passer deux fois par la même porte, sauf la porte d'entrée s'ouvrant sur le corridor, attendu que de l'antichambre on pouvait à volonté aller directement dans la salle à manger ou dans le fumoir.

L'architecte breton qui avait édifié jadis le manoir de Plouer ne s'était pas donné tant de peine pour aménager l'intérieur de cette demeure féodale, et Savinien trouvait qu'on était décidément mieux logé dans les bâtisses parisiennes, qui ne durent pas quatre siècles, mais qui sont faites à souhait pour la commodité de leurs habitants.

Il se surprenait à s'y plaire et à se féliciter d'avoir abandonné son campement de la rue du Helder où on n'était pas à l'abri de certaines incursions désagréables.

— Ici, du moins, pensait-il, les maris jaloux ne m'envahiront pas.

Et après avoir longtemps cherché son commencement, il finit par accoucher de cette phrase préparatoire :

« Mon cher oncle, si je ne vous écris pas aussi souvent que je le voudrais, prenez-vous-en à l'accueil empressé que m'ont fait, en souvenir de vous, nos parents et vos amis. Je ne sais auquel entendre et mon temps se passe à faire des visites et à en recevoir. »

— Ce n'est pas tout à fait exact, murmura le neveu, mais je ne mens qu'à moitié, car s'il ne m'avait pas adressé à M. Montauron, j'aurais eu du loisir à n'en savoir que faire. Depuis mon arrivée, je ne suis occupé que de monsieur... et surtout de madame.

Et revenant à sa laborieuse rédaction, il écrivit :

« La vicomtesse de Londinières, qui est une Trémorin, voudrait m'avoir à dîner trois fois par semaine, à seule fin de me présenter à toute sa parenté du faubourg Saint-Germain, mais je m'en défends, parce qu'elle m'a déclaré qu'elle voulait à toute force me conjoindre à une héritière. Il paraît qu'elle en a toujours quelques-unes à caser. Je ne doute pas de leurs mérites, mais j'ai mis dans ma tête de me marier dans la vieille église de Plouer, et ces demoiselles trouveraient sans doute que c'est trop loin. »

— Cette fois, je dis ce que je pense, et j'espère bien que mon oncle lira ce passage à Yvonne.

Allons! encore un hors-d'œuvre avant d'arriver, par une transition adroite, au couple Montauron :

« Mon cousin Adhémar de Laffemas ne songe pas à me marier, pas plus qu'à se marier lui-même, mais il n'est sorte de prévenances qu'il n'ait pour moi. Il est très lancé dans le monde le plus élégant et il ne tiendrait qu'à moi de l'y suivre, car si je le laissais faire, nous ne nous quitterions pas. Mais contre lui aussi, je me défends, et pour cause. Je tiens à ma terre et je serais vite réduit à la vendre si j'écoutais ses conseils. »

— S'il savait que j'ai gagné, le lendemain de mon arrivée, de quoi acheter une jolie ferme, mon oncle admirerait ma prudence.

Mais il ne s'agit pas de cela. Attaquons la grande question.

« Que vous dirai-je maintenant de la réception qui m'attendait chez M. Montauron, votre banquier ? Il ne m'aurait pas mieux traité si j'avais été le plus gros actionnaire de ce *Crédit des Provinces* qu'il administre, et qui est tenu comme un ministère. Quand on y entre, dans ce grandiose établissement, il semble qu'on n'ait qu'un mot à dire pour en sortir millionnaire. Et je serais presque tenté de croire que, si je l'en priais, M. Montauron ferait ma fortune au lieu de m'aider à me ruiner comme le cousin Adhémar.

« Ce puissant capitaliste m'a accablé d'offres de service et m'a présenté à sa femme, qui est charmante. Elle m'a très gracieusement accueilli, et je me l'explique un peu, car elle m'a dit, à ma grande surprise, que c'est vous qui l'avez mariée. J'avoue que je ne m'en doutais pas, car avant ce voyage, vous ne m'aviez jamais parlé d'elle.

« Et à ce propos, mon cher oncle, je voudrais bien savoir... vous allez dire que je suis trop curieux, mais tant pis... je voudrais bien savoir son nom de demoiselle, et naturellement je n'ai pas osé le lui demander. »

Savinien en était là, quand un léger bruit lui fit lever la tête. Il lui avait semblé entendre le craquement sec d'une grille qu'on ferme.

Il regarda du côté de la fenêtre ; il ne vit rien, et il se remit à la besogne, mais la phrase suivante fut lente à venir :

« Serait-elle votre parente? écrivit-il après réflexion. Vous m'avez dit qu'elle était très bien née, et il suffit de la voir pour reconnaître qu'elle n'est pas du même monde que son mari. Comment ce mariage s'est-il donc fait? J'avoue que je me suis posé cette question et que... »

A ce moment, on frappa trois coups contre les vitres de la porte-fenêtre qui donnait sur le jardin, trois coups précipités comme un appel de détresse.

Cette fois, Savinien ne se contenta pas de tourner la tête. Il se leva brusquement et il courut à la fenêtre, laissant là sa lettre commencée et jetant sa plume sur la table.

Du premier coup d'œil, il avait vu se dessiner derrière les vitres la silhouette d'une femme, et aussitôt il s'était dit qu'une femme arrivant de ce côté ne pouvait venir que de l'hôtel du banquier.

Que lui apportait-elle ? Un message peut-être, une réponse à la question qu'il adressait à son oncle.

Le proverbe : Quand on parle du loup... s'applique aux lettres qu'on écrit aussi bien qu'aux conversations qu'on tient.

Ces pensées traversèrent en moins d'une seconde la cervelle de Savinien, et il ne fut pas trop surpris, lorsque, après avoir ouvert, il reconnut la personne qui frappait.

Il venait de se rappeler que madame Montauron lui avait parlé d'une communication entre son parc et le jardinet de la maison de la rue Rembrandt.

— Vous, madame ! s'écria-t-il, en s'effaçant pour la laisser passer.

— Vous êtes seul, n'est-ce pas ? dit-elle d'une voix étouffée.

— Oui, certes, et je n'attends personne ; mais... ne craignez-vous pas que votre mari...

— Mon mari n'est pas à l'hôtel... Il vient de me quitter, et je ne le verrai pas ce soir.

— Et vos gens?

— Je puis sortir et rentrer sans les rencontrer. Il y a un escalier qui conduit directement de mon appartement dans le parc, et dont j'ai seule la clef... comme j'ai la clef de la grille qui sépare notre jardin du vôtre. Le concierge de la maison que vous habitez a sa loge sur la cour et, pour regagner l'hôtel, je prendrai le chemin par lequel je suis venue.

Pendant que madame Montauron parlait, le vicomte d'Amanlis, médiocrement rassuré, fermait avec soin la porte-fenêtre et laissait tomber les rideaux.

Sage précaution, s'il en fut, car on devait apercevoir de fort loin la lumière de sa lampe et quelqu'un qui serait venu à pas de loup regarder à travers les vitres, aurait pu reconnaître fort bien la femme du banquier.

Elle s'était assise sans qu'il l'en priât et elle n'attendit pas qu'il l'interrogeât.

— Pardonnez-moi, commença-t-elle, pardonnez-moi de recourir à vous encore une fois, ce sera la dernière. Le danger que je cours est aussi grand... plus grand peut-être, que le jour où vous m'avez sauvée... mais, du moins, vous n'aurez pas à vous exposer pour le conjurer... ni même à vous compromettre.

Savinien s'inclina sans répondre.

Cette ouverture le laissait froid. Il trouvait qu'il s'était déjà bien assez compromis et qu'il était temps que les sauvetages eussent une fin.

Cependant, il ne pouvait guère refuser de compléter son œuvre charitable, mais, avant de s'engager, il voulait savoir de quelle nature était le service que la dame allait lui demander.

Il voulait voir surtout si elle allait être franche et se décider à lui dire la vraie vérité.

C'était assez de mystères et d'équivoques. Si elle avait confiance en lui, madame Montauron pouvait bien apprendre au neveu de M. de Trémorin ce qu'elle avait à démêler avec l'étranger de l'hôtel du Helder, et aussi ce que contenait le fameux coffret qui jouait un rôle si important dans cette intrigue compliquée.

— Vous n'avez pas oublié, lui dit-elle avec émotion, l'entretien que nous avons eu ensemble dans la serre, et que mon mari est venu interrompre ?

— Non, madame, répondit Savirien, et depuis ce jour-là, j'espérais que vous me feriez connaître ce que vous attendiez de moi. Je ne pouvais pas agir sans vous avoir revue, et ne recevant de vous aucune communication, je pensais que demain soir, dans votre salon, où je comptais me présenter, vous me donneriez vos instructions au sujet de ce coffret.

— Demain soir, il serait trop tard. C'est parce qu'il serait trop tard que je suis venue.

— Trop tard ? répéta le vicomte, en soulignant le point d'interrogation.

— Oui ; il faut que j'aie le coffret demain dans la journée. Si je ne l'avais pas, mon mari saurait, à n'en pas douter, que je vous l'ai remis.

— Comment le saurait-il demain, plutôt qu'aujourd'hui, plutôt qu'hier ? En quoi la situation est-elle changée ? Est-ce que M. Montauron a des soupçons ?

— Il y a une heure, je ne croyais pas qu'il en eût. Maintenant, je suis certaine que les sots propos de M. Bouret ont réveillé sa défiance.

Vous étiez là quand cet homme que je déteste a minutieusement décrit la boîte d'acier que vous avez déposée au *Crédit des Provinces*.

— Je m'en souviens... et il m'a paru qu'il aurait pu s'abstenir de cette indiscrétion... Ses fonctions l'obligent à garder le secret sur les dépôts qu'il reçoit...

— Et il a été jusqu'à désigner le numéro de la case qu'on vous a louée. L'a-t-il fait avec intention ? Je n'en serais pas surprise, car il ne me veut aucun bien. Mais, quoi qu'il en soit, M. Montauron n'a pas perdu un mot de ses discours.

— Et ce coffret... M. Montauron l'aurait-il reconnu à la description que son associé en a faite en sa présence ?

— Peut-être, M. Montauron a dû voir chez moi cette cassette qui m'appartenait avant mon mariage... et il n'a pas dû oublier que la femme qu'il a poursuivie jusque dans l'hôtel de la rue du Helder tenait à la main un objet de la même dimension que...

— C'est probable, en effet, murmura Savinien d'Amanlis en hochant la tête. Il me semble cependant que si cette idée lui est venue, il ne s'y est pas arrêté... car il ne tenait qu'à lui de vous demander, sous un prétexte quelconque, de lui montrer votre coffret.

— Et il ne me l'a pas demandé. Il s'est même abstenu d'entrer chez moi depuis le jour de votre visite. Je me flattais qu'il n'avait pas fait attention au bavardage de M. Bouret et je pensais pouvoir demain, pendant cette réception à laquelle vous m'aviez promis d'assister, vous indiquer le moyen de me remettre, sans danger pour vous et pour moi, cette malheureuse cassette.

Mais, à présent, je ne puis plus m'illusionner sur les dispositions d'esprit où les confidences imprudentes de M. Bouret ont mis mon mari.

— Que s'est-il donc passé ?

— Tout à l'heure, avant de sortir, M. Montauron, qui avait dîné en tête-à-tête avec moi, m'a proposé une promenade dans le jardin. J'ai préféré m'asseoir sous une véranda qui fait face à la maison que vous habitez. On voit de là les fenêtres de votre appartement.

Il avait renvoyé les domestiques et nous étions seuls. Il a profité de ce moment pour amener la conversation sur un sujet qu'il n'aborde jamais. Il m'a parlé de notre mariage, de notre première entrevue, il y a douze ans... il m'en a parlé sur un ton affectueux... presque sentimental, qui m'a beaucoup surprise, car il ne lui est pas habituel.

Puis, il en est venu à parler de votre oncle et de vous. C'était assez naturel, mais il a mis une insistance singulière à me prier de vous présenter à une jeune fille qui vous conviendrait, prétend-il.

— Je lui ai déclaré l'autre jour que je n'étais pas venu à Paris pour me marier. Et je m'étonne qu'il tienne à ce projet.

— Il m'a paru qu'il le remettait sur le tapis pour savoir ce que j'en pensais... et aussi pour en arriver, par une transition préméditée, à me dire que ce mariage viendrait fort à propos pour vous tirer d'une intrigue où vous vous étiez engagé.

— Une... intrigue?

— Une liaison avec une femme. Et c'est alors qu'il a entamé des attaques plus directes... C'est alors qu'il m'a dit que le coffret devait contenir des lettres de cette femme... une femme mariée sans doute.

Etait-ce une épreuve? voulait-il me tendre un piège? Espérait-il que j'allais me troubler? Je l'ai pensé un instant, mais je n'ai pas eu de peine à conserver mon sang-froid, car ses soupçons portaient à faux, et je lui ai répondu de façon à les dissiper.

Alors, il m'a annoncé que sans doute vous ne tarderiez guère à retirer ce coffret... vous voyez qu'il y revenait sans cesse... que vous n'étiez plus à l'auberge, et qu'ayant pris possession d'un appartement où la correspondance de votre maîtresse serait aussi en sûreté que dans le caveau du *Crédit des Provinces*, vous ne manqueriez pas de venir bientôt la reprendre.

— Il est étrange qu'il s'occupe tant de moi, mais enfin, madame, cela ne prouve pas qu'il ait deviné la vérité. Il sait fort bien que je ne vous connaissais pas avant d'arriver à Paris... il ne peut donc pas croire que ces lettres sont de vous.

— Il croit que le coffret m'appartient. Et voici ce qu'il a imaginé pour s'assurer qu'il ne se trompe pas.

Nous recevons tous les vendredis, et pour ces réceptions où il ne vient guère que des hommes, je ne me pare pas comme pour un bal.

Eh bien, en me quittant, mon mari m'a dit d'un ton qui n'admettait pas de réplique : Je veux que demain soir, vous portiez vos diamants... tous vos diamants.

Il a dit cela parce qu'il sait que je les serre dans un coffret à bijoux tout pareil à celui dont la description lui a été donnée par M. Bouret.

— Vos diamants ! s'écria le vicomte d'Amanlis ; vous apportiez vos diamants à cet étranger qui logeait au-dessus de moi, à l'hôtel !

— A lui, non, dit vivement madame Montauron.

— A qui donc, alors ? demanda Savinien. Vous m'aviez prié de lui remettre ce coffret.

— Et ce coffret contient mes diamants, c'est vrai.

— Vous en convenez. Ah ! madame, si j'avais su... je vous prie de croire que je m'en serais débarrassé à tout prix... je l'aurais jeté dans la rue plutôt que de le garder.

— Pourquoi ?

— Comment ! vous ne comprenez pas que si votre mari venait à connaître la vérité, je serais déshonoré ?

— Déshonoré ! vous ?

— Sans doute. Un homme qui reçoit de l'argent d'une femme est un misérable, et vos diamants valent beaucoup d'argent, je pense.

— Deux cent mille francs.

— Et vous n'avez pas songé à la situation affreuse dans laquelle vous me mettriez, si ce coffret tombait entre les mains de M. Montauron ?

— Vous vous trompez, monsieur. Quoi qu'il arrivât, jamais mon mari n'accuserait d'une vilenie le vicomte d'Amanlis.

— Il m'accuserait, tout au moins, de m'être fait le complice d'un acte... que je ne veux pas qualifier.

Ils ne vous appartiennent pas en propre, ces diamants, puisque vous êtes mariée..., pas plus que votre hôtel... pas plus que votre fortune... Tout cela est à votre mari autant qu'à vous.

Et l'étranger qui accepte une portion de cette fortune...

— Qui vous a dit qu'elle lui fût destinée ?

— Expliquez-moi donc votre conduite, si vous voulez que je l'excuse.

— Je pourrais vous répondre que vous n'avez pas à la juger, dit madame Montauron d'un air qui donna à réfléchir au neveu du baron de Trémorin, que vous n'avez pas le droit de me condamner avant de m'avoir entendue, et qu'un gentilhomme ne doit jamais chercher à pénétrer le secret d'une femme.

J'aime mieux vous supplier de me sauver encore une fois.

— Qu'attendez-vous donc de moi ?

— Rien que de très simple. Je viens de vous dire que mon mari exigeait que je misse demain tous mes diamants. S'il exige cela, c'est qu'il me soupçonne d'en avoir disposé, car il ne s'occupe jamais de ma toilette, et je ne les ai pas portés dix fois depuis que je suis sa femme.

Il est bon, d'ailleurs, que vous le sachiez, ces diamants sont ma propriété personnelle. Je les ai trouvés dans ma corbeille de mariage, et M. Montauron m'a dit souvent que je pouvais en faire ce qu'il me plairait.

— Il ne prévoyait pas l'usage que vous en avez fait, dit froidement Savinien.

— Non, monsieur. Mais moi j'ai toujours prévu qu'un jour viendrait où il me faudrait les vendre... et si vous saviez dans quel but je songeais à les convertir en argent, vous n'auriez pas le courage de me blâmer... les vendre à l'insu de mon mari, je l'avoue... et pour qu'il ne s'aperçût pas de leur disparition, j'avais résolu de les remplacer par des pierres fausses. On imite aujourd'hui les diamants avec une rare perfection, et il ne s'agissait que de confier pendant quelques jours mes parures à un habile ouvrier pour qu'il m'en fabriquât de toutes pareilles.

Le temps m'a manqué pour exécuter ce projet. J'ai été surprise par un événement... inattendu. Et je n'ai pas hésité... Je ne pouvais pas hésiter. Vous savez ce que j'ai fait et par quelle fatalité le coffret que j'ai été forcée de vous laisser se trouve aujourd'hui dans le caveau du *Crédit des Provinces.*

Tout n'est pas perdu, puisque vous pouvez l'en retirer, et je viens vous demander de me le rendre.

— Je suis prêt à faire ce qu'il faut pour cela. Je puis me présenter demain à la maison de banque et reprendre le dépôt que je lui ai confié. Cela ne souffrira, je pense, aucune difficulté et si vous voulez bien m'expliquer comment je dois m'y prendre pour vous le remettre...

— Une femme qui m'a élevée et qui ne m'a jamais quittée depuis mon enfance viendra chez vous demain à trois heures. Elle se nomme Brigitte, et pour que vous la reconnaissiez, elle vous apportera une lettre de moi. Vous pouvez lui confier le coffret.

— Parfaitement ! s'écria Savinien, heureux d'en être quitte à si bon marché... Comptez sur moi, madame, et...

— Je vous remercie, monsieur, dit madame Montauron avec une émotion contenue. Je n'attendais pas moins de vous, et j'espère que bientôt je pourrai vous prouver que votre oncle vous approuverait de me secourir dans l'effroyable crise que je traverse. L'heure n'est pas venue de vous parler de mon passé... quand vous le connaîtrez, vous m'absoudrez peut-être.

Mais, en ce moment, il faut que je vous montre un danger auquel vous ne songez pas sans doute, en vous proposant d'aller chercher le coffret.

Ne craignez-vous pas, quand vous vous présenterez au *Crédit des Provinces*, d'avoir affaire à M. Bouret ?

— Non, madame. C'est tout à fait par exception qu'il m'a conduit lui-même, lorsque je suis venu déposer. Il voulait me faire les honneurs de la maison. Mais, dans la pratique ordinaire, les déposants s'adressent à un employé subalterne et descendent seuls dans le caveau. Ils n'y rencontrent qu'un gardien qui veille à l'entrée et qui ne s'occupe pas de ce qu'ils y font.

— Ah ! vous me rassurez, monsieur. Je redoutais une nouvelle indiscrétion de cet homme qui, par ses bavardages, a réveillé les soupçons de mon mari.

Ainsi, demain à trois heures...

— J'attendrai votre messagère et elle ne s'en ira pas les mains vides, car je passerai au *Crédit des Provinces* dans la matinée.

— Oui... le matin, mon mari n'y va jamais, murmura madame Montauron.

Et cette réflexion répondait évidemment à une question inquiétante qu'elle venait de se poser à elle-même.

Savinien se taisait. Il espérait que l'entrevue touchait à son terme, et il n'en était pas fâché, car il se sentait gêné, quoi qu'il fît pour s'en défendre. La présence de madame Montauron le troublait à ce point qu'il évitait de la regarder de peur de se laisser aller à l'admirer trop.

Et il se rappelait que leur premier tête-à-tête avait été interrompu d'une façon désagréable.

Assurément, la situation avait changé de face depuis la scène de la rue du Helder, mais si M. Montauron s'était remis à soupçonner sa femme, il devait soupçonner aussi le vicomte d'Amanlis, et rien ne prouvait qu'il ne serait pas tenté de les épier tous les deux.

Le chemin que madame avait pris pour venir chez Savinien, monsieur pouvait le prendre après elle, et alors c'eût été bien pis qu'à l'auberge, car dans la maison de la rue Rembrandt, monsieur était chez lui.

Plus de secours à attendre d'un hôtelier complaisant, plus de fuite possible par une porte de derrière, puisque la fugitive aurait dû passer sous les yeux d'un concierge dévoué au mari.

Tout cela n'était pas rassurant.

— Monsieur, dit la dame après un assez long silence, je vous jure que vous saurez un jour, — bientôt peut-être, — pourquoi je tiens à revoir le... la personne qui habitait le même hôtel que vous...

— Vous ne pensez pas que je vous y aiderai, répliqua Savinien, étonné et encore plus choqué de ce retour à une histoire qu'il aurait voulu oublier pour l'honneur de madame Montauron.

— Vous m'avez dit que cette personne était encore à Paris... que vous l'aviez rencontrée... et mon mari m'a appris ce soir qu'un étranger qui fait partie d'un cercle où vous avez été reçu il y a peu de jours, vous a gagné de l'argent au jeu... M. Montauron tient ce renseignement de M. Bouret... Il ne connaît pas cet étranger, mais il sait son nom...

— Il s'agit sans doute du comte Aparanda, interrompit Savinien avec impatience. Il est, en effet, du même cercle que moi, et j'ai perdu contre lui une assez forte somme. Mais je ne le connais pas autrement et je n'ai nulle envie de le connaître davantage.

— Vous pouvez du moins savoir où il demeure maintenant.

Le comte d'Amanlis fit un haut-le-corps significatif et se tut. Autant eût valu répondre : Pour qui me prenez-vous, de me demander l'adresse de votre amant ?

Madame Montauron comprit.

— Pardonnez-moi, monsieur, dit-elle avec émotion. J'ai blessé votre fierté et je sens que j'ai dû la blesser. Mais je souffre de tels tourments que vous serez plus indulgent, j'en suis sûre, lorsque vous saurez pourquoi je tiens à revoir le comte Aparanda.

Je vais vous l'apprendre... je vais vous faire le douloureux récit de ma vie... et si après l'avoir entendu, vous doutiez encore de ma sincérité, M. de Trémorin, votre oncle, pourrait vous assurer que je ne mens pas.

J'étais la fille de son meilleur ami, et j'avais vingt ans lorsqu'il résolut de me retirer de l'abîme où j'étais tombée...

Madame Montauron s'arrêta en s'apercevant que Savinien ne l'écoutait plus.

Savinien prêtait l'oreille à des bruits qui paraissaient venir du corridor.

On marchait ou plutôt on piétinait, on parlait haut, et tout ce tapage se faisait à la porte de son appartement.

— Entendez-vous ? demanda Savinien.

Madame Montauron ne répondit pas. Elle prêtait l'oreille aussi et elle pâlissait à vue d'œil.

— Si c'était... non... il me semble que je distingue plusieurs voix... votre mari viendrait seul... à moins que...

— Et il ne viendrait pas de ce côté, murmura la dame.

Le cousin d'Yvonne cherchait à se rassurer, mais il n'y réussissait guère. Une idée terrible dominait tous ses raisonnements.

M. Montauron pouvait fort bien avoir épié sa femme qui le croyait sorti, l'avoir vue ouvrir la grille, et être allé aussitôt requérir un commissaire de police pour constater le flagrant délit.

Et le pauvre vicomte envisageait déjà toutes les conséquences de cet esclandre.

— Ils sont au moins trois, pensait-il; le mari, le commissaire, et... le concierge, qui doit être à la dévotion du mari et qu'ils auront sommé de leur prêter main-forte.

Je suis étonné seulement qu'ils fassent tant de bruit... Quand on veut surprendre les gens, on ne crie pas si fort.

— Il me semble qu'il y a une femme, dit madame Montauron.

— Une femme!... C'est impossible... et cependant, cette voix criarde qui domine les autres...

— Elle rit aux éclats...

— C'est vrai... et cela me rassure... ce n'est pas vous que ces gens-là cherchent... ce sont sans doute des voisins qui ont trop bien dîné et qui rentrent en joyeuse compagnie.

— Ils ne s'arrêteraient pas à votre porte... et d'ailleurs, la maison n'est habitée que par des gens mariés.

— Ce n'est pas une raison.... et tenez! ils se taisent...

les pas s'éloignent, murmura Savinien qui, pour mieux écouter, avait entrebâillé la porte de l'antichambre.

— On dirait qu'ils se dirigent vers le jardin... le corridor y aboutit...

Un vigoureux coup de sonnette coupa court à ce dialogue.

Cette fois, il n'y avait plus à en douter. C'était bien le vicomte d'Amanlis que ces indiscrets visiteurs venaient déranger à une heure indue.

— Ne craignez rien, dit-il, je n'ouvrirai pas.

On sonna plus fort, et un organe très mâle lança cet appel :

— Savinien, ouvre-nous, cher ami. Je sais que tu es chez toi.

Savinien fit un geste de colère, mais sa figure s'éclaircit. Il avait reconnu la voix et il savait à qui il avait affaire.

— Rassurez-vous, madame, dit-il tout bas, M. Montauron n'est pour rien dans cette algarade.

— Qui est-ce? demanda la dame qui se remettait peu à peu de sa frayeur.

— Un ancien camarade à moi, Georges Fougeray.

— Mon Dieu! Il connaît mon mari... il me connaît... que vient-il faire ici?... qui sait s'il n'a pas deviné que j'y suis?...

— Comment l'aurait-il deviné?... je ne prévoyais pas moi-même que vous viendriez.

— Alors, que veut-il donc?

— Je suppose qu'il est ivre et qu'il cherche un compagnon pour finir sa nuit comme il l'a commencée... mais il ne me trouvera pas.

— Je te préviens que nous ne bougerons pas d'ici jusqu'à ce que tu nous aies ouvert, reprit la voix. Nous coucherons, s'il le faut, sur le pavé de ton corridor.

— Porte, s'il vous plaît ! cria un autre tapageur en imitant l'intonation des cochers de maîtres qui, en rentrant le soir, appellent le concierge du haut de leur siège.

— Sa-vi-nien ! Sa-vi-nien ! glapit la femme sur l'air des lampions.

— Les misérables finiront par mettre sur pied tous les habitants de la maison, murmura le vicomte.

Il était consterné, et il ne savait quel parti prendre.

— Vous ne réussirez pas à les chasser, dit madame Montauron, moins troublée que lui depuis qu'elle ne redoutait plus une scène pareille à celle de l'hôtel de la rue du Helder. Mieux vaut que vous les receviez quand je serai partie. Je puis rentrer par le parc, sans qu'ils me voient.

— Oui... c'est, je crois, la seule façon de leur échapper... il ne s'agit que d'ouvrir la fenêtre qui donne de plain-pied sur le jardin... je la refermerai avant de les recevoir et ils ne s'apercevront de rien...

— Répondez-leur maintenant, et parlementez à travers la porte pour les retenir pendant que je fuirai.

La sonnette fut remise en branle avec une violence inouïe, et le carillon infernal ne s'arrêta plus.

— Qui êtes-vous ? qu'est-ce que vous me voulez ? cria Savinien, assez haut pour que les sonneurs l'entendissent.

— Adieu, monsieur... demain, à trois heures, Brigitte se présentera chez vous, murmura madame Montauron en se rapprochant tout doucement de la fenêtre.

— Vous pouvez compter que je lui remettrai le coffret... mais partez, madame... partez vite.

— Ne fais donc pas l'innocent, répondit du dehors Georges Fougeray. Tu as bien reconnu ma voix et tu te doutes bien que je t'amène des amis des deux sexes que tu seras charmé de recevoir. Ouvre-nous : tu ne t'en repentiras pas. Nous venons te chercher pour une partie qui t'amusera.

— Va-t-en au diable avec ta partie ! Je tombe de sommeil et je veux dormir. C'est bien assez que tu m'aies dérangé au moment où j'allais me coucher.

— Ce n'est pas une raison pour nous laisser à la porte. Ouvre-nous, te dis-je ; tu te coucheras, si tu y tiens, et nous te bercerons.

— Merci... je n'ai pas besoin qu'on me berce... Allez vous coucher vous-mêmes !... C'est ce que vous avez de mieux à faire, car vous êtes tous gris comme des Polonais...

Tout en ripostant ainsi pour gagner du temps, Savinien suivait des yeux madame Montauron qui avait traversé le fumoir et qui n'avait plus qu'à soulever les rideaux pour mettre la main sur l'espagnolette.

Tout à coup, il la vit reculer vivement et revenir à lui, le visage bouleversé.

— On a frappé aux carreaux, dit-elle d'une voix défaillante. Je suis perdue... il y a quelqu'un dans le jardin.

Un instant, le vicomte crut qu'un nouveau danger venait de surgir et que M. Montauron allait entrer en scène pour couper la retraite à sa femme.

Mais Georges se mit à crier :

— Tu es cerné, mon cher. J'ai mis un factionnaire sous ta fenêtre. Ainsi, n'essaie pas de filer de ce côté-là.

— C'est un de ces drôles qui a frappé, dit Savinien. Je craignais pis.

— Moi aussi, murmura madame Montauron, mais vous ne parviendrez pas à vous débarrasser d'eux. Que faire, mon Dieu !...

— Passer dans ma chambre et vous y enfermer pendant que je les recevrai, répondit le vicomte, en désespoir de cause. C'est le seul moyen d'en finir.

— Vous me répondez qu'ils ne me verront pas?

— Ils n'iront pas plus loin que ce fumoir, je vous le promets, et ils n'y resteront pas longtemps. Je me charge de les mettre à la porte... et je vais avoir avec M. Fougeray, qui les a amenés, une verte explication.

— Allons, Savinien, rends-toi, mon garcon! reprit la voix rieuse de Georges. Nous ne lèverons pas le siège, et je te défie de forcer le blocus. L'investissement est complet. Capitule, cher ami. Nous te ferons de bonnes conditions.

— J'ai foi en vous, dit madame Montauron, et je vous prie en grâce d'abréger mon supplice.

— Je vous jure, madame, que je vous délivrerai bientôt, répliqua le vicomte qui se tenait prêt à traverser l'antichambre pour aborder l'ennemi, dès que l'imprudente qu'il était encore une fois obligé de protéger serait en sûreté.

Il la vit disparaître dans la chambre à coucher et il attendit qu'elle s'y enfermât.

Dès que le léger bruit du verrou poussé l'eût averti que c'était fait, il reprit la parole pour objurguer encore les assaillants, avant de leur livrer passage.

Il voulait se donner l'air de céder après mûre réflexion.

— Décidément, dit-il en marchant vers la porte, vous tenez à entrer chez moi?

— Je crois bien, que nous y tenons, s'écria la femme.

— Je vous avertis que vous y serez mal reçus et que je ne tolèrerai pas que vous vous y établissiez pour y continuer vos extravagances.

— Sois tranquille, nous n'avons pas le projet d'y passer la nuit, répondit Georges.

— Je l'espère bien, riposta le vicomte.

Et jugeant que ces précautions suffisaient, il ouvrit.

16.

On n'éteignait le gaz qu'à minuit dans la maison bien tenue qu'il habitait, et le corridor était encore éclairé.

La première figure que Savinien d'Amanlis aperçut, ce fut celle de la blonde Anita, qui lui dit de but en blanc :

— Vicomte de mon cœur, tu m'as fait poser, mais je ne t'en veux pas, parce que j'ai deviné qu'il y a une femme chez toi. Oh! ne dis pas que non! c'est ta seule excuse pour le retard que tu as mis à nous ouvrir.

— Vous êtes folle, dit Savinien avec humeur.

— Nous venons te chercher, mon cher, commença Georges Fougeray en la poussant dans l'appartement.

Deux messieurs le suivaient, deux qui avaient soupé avec le vicomte d'Amanlis le soir de son arrivée à Paris et qu'il avait revus depuis au *Diving Club*, deux garçons suffisamment bien élevés, dont l'un était plus ou moins attaché à une ambassade.

L'autre était un Russe qu'on traitait volontiers de prince dans les restaurants à la mode et que le gentilhomme breton goûtait assez.

L'apparition de cette arrière-garde changea le cours des idées de Savinien. Il ne se serait pas gêné pour dire leur fait à Georges et à la demoiselle qui le précédait, mais il comprit qu'il serait maladroit de prendre trop au sérieux une farce à laquelle deux hommes du vrai monde avaient eu le tort de s'associer.

Entre cavaliers, telle liberté est permise, auraient-ils pu lui dire dans la belle langue du grand siècle, s'il s'était fâché.

Et, après tout, il n'y avait pas de quoi, surtout contre eux. Ils s'étaient évidemment laissé embarquer dans cette sotte expédition par Georges Fougeray, à moins que ce ne fût par Anita.

D'ailleurs, Savinien n'était plus inquiet. Si boute-entrain qu'il fût, Georges n'était pas homme à rassembler des gens pour s'en aller, en bande, surprendre une femme du monde chez un de ses amis intimes.

Assurément, la troupe joyeuse ne songeait guère à madame Montauron.

Il s'agissait de savoir ce que voulaient ces viveurs incommodes, mais pas mal intentionnés, et de les éconduire le plus tôt possible.

L'attaché d'ambassade, qui avait nom Louis de Boisguérin, s'excusait déjà en très bons termes d'avoir cédé aux instances de l'ami Fougeray, et le Russe, qu'on appelait Constantin Glébof, se perdait dans des phrases entortillées où il était question de « *petite fête* » et de « *grosse partie.* »

Savinien leur fit bon visage et les assura qu'il était charmé de les voir. Mais il allait demander des explications à Fougeray, lorsque l'impétueuse Anita prit la parole avant lui.

— Tu l'as cachée bien? dit-elle en furetant dans tous les coins, comme si elle eût espéré la découvrir blottie dans un placard ou sous un fauteuil.

— Ah! c'est trop fort! s'écria le vicomte avec impatience.

— Ça sent la chair fraîche ici, reprit la blonde aux yeux noirs.

— Je vous prie de changer de ton et de vous tenir en repos, dit sèchement Savinien.

— Quoi! parce que je te tutoie! C'est bon, monsieur le vicomte, on te dira vous... mais ça n'empêche pas que je suis sûre de mon affaire. Nous avons troublé un tête-à-tête.

— Eh bien, après! dit Georges, qui crut que le moment était venu de se mettre en avant. Est-ce que notre ami n'a pas le droit de recevoir des visites le soir? Au lieu de lui parler de ce qui ne te regarde pas, tu ferais beaucoup mieux de lui exposer notre programme, puisque c'est toi qui l'as rédigé.

— Expose-le toi-même. J'examinerai les meubles et je visiterai l'appartement pendant ce temps-là.

C'est très gentil ici, grâce à moi, puisque monsieur ne voulait pas du mobilier... et je connais quelqu'un qui le lui reprendrait en lui donnant trois mille francs de bénéfice.

Tiens ! il faisait sa correspondance, s'écria la blonde qui venait d'apercevoir, sur la table où elle était restée, la lettre à M. de Trémorin.

— Halte-là ! dit Fougeray en s'avançant pour l'empêcher de commettre une indiscrétion qui aurait dépassé toutes les bornes.

— Est-ce que tu te figures que je vais la lire? On n'a pas été élevé au Sacré-Cœur, mais on sait vivre, mon cher. Et pour que tu ne m'accuses plus de me mêler des affaires de cœur de ton ami, je prends position sur ce canapé et je ne soufflerai plus mot tant que nous serons sous son toit.

Seulement, passe-moi une cigarette pour m'aider à supporter le beau discours que tu vas lui adresser.

Elle le fit comme elle le disait. Elle alluma à la lampe de Savinien la cigarette que Georges lui donna et elle alla s'étendre sur un divan turc, fâcheusement placé tout près de la porte de la chambre à coucher.

Savinien, à bout de patience, pensait aux angoisses par lesquelles devait passer la malheureuse femme, qui n'était protégée que par une mince cloison contre les impertinentes curiosités d'Anita, et qui, de la pièce où elle s'était réfugiée, ne devait pas perdre un mot de ce qui se disait dans le fumoir.

— Ah çà, dit Georges à son ami, que diable es-tu devenu depuis deux jours? On ne t'a pas vu au cercle, et j'ai couru, sans t'y rencontrer, tous les restaurants où peut manger un homme qui a dans son secrétaire un joli tas de billets de mille.

— Je suis bien libre de dîner où il me plaît et de passer mes soirées ailleurs qu'à ton club, répliqua Savinien avec humeur.

— Absolument libre, mon cher, mais il est assez naturel que tes amis te regrettent et s'inquiètent de ce que tu fais. Il y en a vingt qui m'ont demandé de tes nouvelles, et parmi ceux-là, ces deux messieurs que je viens de rencontrer au cirque des Champs-Élysées. Comme j'étais hors d'état de leur en donner, Anita, qui était avec eux, a eu une idée.

— Elle ne valait rien, mon idée, cria la blonde; si j'avais prévu qu'on nous recevrait si mal, je te prie de croire que je vous aurais emmenés tout droit chez moi, au lieu de passer par la rue Rembrandt.

— Alors, c'est à mademoiselle que je dois votre visite, messieurs? demanda Savinien avec un sourire contraint.

— Voici la chose. Nous mourions tous d'envie de jouer... tous, y compris Anita, et comme on ne l'admettrait pas à notre cercle, elle nous a gracieusement offert une partie et un souper dans son hôtel.

La proposition a été acceptée avec enthousiasme. Nous avons recruté, séance tenante, deux ou trois gros *pontes* et plusieurs petites camarades d'Anita qui ont promis de se trouver chez elle sur le coup de minuit. On soupera après la partie et je te réponds qu'on rira.

Je me suis dit que tu en serais volontiers, et que nous aurions peut-être la chance de te trouver chez toi, puisqu'on ne te trouve nulle part. La motion a été adoptée à l'unanimité. Anita m'a pris dans sa victoria. Boisguérin est monté dans le coupé de Glébof. Et nous voici.

— Fougeray oublie que Glébof et moi, nous étions un peu lancés, ajouta l'attaché d'ambassade. Nous avions bu à dîner quatre bouteilles de vin d'Arbois. Je vous dis cela, cher monsieur, pour que vous nous excusiez de vous avoir envahi si bruyamment. Je m'accuse d'avoir poussé l'inconvenance jusqu'à me permettre de frapper aux vitres de votre fenêtre, et je vous prie de me pardonner cette gaminerie de collégien.

— Elle était très drôle, balbutia le vicomte d'Amanlis, qui voulait avoir l'air de prendre galement la situation, afin d'en finir plus vite.

— Alors, tu viens avec nous, dit Georges.

— Non, je vous remercie, messieurs, d'avoir pensé à me mettre de la fête, mais...

— Mais quoi? tu n'étais pas couché, comme tu le prétendais, quand nous avons sonné, puisque tu es tout habillé. Tu n'as qu'à prendre ta canne et ton chapeau. L'hôtel d'Anita est à deux pas d'ici. Je t'y conduirai à pied.

— Impossible. J'ai des lettres à écrire...

— A tes parents de Bretagne? Eh bien, tu as le temps. Le courrier ne part que le soir. Dix-huit heures devant toi, c'est plus qu'il n'en faut, je pense, pour terminer ta correspondance.

— D'accord, mais je suis fatigué et je ne tiens pas à passer la nuit.

— Ah! vicomte! vicomte! dit Anita en reprenant tout à coup la note joyeuse qui lui allait si bien, comme vous avez tort de refuser. Vous ne savez pas ce que vous perdez. Je vous ai annoncé à deux de mes amies qui brûlent du désir de plaire à un gentilhomme breton. Elles vont me demander pourquoi vous n'êtes pas venu, et il faudra bien que je leur dise la vérité, car elles ne se contenteraient pas de mauvaises raisons.

— Vous leur direz, ma chère, que je tombais de sommeil et que...

— Non, non. Je leur dirai que vous n'étiez pas seul et que vous préférez à leur compagnie celle d'une personne que nous avons dérangée et qui doit bien s'ennuyer depuis un quart d'heure.

— Encore une fois, je vous affirme que vous vous trompez.

— Parbleu ! oui, tu te trompes, dit Georges en s'adressant à la blonde. Si notre ami était en bonne fortune, il n'aurait pas commencé une lettre à son oncle.

— Très cher, chanta le Russe, en traînant les finales des mots, vous avez tort de manquer cette partie. Il y a beaucoup d'argent à gagner. Le Suédois s'est engagé à nous tenir tout ce que nous voudrions.

— Le Suédois ! quel Suédois ? demanda vivement Savinien.

— Mes enfants, j'ai une autre idée... ça fait deux ce soir, s'écria la belle Anita, sans se gêner de couper la parole à Glébof qui ouvrait la bouche pour nommer le beau joueur qu'il annonçait. Puisque le vicomte d'Amanlis ne veut pas venir chez moi, pourquoi ne ferions-nous pas la fête chez lui ? Il a pris possession de cet appartement ce soir. Une pendaison de crémaillère me semble indiquée.

Oh ! n'ayez pas peur, Glébof, vous aurez votre baccarat tout de même. Le comte suédois arrivera chez moi vers minuit. Ma femme de chambre l'enverra ici.

Et elle y enverra aussi le souper que j'ai commandé au Café anglais, en passant.

— Comme tu y vas, chère amie, s'écria Georges. Tu te figures donc que ce seigneur scandinave est à tes ordres ?

— Tous ceux qui me font la cour sont à mes ordres, répondit majestueusement Anita.

— Et le Suédois te la fait, c'est connu. Mais je doute fort qu'il consente à transporter sa personne et sa banque chez notre ami Savinien, qui ne l'a point invité et qu'il connaît à peine. J'en doute d'autant plus qu'il n'a pas l'air d'être facile à vivre, ce comte Aparanda. Il se tient raide comme un pieu et c'est tout au plus s'il est poli.

— Il ne l'est pas du tout, dit Glébof. Je crois cependant qu'il se dérangerait volontiers, si on lui garantissait qu'il trouvera ici de gros pontes.

— Quoi qu'il en soit, reprit M. de Boisguérin, il conviendrait de savoir, avant de l'envoyer chercher, si cet arrangement plaît à M. d'Amanlis.

— Si le Suédois ne lui va pas, nous nous priverons du Suédois, répliqua la blonde. Je ferai dire à ce monsieur que je ne rentrerai pas et il ira tailler où il voudra. Albine et Lucie viendront... et à nous sept, nous nous suffirons très bien.

Voici une table qui semble avoir été fabriquée tout exprès pour jouer au baccarat. Quant au souper, il y a bien ici une salle à manger et il ne s'agit que de l'éclairer *a giorno*, puisqu'on doit tout apporter du Café Anglais, vaisselle comprise.

— Qu'en penses-tu, Savinien? demanda Georges Fougeray.

Savinien maudissait Anita et ses propositions qui le mettaient dans un cruel embarras, car elles ne lui agréaient ni l'une ni l'autre, et il sentait bien qu'il allait être forcé de choisir.

Il ne tenait pas du tout à se rencontrer avec cet étranger que les hasards de la vie parisienne ramenaient sans cesse sur son chemin.

Le plus sûr moyen de l'éviter, c'était de ne pas aller

chez Anita, car il était peu probable que le comte se prêtât à la fantaisie déplacée de cette folle, et d'ailleurs elle était toute disposée à se passer de lui, si M. d'Amanlis répugnait à le recevoir.

Mais d'un autre côté, comment refuser de la suivre, maintenant qu'elle se déclarait résolue à s'établir pour toute la nuit avec sa bande dans l'appartement du vicomte?

C'eût été bien pis, car madame Montauron, bloquée dans sa chambre à coucher, eût été condamnée à y rester jusqu'à des heures indéterminées.

Lorsqu'on commence une partie assez chaude, on ne peut pas lui assigner d'avance un terme. Elle finit quand il plaît à Dieu, quelquefois le lendemain ou le surlendemain.

On a vu des joueurs manier les cartes pendant soixante heures.

Et, pour perdre à tout jamais la femme du banquier, il aurait suffi que le baccarat durât jusqu'à l'aurore, car elle ne pouvait pas regagner son hôtel en plein jour et elle ne pouvait pas non plus s'échapper tant que l'irrégulière serait là.

En effet, pour sortir par le jardin, il fallait absolument traverser le fumoir où ils se tenaient.

La chambre à coucher avait bien une fenêtre, mais cette fenêtre était assez élevée au-dessus du sol, et le saut eût été dangereux, sans compter que le bruit que la prisonnière aurait fait en l'ouvrant l'aurait trahie.

La situation de la pauvre femme était vraiment intolérable, car de sa cachette obscure elle devait tout entendre.

Les causeurs parlaient très haut, et l'insupportable Anita était allée justement se camper tout près de la porte de communication, de sorte que ses propos décousus devaient arriver aux oreilles de madame Montauron.

Et, par surcroît de fatalité, il était question entre la blonde et ses amis d'un homme qui tenait une grande place dans les préoccupations de la dame au coffret.

Georges Fougeray venait de prononcer le nom du comte Aparanda, et on discutait pour savoir s'il convenait de l'envoyer chercher ou de lui notifier par un message que la fête était remise.

Savinien se demandait ce que pensait en ce moment l'imprudente qui jouait encore une fois sa réputation pour ravoir sa cassette.

Evidemment elle ne pouvait pas souhaiter que cet étranger, mêlé à sa vie d'une façon mystérieuse, fît son entrée dans une des pièces de l'appartement au fond duquel le vicomte l'avait reléguée.

Pour peu qu'elle l'eût a... ..utrefois, en admettant qu'elle eût cessé de l'aime... ...eût été pour elle un crève-cœur que d'assister, invisible, à une joyeuse réunion où il allait sans doute être le point de mire des œillades de ces demoiselles.

Madame Montauron voulait le revoir, elle l'avait dit et comme le vicomte n'était pas disposé à lui en procurer les moyens, elle avait exprimé le désir de savoir où demeurait.

L'idée vint tout à coup à Savinien que si, comme il n'en doutait pas, elle écoutait la conversation, elle devait faire des vœux pour qu'il acceptât d'aller jouer et souper chez Anita.

Elle devait désirer qu'il prît ce parti, non seulement parce que la retraite des envahisseurs allait lui permettre de fuir, mais aussi parce qu'elle espérait que Savinien, touché par sa prière, consentirait à profiter de l'occasion pour se renseigner sur le domicile et les habitudes de vie du comte Aparanda.

La tapageuse arrivée de la troupe importune avait interrompu le récit qu'elle commençait de ses malheurs de jeunesse, mais elle en avait dit assez pour que Savinien pût croire qu'elle n'était pas indigne d'intérêt.

N'avait-elle pas prononcé le nom de l'oncle Trémorin? N'avait-elle pas parlé du baron comme d'un ami qui était venu à son secours après une chute dont elle n'avait pas eu le temps de préciser la nature, mais qui devait avoir été bien grave, puisqu'après tant d'années, elle en subissait encore les conséquences?

Toutes ces réflexions, le cousin d'Yvonne les fit en quelques secondes, et lorsque la blonde aux yeux noirs lui adressa une nouvelle sommation, il était à peu près décidé à sacrifier sa nuit pour obliger les fâcheux à déguerpir de son domicile.

En consentant à se rendre chez Anita, il allait débarrasser de cette créature et de sa suite, madame Montauron, et, de plus, c'était le meilleur moyen de leur persuader qu'il n'y avait personne dans son appartement.

— Eh bien, que faut-il que je fasse pour vous agréer, ô le plus indécis des vicomtes? demanda la demoiselle. Dois-je envoyer mon cocher prévenir mes gens qu'on soupe ici? ou bien, au contraire, daignerez-vous honorer de votre auguste présence le modeste hôtel de votre très humble servante?

J'attends votre réponse, monseigneur, et votre volonté sera faite. Seulement, je vous déclare qu'il faut opter. Ou chez moi, ou chez vous. N'espérez pas vous en tirer autrement. Je vous tiens, je ne vous lâche pas.

— Alors, je me rends, répondit le vicomte d'Amanlis, du ton le plus dégagé qu'il put prendre.

— Bravo! nous soupons ici.

— Non pas. Vous seriez trop mal et je ne veux pas déranger vos invités. D'ailleurs, je tiens à visiter votre palais.

— A la bonne heure ! Vous êtes gentil et vous en serez récompensé. Je vous prédis une veine à tout casser, mon cher. Vous allez mettre l'ours de Suède sur la paille.

— Et ce sera bien fait, s'écria Glébof qui, en sa qualité de Russe, n'aimait pas les Suédois.

— Il vous doit une revanche, appuya M. de Boisguérin.

— Je savais bien que tu viendrais, dit Georges. Deux jours de réclusion vertueuse, c'est assez, mon cher. Il y a temps pour tout. Voyons, es-tu prêt?

Anita était debout, et ces messieurs attendaient qu'elle leur montrât le chemin de la porte.

Savinien faisait semblant de chercher son pardessus et son chapeau qui étaient dans l'antichambre.

Au fond, il n'était pas encore absolument décidé. Il pensait à la prisonnière et il se demandait si elle avait gardé assez de présence d'esprit pour se rendre compte de la situation, pour comprendre que, s'il l'abandonnait, c'était afin de la sauver, et pour s'échapper sans qu'il l'y aidât.

A vrai dire, l'évasion n'était pas difficile. Madame Montauron connaissait le passage par le jardin et elle n'avait qu'à sortir de la chambre dès qu'il n'y aurait plus personne dans l'appartement.

Savinien, après quelques tergiversations, conclut qu'elle était assez intelligente pour se tirer d'affaire toute seule, et il annonça qu'il était à la disposition de ces messieurs.

— Ma foi ! dit-il assez haut pour que madame Montauron l'entendît, je ne suis pas fâché de regagner cette nuit, à ce comte Aparanda, l'argent qu'il m'a pris l'autre soir au cercle, et comme je ne tiens pas à le recevoir chez moi, je vous remercie d'être venus me chercher.

— La question est de savoir si vous nous remercierez après la partie, dit Glébof. Le comte est très heureux au jeu.

— Et maintenant, à la tour de Nesle ! s'écria la blonde, en s'accrochant au bras du vicomte qui se laissa emmener, sans tourner la tête du côté de la chambre à coucher.

— Vous voyez bien que notre ami n'a pas de femme chez lui, dit en riant Georges Fougeray.

— J'espère, pensait Savinien, que celle qui y est n'y sera plus quand je rentrerai et qu'elle n'y reviendra jamais.

VII

Depuis son arrivée à Paris, Savinien allait de surprise en surprise et celle qu'il éprouva en franchissant la grille de l'hôtel d'Anita ne fut pas la moins vive.

Il savait bien que, par le temps qui court, ces demoiselles sont souvent mieux logées que les honnêtes femmes et que beaucoup d'entre elles ont pignon sur rue, comme on disait jadis.

Mais il se figurait que l'immeuble de cette toquée devait être une bonbonnière, un nid capitonné, ce qu'on appelait autrefois une folie, c'est-à-dire une maisonnette bâtie dans un faubourg écarté pour abriter les amours capricieux d'un seigneur.

Et il vit un bel hôtel, en façade sur un grand boulevard, au cœur de Paris, un hôtel qui n'aurait pas fait mauvaise figure à côté de celui de M. Montauron, quoiqu'il fût moins vaste et qu'il ne s'élevât point entre une cour princière et un parc presque royal.

Et l'intérieur répondait aux promesses de l'extérieur.

Le luxe de bon aloi éclatait dès le vestibule, plein de plantes exotiques et gardé par un ours empaillé qui se dressait au milieu d'un bouquet de fleurs rares.

L'escalier, large comme un escalier de musée, était tapissé de tableaux, dont le moindre valait assurément deux cents louis.

Il y avait un *hall* à l'anglaise, formant bibliothèque, une salle à manger d'hiver et une salle à manger d'été, des salons de réception et des boudoirs tendus de soie, un cabinet de toilette et une salle de bains qu'on citait comme des merveilles dans le monde de ces demoiselles, qui s'y connaissent.

Ecuries et remise, bien entendu; domestiques en livrée et femme de chambre élégante.

Tout le train d'une jolie femme qui a du goût et beaucoup d'argent à dépenser.

D'où venait cet argent? Bien des gens se le demandaient et, faute d'avoir pu découvrir une source unique au Pactole d'Anita, pensaient que les petits ruisseaux font les grandes rivières et que sa fortune avait été édifiée à frais communs par des adorateurs de toutes les nations.

— C'est la tour de Babel que l'hôtel de notre amie, disait volontiers M. de Boisguérin; ceux qui l'ont construit parlaient toutes les langues.

La vérité était que la blonde aux yeux noirs devait cette superbe installation à un simple entrepreneur de bâtisses, qui avait fini par se brûler la cervelle après s'être ruiné pour elle.

Les étrangers n'étaient venus que plus tard, mais ils étaient restés, et Anita tenait toujours une belle place dans le grand état-major de la galanterie.

Savinien commençait à comprendre qu'on la prît au sérieux et ne regrettait plus d'être venu, ne fût-ce que pour voir de près cette vie à outrance des filles à la mode dont il ne se faisait qu'une idée très approximative.

Anita eut l'esprit de ne pas laisser paraître qu'elle s'apercevait très bien de ses étonnements de provincial et qu'elle en était flattée, mais elle se donna le plaisir de lui montrer toutes ses splendeurs, depuis sa galerie de tableaux jusqu'à ses écrins.

Et Georges Fougeray l'aida bien volontiers à initier son ami aux raffinements d'une existence toute nouvelle pour un gentilhomme breton qui n'avait jamais fréquenté les demi-mondaines.

Si bien que le vicomte en était venu assez vite à ne plus se préoccuper de madame Montauron et des dangers qu'elle courait.

Il pensait d'ailleurs et qu'elle devait être rentrée sans accident au domicile conjugal.

Il est vrai aussi que la fête d'Anita tourna autrement que ne le prévoyaient ses invités et qu'elle ne le prévoyait elle-même.

C'était une soirée de jeu qu'ils avaient voulu organiser, mais de même que pour faire un civet il faut un lièvre, pour faire une grosse partie, il faut un gros joueur qui prenne la banque.

Or, le comte Aparanda n'avait point paru, et aucun des pontes présents ne se souciait de le remplacer dans le poste souvent lucratif, mais toujours périlleux, de tenant contre tous.

Georges Fougeray lui-même qui taillait volontiers fut le premier à proposer de remplacer le baccarat par une causerie vive et animée jusqu'à l'heure du souper.

Le Russe et l'attaché appuyèrent cet avis, Anita aussi, et Savinien devina que tous ces gais compagnons visaient le Suédois et n'étaient venus que dans l'espoir de vider son portefeuille.

— Décidément, pensait le cousin d'Yvonne, ici comme ailleurs, on adore le cochon d'or que j'ai vu en rêve.

Les petites amies d'Anita, Albine et Lucie, avaient réclamé. Elles se seraient volontiers contentées de grapiller quelques louis à ces messieurs. Mais ces messieurs ne paraissant pas disposés à les perdre, elles s'étaient abstenues d'insister, de peur d'être prises pour des débutantes besoigneuses.

Elles savaient que dans leur monde, encore plus que dans le vrai, on ne prête qu'aux riches.

Lucie était une brune sérieuse, avec des sourcils relevés qui lui donnaient un air étonné.

Albine était une blonde au nez retroussé, qui riait à tout propos pour montrer ses dents.

Celles-là rentraient assez dans le type que Savinien avait vu en lisant les journaux qui publient les portraits des belles petites et qui enregistrent leurs succès.

Aussi ne l'intéressaient-elles que médiocrement.

Mais Anita l'attirait comme un problème à résoudre attire un mathématicien. Il se laissait aller à étudier un peu plus qu'il ne convenait à un fiancé cette créature bizarre qui savait, quand elle le voulait, se tenir et parler comme une femme bien née, et qui le traitait avec une distinction particulière, après l'avoir d'abord *blagué*, comme elle disait, quand il lui plaisait d'être canaille.

Depuis qu'elle lui dédiait ses plus gracieux sourires et qu'elle jouait les grandes dames à s'y méprendre, il lui pardonnait de s'être moquée de lui à l'hôtel des Ventes et d'avoir envahi son appartement de garçon.

Le souper avait achevé de le réconcilier avec les idées du jour et il n'aurait pas fallu le pousser beaucoup pour lui faire avouer que le culte de l'idole avait du bon.

Il ne connaissait pas ces hautes élégances qui sont familières aux princesses de la rampe, et le couvert dressé au milieu des fleurs l'émerveillait.

Le Café Anglais avait fourni les mets et les vins ; mais

le service en porcelaine de Saxe, les verres en cristal pointillé d'or, les serviettes à la russe et le napperon en satin de Chine tissé de fleurs de toile appartenaient évidemment à Anita.

Elle aimait les fleurs, cette bohémienne parvenue, et elle avait adopté le charmant usage de remplacer le surtout par un jardin.

Au milieu de la table, sur un haut pied, s'épanouissait une large coupe remplie de roses-thé et de mimosas qui retombaient en guirlandes et s'en allaient se perdre dans deux autres coupes placées aux deux bouts.

C'était simple et charmant. Pas d'étalage de massives argenteries, comme dans les dîners de province, qu'on donne pour montrer qu'on est riche et que la fortune de la maison ne date pas d'hier.

Et pourtant Anita n'en était plus au ruolz.

Elle avait placé le vicomte d'Amanlis à sa droite ; elle s'était mise en frais pour le charmer, et elle n'y avait que trop réussi.

La beauté de la blonde aux yeux noirs, les joyeux propos des convives, et les grands vins de la célèbre cave du restaurant de la rue Marivaux l'avaient grisé, quoiqu'il eût la tête assez solide.

Là-bas, en Bretagne, il lui était arrivé quelquefois de boire davantage, mais jamais d'entendre des causeries si capiteuses.

Anita donnait le ton et tout y avait passé : les grands mondains et les grandes mondaines, les actrices en vogue et les écuyères à la mode, les étrangères excentriques et les demoiselles du tour du Bois.

On déshabillait leur existence, on racontait leurs aventures scandaleuses, on savait tout et on disait tout.

Pour la première fois de sa vie, Savinien voyait la vie à

l'envers, comme on voit le spectacle dans les coulisses d'un théâtre.

Et il rougissait presque de retarder sur son camarade de l'école de Rennes, Georges Fougeray, pour qui Paris n'avait plus de secrets.

Il ne tenait qu'à lui de le connaître à fond, ce Paris où il faisait ses premiers pas, et les gens qui l'entouraient ne demandaient qu'à le lui montrer sous toutes ses faces. Il se sentait de force à y prendre pied très vite et à y distancer bientôt Georges qui n'avait pas ses entrées dans des mondes où on recevait à bras ouverts le dernier des Amanlis.

Et il lui venait des envies de s'y lancer à corps perdu, des bouffées de vanité, des appétits de plaisirs fiévreux qui lui faisaient oublier ses projets de sagesse, comme il avait oublié sur la table de son fumoir la lettre qu'il écrivait à son oncle.

Le souper en était arrivé au moment psychologique où on dit couramment des énormités, lorsqu'on annonça un monsieur que la dame du logis n'avait pas invité, quoiqu'elle le connût beaucoup et que tous les convives le connussent un peu.

Ce retardataire inattendu était le sous-directeur du *Crédit des Provinces*, l'inévitable financier que Savinien rencontrait partout et qui partageait son existence entre les affaires et les plaisirs.

Il fut accueilli par des exclamations de joie. Au point où en était le souper, un bon compagnon est toujours bien reçu, et M. Bouret jouissait d'une réputation de viveur solidement établie.

Il avait été en son temps l'ami particulier d'Anita. Il savait par cœur Albine et Lucie, il traitait familièrement Georges Fougeray, — comme un général traite un jeune officier d'avenir, — et ce n'était pas la première fois qu'il se trouvait en joyeuse compagnie avec le Russe et l'attaché d'ambassade.

Tous goûtaient sa désinvolture et sa bonne humeur ; Anita gardait de lui un excellent souvenir, et il était coté très haut dans l'estime des deux petites camarades de la dame du logis qui appréciaient fort les messieurs aimables et généreux.

Le vicomte d'Amanlis était le seul que l'apparition de ce personnage ne mît pas en liesse.

Il n'avait pas précisément à se plaindre de M. Bouret, mais il le trouvait indiscret et surtout trop fréquent.

Depuis quelques jours, où qu'il allât, il ne voyait que lui.

Mais il fallait bien en prendre son parti et il ne lui fit pas mauvaise mine.

— Vous vous demandez tous d'où je sors et comment j'ai découvert qu'on faisait la fête chez notre chère toquée, dit le nouveau venu, après avoir distribué des poignées de main à la ronde. Mon Dieu ! c'est bien simple. Je suis entré à Mabille, j'y ai rencontré le grand Pontaumur qui sortait du cirque...

— Et il t'a raconté que j'avais organisé une partie, interrompit Anita.

Il était à côté de nous quand nous avons arrangé ça dans le couloir des écuries... et il est furieux que je ne l'aie pas invité. Jamais de la vie ! Il est trop ennuyeux, et puis il aurait voulu amener Blanche Taupier.

— Ah ! non, par exemple, s'écrièrent à la fois Albine et Lucie, qui n'aimaient pas les concurrentes.

— Aussi ne lui ai-je pas confié que j'avais envie de m'inviter moi-même. Il se serait accroché à moi. Je me suis arrangé pour le perdre dans le promenoir de Mabille. J'ai été faire un tour à mon cercle, où je me suis ennuyé ferme et sur le coup de deux heures j'ai dit à mon cocher de me conduire au boulevard Malesherbes. Ai-je eu tort ?

— Non ! non ! répondit un chœur de convives des deux sexes.

— Et je vois que j'arrive au bon moment. Vous êtes tous à un joli diapason. Il me faudrait au moins deux bouteilles de Clicquot pour m'y mettre.

— Bois-les, mon fils, dit gravement Anita.

— Merci ! j'en boirais quatre sans rouler sous la table, mais j'aurais mal à la tête demain matin et j'ai trois rendez-vous d'affaires avant midi.

— Alors, tu as la prétention de ne pas souper ?

— Oh ! vous avez fini... et je pense que vous grillez d'envie de passer à un autre exercice. Pontaumur m'a dit que vous aviez racolé, pour vous tailler une banque, un monsieur récemment arrivé du pôle nord avec des millions dans sa poche. Et je suppose que vous comptez les lui gagner.

— Nous compterions sans notre hôte, dit Georges Fougeray. Ce gentilhomme polaire a jugé à propos de ne pas venir.

— Il m'a manqué de parole, s'écria la dame du logis, et je vous jure qu'il s'en repentira.

— Tu lui tiendras la dragée haute, et ce sera bien fait, répliqua Georges, mais nous ne serons pas suffisamment vengés de son impolitesse, car l'absence de ce capitaliste va faire manquer notre partie.

A moins que M. Bouret ne veuille mettre sur table une cinquantaine de mille, ajouta-t-il en riant.

— Ça, c'est une idée, dit Anita. Allons, mon cher, faisnous la banque ; ça ne te changera pas puisque c'est ton état.

— Pas la nuit. Je ne suis banquier que de neuf heures à cinq heures du soir. Que diraient les actionnaires du *Crédit des Provinces*, s'ils apprenaient que je taille au baccarat? Le baron de Trémorin nous retirerait sa confiance.

— Ce ne sera pas moi qui vous dénoncerai à lui! dit gaiement Savinien.

— J'en suis persuadé, monsieur le vicomte, pas plus que je ne vous dénoncerais si vous vouliez remplacer le Suédois pour être agréable à ces messieurs. Et, entre nous, vous n'auriez pas tort, car vous devez être heureux au jeu. Gagner cent mille francs la première fois qu'on met le pied à la Bourse, c'est un signe de veine ou je ne m'y connais pas.

Mais, à propos de ce bénéfice, êtes-vous satisfait de mon tapissier?

— Très satisfait. J'ai pu m'installer aujourd'hui.

— Et l'installation est charmante, dit Anita. Le mobilier est tout neuf, l'appartement est gai...

— Tu l'as vu? demanda Bouret. Diable! tu n'as pas perdu de temps pour voisiner avec M. d'Amanlis.

— En tout bien tout honneur, mon cher. Demande plutôt à Fougeray.

— C'est vrai, répondit Georges, nous étions quatre: Boisguérin, Glébof, Anita et moi pour faire une visite à Savinien... et il nous a même assez mal reçus.

— A ce point que je me figurais qu'une femme était cachée chez lui, reprit Anita. Il ne voulait pas venir avec nous, mais finalement nous l'avons enlevé.

— Oh! je n'ai résisté que pour la forme, s'écria le vicomte d'Amanlis, qui se défiait des indiscrétions de M. Bouret. J'étais seul chez moi, vous le savez tous.

— Vous me permettrez bien d'aller vous voir, dit le sous-directeur. Justement, demain, je dois passer chez Montauron... l'après-midi, probablement... et je sais qu'il désire autant que moi visiter votre rez-de-chaussée...

nous n'aurons que son parc et votre jardin à traverser et nous profiterons de l'occasion.

— Ne prenez pas cette peine, dit vivement Savinien qui n'avait point oublié que la messagère de madame Montauron devait venir à trois heures chercher le coffret. Demain, je sortirai de grand matin et je ne rentrerai que le soir pour m'habiller. Je suis invité chez M. Montauron.

— En effet, c'est demain vendredi. Puisque vous ne serez pas chez vous, je remettrai ma visite à un autre jour.

— Messieurs, dit Albine en riant pour montrer ses dents blanches, vous n'êtes pas amusants du tout. Au lieu d'échanger des phrases polies, vous feriez beaucoup mieux de tirer au sort à qui nous posera une banque. Oh! nous ne voulons pas vous ruiner. Cent louis, cinquante louis, ce que vous voudrez... pourvu que les femmes gagnent... et vous y gagnerez aussi, car ce comte Aparanda vous aurait rasés tous, j'en suis sûre.

— Elle a raison, s'écria Georges, et puisque ces dames demandent une banque, je suis tout prêt à leur en poser une dans les prix doux.

— A la bonne heure, soupira Lucie; quand je ne joue pas après souper, le vin de Champagne m'incommode.

— Alors, mes enfants, conclut Anita en se levant, nous allons passer au salon. La table est préparée avec tout ce qu'il faut pour ponter.

Tous les convives firent comme elle, et Savinien qui n'avait pas encore complètement perdu la tête, eut la salutaire pensée de profiter de cet entr'acte pour disparaître à l'anglaise, c'est-à-dire sans prendre congé de personne.

Il ne tenait pas beaucoup à s'engager dans une partie qui ne devait guère intéresser que les femmes et qui pouvait cependant durer jusqu'au jour, pour peu qu'une de ces demoiselles perdit en commençant et tint à se rattraper.

Il aimait bien mieux rentrer chez lui, pour s'assurer que madame Montauron n'y était plus, et aussi pour dormir, car il avait besoin de repos, après les émotions de cette soirée, sans compter qu'il devait aller le matin au *Crédit des Provinces* chercher la fameuse cassette.

Mais il était écrit qu'il ne se déroberait pas si vite aux entraînements de la fête d'Anita.

Pendant que les autres convives entraient dans le salon et qu'il manœuvrait de façon à gagner sans bruit l'antichambre, M. Bouret, qui était resté en arrière, lui prit le bras familièrement et lui dit :

— Saviez-vous que ce comte Aparanda était votre voisin avant votre déménagement ?

— Comment cela ? demanda le vicomte qui le savait fort bien, mais qui ne s'attendait pas à cette ouverture.

— Mais, oui ; vous habitiez, sans vous en douter, le même hôtel que ce personnage, et voici comment j'ai appris ce détail. Vous vous souvenez qu'à l'hôtel des Ventes nous l'avons reconnu pour l'avoir rencontré à la grille de notre caveau, où il venait de déposer un colis pour lequel il aurait à payer un rude excédant de bagage s'il l'emportait en Suède.

— Oui... eh bien?

— Eh bien, quoique Fougeray m'eût dit son nom, j'ai eu la curiosité de me faire apporter sa carte d'abonnement, et j'y ai vu qu'il avait donné son adresse, rue du Helder, 9.

— Alors, je ne m'étais pas trompé. J'avais cru le voir traversant la cour de l'hôtel. Il me semble même vous l'avoir dit.

— C'est vrai. Je m'en souviens maintenant. Et vous avez ajouté qu'il était parti en fiacre avec ses bagages.

— Il a quitté la maison, j'en suis certain. Comment a-t-il donc pu déclarer à votre employé qu'il y demeurait?

— Ma foi! je n'en sais rien. Peut-être a-t-il le projet d'y revenir.

— Je ne crois pas. Et la preuve, c'est qu'il était à l'hôtel Drouot pour acheter des meubles.

— Ces étrangers ne font rien comme les autres. Enfin, si celui-là ne loge plus à l'auberge, il loge quelque part, et...

— Je voudrais bien savoir où.

— Pourquoi? Est-ce qu'il vous doit de l'argent? demanda gaiement M. Bouret.

A ce moment, la voix d'un domestique annonça dans le salon:

— Monsieur le comte Aparanda!

Le sous-directeur du *Crédit des Provinces* avait entraîné tout doucement le vicomte d'Amanlis jusqu'à la porte du salon, ouverte à deux battants.

Ils purent donc, sans faire un pas de plus, assister à l'entrée du seigneur suédois, qui arrivait au moment où personne ne l'attendait plus.

On le reçut comme un homme endetté reçoit le facteur qui apporte une lettre chargée. Le comte devait avoir sur lui de quoi remplir les poches de tous les joueurs, et on savait qu'il ne demandait qu'à tailler des banques.

Les premières avaient été heureuses, et depuis qu'il faisait partie du *Diving-Club*, il était toujours sorti gagnant, mais la veine change et doit changer par la force des choses.

Et chacun espérait qu'elle changerait cette nuit-là.

Anita elle-même oublia qu'elle venait de maudire le retardataire et lui fit le plus gracieux accueil. Elle n'en était pas, comme ses petites camarades, à souhaiter ardemment de glaner quelques louis au baccarat, mais elle avait peut-être d'autres visées.

— Hein ! dit Bouret en ricanant, que pensez-vous de cet enthousiasme, mon cher vicomte ? Tout à l'heure, ils parlaient de cet étranger avec un dédain superbe. C'était à croire que s'il osait se montrer, on allait le mettre à la porte, et peu s'en faut qu'on ne le porte en triomphe. Les hommes l'accablent de poignées de main et les femmes se tiennent à quatre pour ne pas lui sauter au cou.

— C'est sa bourse qu'on fête, murmura Savinien.

— Bien entendu. Et je soupçonne qu'il s'en doute, car il accepte ces hommages avec une dignité railleuse qui prouve que le drôle est plus fin qu'eux. On jurerait qu'il se dit : rira bien qui rira le dernier.

— C'est vrai ; et je m'étonne que mon ami Georges ne s'en aperçoive pas.

— Oh ! Fougeray est de force à se défendre. D'ailleurs, il songe peut-être à faire des affaires avec lui un de ces jours. S'il en fait, il aura tort. Les étrangers maintenant sont cuirassés d'écailles, et mal en prend à ceux qui cherchent le défaut de leur carapace.

— Alors, celui-ci vous est suspect ?

— Suspect ? Non, pas plus que beaucoup d'autres gentilshommes exotiques qui pullulent dans les cercles et chez les belles-petites. Ces oiseaux-là paraissent et disparaissent comme les hirondelles, sans qu'on sache d'où ils viennent ni où ils vont. Et ils ne laissent pas leurs plumes à Paris... au contraire. Tant pis pour les niais qui s'y frottent.

— C'est bien mon avis, et je me garerai de ce monsieur. Son air ne me dit rien qui vaille.

— D'autant que, si je ne me trompe, il vous a déjà

gagné de l'argent. Mais si vous tenez à savoir son adresse, l'occasion est bonne. Je me charge de la lui demander, pour peu qu'il ne vous convienne pas de la lui demander vous-même.

— Non... je le connais trop peu pour me permettre de le questionner. Et d'ailleurs, c'était pure curiosité de ma part. Il m'a paru bizarre qu'il se déclarât logé à l'hôtel du Helder, alors qu'il n'y logeait plus. Voilà tout.

— C'est assez bizarre, en effet. Et il faut que je m'amuse à l'interroger là-dessus, quand ce ne serait que pour le plaisir de l'embarrasser, ou tout au moins de lui être désagréable.

— Quoi que vous fassiez, dit vivement Savinien, je vous serai obligé de ne pas me mettre en cause.

— Soyez tranquille ; je prendrai tout sur moi. Laissez-moi dire. Nous allons nous amuser.

— Que complotez-vous là ? leur cria la dame du logis. Vous ne voyez donc pas que nous tenons enfin notre banquier ?

Bouret, mon cher, te voilà dispensé de nous tailler un joli baccarat. Et vous, vicomte, vous allez vous trouver en face d'un adversaire sérieux.

Venez que je vous présente tous les deux. Ça vous étonne, parce que l'autre jour, à l'hôtel Drouot, je vous ai dit que je ne connaissais pas M. Aparanda. Sachez que nous sommes maintenant de vieux amis.

N'est-ce pas, comte ? conclut Anita, en caressant du regard le Suédois qui s'inclina en signe d'assentiment.

Elle l'avait pris par la main et amené jusqu'à l'endroit où ils causaient en aparté, pendant que les autres convives se groupaient autour de la table de jeu, pour ne pas perdre de temps.

— J'ai déjà été mis en relations avec monsieur, au cercle, murmura Savinien.

— Tiens ! je n'y pensais plus, s'écria la blonde aux yeux noirs. On m'a pourtant conté que le comte vous a gagné une somme au *Diving Club*. Il vous offre une revanche, et vous allez la prendre. C'est parfait. Il ne me reste qu'à présenter Bouret.

— Merci, chère amie, dit le financier. J'aime mieux me présenter moi-même... d'autant plus que j'ai un renseignement à demander à monsieur.

— A moi ? murmura l'étranger en fronçant le sourcil.

— Oh ! rien... une simple indication dont j'ai besoin en ma qualité d'administrateur au *Crédit des Provinces*.

Savinien, qui observait à la dérobée le comte Aparanda, crut s'apercevoir qu'il pâlissait légèrement.

— Nous nous sommes déjà rencontrés sans que vous vous en doutiez, reprit Bouret.

— Où cela, s'il vous plaît ? demanda sèchement l'étranger.

— A l'entrée du caveau des dépôts... au commencement de cette semaine, un matin... vous veniez de nous confier une caisse... je dis : nous, parce que je suis le sous-directeur de l'établissement que mon ami Montauron gouverne en chef... une caisse qu'un commissionnaire avait apportée sur son dos.

— Et vous êtes arrivé à la grille au moment où je sortais... je me rappelle maintenant... il me semble même me souvenir que vous n'étiez pas seul.

— Non, j'accompagnais M. le vicomte d'Amanlis, qui nous apportait aussi un dépôt... moins volumineux que le vôtre, par exemple. Le sien est un coffret, le vôtre est un coffre. Et il se trouve qu'ils ont été casés à côté l'un de l'autre... numéros 918 et 919. Vous êtes voisins.

Aparanda regardait Bouret et Savinien avec une attention qui prouvait que la coïncidence qu'on lui signalait ne lui était pas indifférente.

— J'en suis charmé, dit-il avec une pointe d'ironie, et si vous voulez bien m'apprendre comment cette histoire se rattache au renseignement qui vous est nécessaire...

— Ah ! voilà. En donnant votre nom à l'employé chargé de délivrer les cartes d'abonnement, vous lui avez indiqué votre domicile, rue du Helder, 9.

— Sans doute. N'est-ce pas une formalité obligatoire ?

— Tellement obligatoire, que nous tenons à être informés de tous les changements d'adresse. Vous comprenez pourquoi. Un déposant peut mourir, et il faut bien que, dans ce cas-là, nous avisions ses héritiers.

— Fort bien, monsieur. Quand je déménagerai, je vous le ferai savoir.

— Bon ! mais cette fois-ci ? vous avez oublié de nous avertir.

— Comment ! cette fois-ci ?

— Oui, puisque vous ne demeurez plus rue du Helder.

— Qu'en savez-vous ? demanda brusquement le Suédois.

— Je l'ai appris par hasard, répondit M. Bouret sans prendre garde à la mine que faisait Savinien. M. le vicomte d'Amanlis habitait, il y a peu de jours, le même hôtel que vous ; il l'a quitté aujourd'hui et il vient de me dire que vous l'aviez quitté avant lui.

— M. d'Amanlis prend vraiment trop de peine en s'occupant ainsi de ce que je fais, et je lui serais très obligé de m'expliquer...

— Comment j'ai été amené à parler de vous, interrompit Savinien qui donnait à tous les diables M. Bouret, mais qui sentait l'impossibilité de reculer maintenant que l'affaire était engagée ; je vais vous l'apprendre.

Lorsque je vous ai rencontré à l'entrée du caveau, je vous ai reconnu pour vous avoir vu le matin même, traverser la cour de l'hôtel où j'étais logé et monter en voiture avec vos bagages. J'ai dit cela à monsieur, sans y attacher la moindre importance...

— Et moi, reprit Bouret, je n'y en ai pas attaché davantage. Mais quand on m'a présenté la liste des nouveaux déposants et que j'y ai vu votre nom...

— Comment avez-vous deviné que ce nom était celui du déposant qui se trouvait dans le caveau au moment où vous y êtes descendu ?

— Votre nom était suivi de votre adresse, et je savais que M. d'Amanlis demeurait rue du Helder. J'ai été fixé tout de suite et je me suis promis de vous prier de vouloir bien rectifier l'indication portée sur nos registres.

Je ne pouvais pas vous écrire, puisque je ne connaissais pas votre nouveau domicile, mais je pensais bien que nous nous rencontrerions quelque part. Et je vous ai rencontré, en effet, à l'Hôtel des Ventes.

La place eût été mal choisie pour vous aborder et, d'ailleurs, M. Fougeray, qui s'y trouvait avec moi, m'a dit que ez d'être reçu à son cercle. Je savais donc où m tais pas pressé, car il s'agit d'une simple

Mainte.   signalé l'erreur à rectifier, il suffira que   nain une note à l'administration du ces... une note portant le...

— Il est inutile d'attendre à main. Je loge au Grand-Hôtel, interrompit le comte Aparanda. Je ne savais pas encore si je pourrais m'y caser à ma convenance lorsque je me suis présenté à votre maison de banque...

— Et vous avez donné votre ancienne adresse. C'est tout naturel. N'en parlons plus, monsieur le comte. Je me charge de veiller à ce que la rectification soit faite.

Savinien pensait, au contraire, que rien n'était moins

naturel ; mais il avait l'adresse que madame Montauron tenait tant à connaître et il excusait presque les bavardages de M. Bouret qui venait de lui procurer ce renseignement.

Anita avait écouté distraitement cette conversation qui ne l'intéressait guère et qu'elle avait eu cependant la politesse de ne pas interrompre, mais dès qu'elle entendit Bouret conclure, elle ne perdit pas de temps pour rappeler à ses invités qu'on les attendait au baccarat.

Albine et Lucie avaient déjà choisi leurs places : l'une à droite, l'autre à gauche du fauteuil réservé au banquier. Elles s'étaient assises et elles étalaient sur le tapis quelques louis qu'elles espéraient bien faire fructifier.

Glébof, qui ne pouvait pas jouer sans boire avant de prendre la main, — c'était un fétiche, — Glébof s'occupait à installer à portée de la chaise qu'il se réservait un guéridon chargé de liqueurs variées.

Boisguérin s'était armé d'un râteau qu'il brandissait pour en essayer la portée, en attendant qu'il s'en servît pour racler l'or de la Suède.

Fougeray décachetait les paquets de jeux de cartes empilés par les soins prévoyants de la dame du logis.

Il ne manquait plus pour commencer que le comte Aparanda, retenu, à la très vive contrariété des pontes, par des explications beaucoup trop prolongées.

Les femmes murmuraient et les hommes donnaient à tous les diables Bouret qui accaparait leur banquier.

— Je parierais que cet animal-là lui propose une affaire, grommelait Georges. Il ne joue pas et il empêche les autres de jouer. Et ce nigaud d'Amanlis qui lui donne la réplique ! Il faut qu'il ait quelque histoire à débrouiller avec le Suédois. J'ai déjà remarqué deux ou trois fois qu'il se préoccupait beaucoup de ce monsieur et je finirai bien par savoir pourquoi.

— Est-ce tout ce que vous aviez à me demander? dit dédaigneusement l'étranger en regardant M. Bouret en face.

— Absolument tout, répondit le sous-directeur.

— C'est fort heureux, et vous me permettrez de vous faire observer que votre maison de banque ne tient pas ce qu'elle promet à ses déposants.

— Comment cela? Est-ce que vous auriez des doutes sur l'inviolabilité de notre caveau? Vous avez fermé vous-même la case où votre coffre est logé et personne ne peut l'ouvrir que vous.

— Je l'espère bien, mais je pensais que la discrétion figurait sur votre programme et je m'aperçois que vous ne vous croyez pas tenu de garder le secret à vos abonnés.

— Mais si! mais si! la liste des déposants n'est connue que de nous.

— Pardon! vous venez d'apprendre à M. d'Amanlis que je figure sur cette liste. Je m'empresse d'ajouter que cela m'est tout à fait égal et que je ne me cache pas d'avoir loué un de vos compartiments pour y serrer des valeurs. Mais je constate, pour le principe, que l'un des directeurs du *Crédit des Provinces* parle des affaires de ses clients ailleurs que dans son bureau. Et vous m'accorderez que cette façon d'entendre leurs intérêts a bien quelques inconvénients. Il se peut, par exemple, que M. d'Amanlis ne soit pas satisfait.

— Pourquoi donc, monsieur? demanda vivement Savinien.

— Il était au moins inutile de m'apprendre que vous aviez déposé le même jour que moi et à côté de moi. Vos affaires ne me regardent pas.

— Pas plus que les vôtres ne me regardent, c'est parfaitement vrai ; mais peu m'importe que vous connaissiez mes relations avec le *Crédit des Provinces*, répliqua Savinien, qui ne disait pas ce qu'il pensait.

— Et si c'est une leçon que vous avez voulu me donner, reprit Bouret, je n'ai qu'une réponse à vous faire : vous êtes libre de retirer votre colis, si vous pensez qu'il n'est pas en sûreté chez nous.

— Je le sais, monsieur, et j'userai prochainement de cette liberté, répliqua le comte Aparanda en tournant le dos à son interlocuteur.

Anita les avait quittés pour aller rejoindre les pontes et calmer leur impatience.

— Enfin ! s'écria-t-elle en voyant que l'étranger se rapprochait de la table, votre conférence est finie. C'est heureux, ma foi. J'ai cru que Bouret allait faire à ces messieurs un cours d'administration financière.

— Me voici, chère madame, dit le Suédois, et si on désire que je prenne la banque, je suis prêt.

— Comment, si on le désire ! répondit Fougeray, mais on vous implore. On gémit de votre absence. Si vous tardiez encore, Boisguérin se passerait son râteau à travers le corps, Glébof achèverait de vider le flacon de Kümmel qu'il a entamé, et comme il est déjà abominablement gris, l'effet serait désastreux ; Lucie sècherait sur pied et Albine s'arracherait ses beaux cheveux blond cendré.

— Taisez-vous donc, mon cher, dit l'attaché d'ambassade. Vous empêchez M. le comte Aparanda d'annoncer la somme qu'il met en banque.

— Fixez-la vous-mêmes, messieurs, dit le Suédois en prenant possession du siège qu'on lui avait préparé au centre de la table.

— Trente mille, est-ce trop ? demanda le Russe.

— Assurément non. Je les ai gagnés au cercle l'autre soir et je les ai sur moi. Vous me permettrez même d'y ajouter une centaine de louis pour amuser ces dames.

— A la bonne heure ! voilà un étranger qui sait vivre, dit Albine.

— Il est charmant, murmura la langoureuse Lucie en lui décochant une œillade prolongée.

Pendant que le Suédois posait sur le tapis deux rouleaux d'or et trois liasses de billets de banque, Bouret arrêtait le vicomte d'Amanlis pour lui dire :

— Que pensez-vous de l'impertinence de ce monsieur ?

— Moi ?... rien, balbutia Savinien.

— Vous ne trouvez pas étranges ses susceptibilités à l'endroit de notre caveau ? Je ne puis pas le sommer de nous débarrasser de son coffre en bois qui me fait l'effet de ne contenir que des cailloux... nos règlements s'y opposent... mais je veux me donner le plaisir de le taquiner. J'enverrai demain voir au Grand-Hôtel s'il y demeure, car je ne sais pas pourquoi je me figure qu'il ne m'a pas encore donné sa véritable adresse.

— Ce serait bien extraordinaire, mais... si vous appreniez qu'il vous a trompé, que feriez-vous ?

— Je raconterais l'histoire à tout le monde, et je prierais Fougeray de la répandre au *Diving-Club*. Il est bon que vous et vos amis soyez fixés sur l'existence que mène ce monsieur.

Mais, en attendant, j'ai bien envie d'attaquer vigoureusement sa banque, afin de lui montrer que ses grands airs ne m'intimident pas. Je ne joue pas souvent, mais quand je m'y mets, je vais bien, parce que les munitions ne me manquent pas. Et je serais ravi de lui gagner une somme.

Voulez-vous que nous l'enlevions à nous deux ?

— Je ne demanderais pas mieux, mais je doute que nous y réussissions. Il a une veine insensée. J'en ai fait l'expérience à mes dépens.

— Pensez-vous qu'il ne joue pas loyalement?

— Non, mais...

— Oh! cela n'aurait rien d'étonnant; seulement, je vous réponds que, s'il lui arrivait de tricher, je m'en apercevrais tout de suite. J'ai un coup d'œil qui ne me trompe jamais pour ces choses-là. Et je donnerais bien cinquante louis pour avoir le plaisir de prendre en flagrant délit ce Scandinave plus ou moins authentique.

Croyez-moi, profitons de l'occasion.

— Hé! Savinien, cria Georges, et ta revanche? Arrive donc, mon cher, on gagne tout ce qu'on veut ici.

En effet, les trois premiers coups avaient été pour les pontes et le banquier était occupé à payer des deux côtés avec une bonne grâce parfaite.

— Vingt louis sur le tableau de droite, répondit Bouret en tirant son portefeuille.

— Enfin, je retrouve donc mon Bouret, dit Anita; le Bouret que j'ai connu gros ponte avant que sa grandeur l'attachât au rivage.

Vicomte, un homme sérieux vous donne l'exemple. Suivez-le. Allez-y de vingt louis sur le tableau de gauche, et venez vous asseoir là, près de moi. La place est bonne.

Savinien, assurément, n'était pas venu pour jouer et il regrettait de n'avoir pas pu s'esquiver, mais les choses tournaient de telle sorte qu'il devenait difficile de refuser sans se singulariser.

Et puis, ce que faisait le sous-directeur du *Crédit des Provinces*, le neveu du baron de Trémorin pouvait bien le faire.

Au fond, d'ailleurs, il n'aurait pas été fâché de reprendre au comte Aparanda une partie de l'argent qu'il avait perdu contre ce déplaisant personnage, et il ne risquait pas de se ruiner, puisqu'il n'avait sur lui que trois billets de mille francs.

Il en fit mentalement le sacrifice, et il suivit les conseils d'Anita en prenant place près d'elle pour risquer l'enjeu à laquelle cette folle venait de le taxer.

Il gagna, et Bouret, qui avait misé sur l'autre tableau, perdit.

Les femmes étaient du bon côté, excepté Albine ; mais Albine avait une façon à elle de masser son argent. Quand elle perdait trois louis, elle s'arrangeait pour n'en payer qu'un, et le banquier n'avait pas le mauvais goût de réclamer.

Elle fut d'ailleurs plus heureuse au coup suivant, car tout le monde gagna, le comte ayant amené baccarat.

Et, après quelques alternatives, la veine se dessina si nettement contre M. Aparanda, que, vers la fin de la taille, sa banque était à l'agonie.

Le vicomte d'Amanlis avait doublé la somme qu'il portait sur lui. M. Bouret, plus heureux et aussi plus hardi, gagnait une dizaine de mille francs ; Georges de cinq à six mille, M. de Boisguérin, quatre mille, et ces dames s'étaient partagé l'or dans des proportions inégales.

Anita croyait devoir à sa dignité de maîtresse de maison de ponter modérément, tandis qu'Albine et Lucie poussaient comme des enragées.

Le Russe, qui était ivre, avait trouvé le moyen de perdre, mais peu de chose, de sorte qu'il restait à peine au banquier de quoi tenir quelques coups, au taux où étaient montés les enjeux.

Et il fallait bien rendre justice à la tenue du comte Aparanda dans cette déveine effroyable.

Il était aussi calme qu'au moment où il s'était assis à la table de jeu et beaucoup plus souriant. On aurait juré à le voir qu'il prenait plaisir à payer.

Savinien, qui l'observait, n'avait pas surpris un geste de mauvaise humeur, ni même un nuage sur sa physionomie.

Et Bouret, qui l'observait aussi, dans d'autres intentions que celles du cousin d'Yvonne, en était pour ses frais de surveillance.

On ne pouvait vraiment plus soupçonner de tricher un homme qui n'avait pas encore abattu une seule fois huit ou neuf et qui amenait baccarat presque à tout coup.

— Achevez-moi, messieurs, dit-il gaiement. Je voudrais que ma banque eût vécu avant la fin de la taille afin de céder la place à un plus heureux que moi.

C'était la première phrase qu'il prononçait depuis qu'il taillait.

— Comte, vous êtes le plus beau joueur que j'aie jamais vu, prononça gravement la dame du logis.

— Pas un de ces messieurs n'aurait ce sang-froid dans la perte, murmura Lucie.

— Vive la Suède! cria la blonde Albine, qui gagnait quarante louis.

Les joueurs du sexe fort préparaient leurs mises, lorsque Bouret dit à Savinien :

— Monsieur le vicomte, voulez-vous que nous fassions à nous deux le reste de la banque?

— Volontiers, répondit Savinien, qui croyait être en pleine veine.

On donna les cartes et le comte Aparanda montra un neuf accompagné d'une figure.

Il y avait sept à droite et six à gauche. Les deux pontes n'avaient plus qu'à payer.

— Veuillez compter de ce que vous avez devant vous, dit M. Bouret d'un ton dégagé qui n'était pas d'accord avec l'expression de sa physionomie.

Il se trouva qu'il restait près de sept mille francs, et Savinien, pour sa part, eut à rendre tout son bénéfice, plus quelques centaines de francs de son capital.

S'il avait consulté l'administrateur du *Crédit des Provinces*, ou si seulement il l'avait regardé, Savinien s'en serait probablement tenu là, car il aurait vu Bouret plier tranquillement, pour les insérer dans son portefeuille, les billets qui lui restaient après ce coup malheureux.

Mais Savinien était dans la disposition d'esprit la plus funeste où puisse se trouver un homme qui ponte contre une banque. Il y mettait de l'amour-propre, comme s'il se fût agi de battre sur un autre terrain cet étranger qui semblait prédestiné à être son adversaire toujours et partout.

Il était humilié autant que vexé d'avoir perdu.

Et, pour réparer ce premier échec, il jeta dédaigneusement sur le tapis ses deux derniers billets de mille francs.

Un nouvel abatage les emporta en un clin d'œil, et par une sorte d'ironie du sort, le tableau de droite ayant eu neuf contre le huit du banquier, gagna.

Bouret, qui n'y avait pas joué, se leva en disant :

— Voilà un avertissement, ou je ne m'y connais pas. Maintenant, vous ne me feriez pas jouer un louis.

— C'est un bon prétexte pour s'en aller avec du bénéfice, ricana Lucie.

— Tu nous la fais au pressentiment, dit Anita.

— Non, il fait tout bonnement charlemagne, reprit Albine.

— Mesdemoiselles, en ce bas monde, on fait ce qu'on peut, riposta Bouret sans s'émouvoir. Si je n'étais pas sûr de perdre, je ne m'en irais pas.

— Comment ! tu nous lâches ! s'écria la dame du logis.

— Les affaires, chère amie, les affaires ! Il faut que je sois debout demain matin à sept heures.

— Monsieur est bien libre de partir, si bon lui semble, dit Aparanda. Et, au surplus, la taille est finie, car il ne reste que cinq cartes... le coup n'y est pas..., et nous pouvons en rester là, si c'est l'avis général.

— Mais non ! pas du tout ! s'écrièrent en chœur les pontes alléchés par le gain qu'ils venaient de réaliser si facilement.

Il n'y avait encore que le vicomte d'Amanlis qui fût en perte.

— Je suis aux ordres de la majorité, dit gracieusement le Suédois. Et si ces messieurs veulent bien prendre la peine de mêler les cartes, je taillerai tant qu'il leur plaira.

— Ah ! voilà ce qui s'appelle parler comme un vrai gentilhomme, s'écria Lucie dans un accès d'enthousiasme.

Pendant qu'on procédait à l'opération demandée par M. Aparanda, Savinien s'était levé pour allumer un cigare et aussi pour donner audience à ses réflexions.

La voix de la raison lui conseillait de partir et un sentiment dont il ne démêlait pas très bien la nature le poussait à rester. C'était du dépit, de la colère, et par-dessus tout de l'orgueil.

Il lui en coûtait de céder le champ de bataille à l'ennemi, et il ne lui convenait pas d'imiter la prudente conduite du financier Bouret. L'exclamation que Lucie venait de lancer obscurcissait le jugement de Savinien, et il ne voyait pas que la gentilhommerie n'avait rien à faire en cette occurrence.

L'avisé lieutenant de M. Montauron le prit à part pour lui dire :

— Voulez-vous me permettre de vous donner un conseil... que vous ne suivrez pas, j'en ai peur. Ce Scandinave me paraît dangereux. Je trouve qu'il a trop perdu pour que cette déveine exceptionnelle soit due seulement au hasard, et à votre place je me défierais du choc en retour.

Vous êtes décidé à continuer, je le vois bien, et je n'ai pas la prétention de vous en empêcher. Mais, si j'étais à votre place, je jouerais petit jeu.

— C'est bien mon intention, répliqua le vicomte, et il me serait difficile de faire autrement, car il ne me reste pas vingt louis de la somme que j'avais sur moi.

— Oh! le Suédois vous tiendra sur parole tout ce que vous voudrez et je vous engage très fort à ne pas vous lancer dans cette voie-là avec lui.

Moi, je vais filer, et demain j'enverrai au Grand-Hôtel prendre des nouvelles de ce monsieur, qui commence à m'intriguer avec ses domiciles variés et ses excédants de bagages.

Au revoir donc, mon cher vicomte. Si vous avez demain quelques instants à perdre, venez causer dans mon cabinet.

Qui sait d'ailleurs, ajouta en riant Bouret, si vous n'aurez pas besoin d'ouvrir votre coffret pour en tirer des valeurs à seule fin de payer vos dettes de jeu? C'est ce que je ne souhaite pas, mais si cela arrivait par malheur, j'espère qu'avant de descendre au caveau, vous monteriez chez moi.

Ayant dit, le sémillant administrateur du *Crédit des Provinces* pirouetta sur le talon et gagna la porte sans que personne songeât à le rappeler. Les joueurs étaient bien trop occupés de la partie qui allait recommencer, et Savinien n'avait garde de prolonger un entretien où il était question de la malencontreuse cassette qu'il avait promis à madame Montauron d'aller reprendre dès le lendemain matin.

Il n'eut pas le temps de méditer le discours que M. Bouret venait de lui adresser, car on lui cria sur tous les tons qu'on n'attendait plus que lui pour reprendre la partie.

Il y alla, et il eut beau dire qu'il n'avait plus d'argent, il fallut s'asseoir près d'Anita et brûler ses dernières cartouches, qui s'usèrent vite.

La nouvelle taille était de celles que dans l'argot des cercles on nomme *taille rasoir*. Une veine formidable se déclara dès les premiers coups en faveur du banquier, et le troisième abatage mit Savinien à sec.

Il s'en serait consolé sans trop de peine s'il n'eût vu son ami Georges battre monnaie avec un crayon.

La prévoyante Anita avait préparé un petit tas de carrés de carton propres à recevoir l'inscription d'une somme et d'un nom, et Fougeray, qui avait ponté raide, en était déjà à cette dernière ressource des décavés.

Le comte annonçait d'ailleurs qu'il acceptait comme si c'eût été de l'or en barres, tous les bons que ces messieurs et même ces dames voudraient émettre, et tout le monde profitait de la permission.

Les femmes ne risquaient pas grand'chose à mettre leur signature en circulation, et les hommes, affolés par la fièvre du jeu, n'en étaient plus à calculer ce que pouvaient leur coûter les facilités qu'on leur offrait.

Il semblait que Bouret en partant, eût emporté avec lui tout ce qui restait de bon sens dans cette réunion de viveurs et de demi-mondaines.

Chacun griffonnait à la hâte le chiffre qui devait constituer son unité d'émission. Anita et ses amies se permettaient le bon de cinq louis; Boisguérin, le bon de vingt-cinq; Glébof et Fougeray, le bon de cinquante.

— A vous, vicomte! dit la dame du logis en passant à Savinien un paquet de cartons à convertir en assignats et un joli porte-crayon en or.

Elle fit cela comme si c'eût été la chose la plus naturelle du monde, et Savinien aurait eu bien mauvaise grâce à demander des explications.

Savinien, d'ailleurs, n'était plus de sang-froid. Et ce ne fut pas seulement la peur de passer pour un provincial qui le poussa à ponter sur parole.

Le démon du jeu avait mis sa griffe sur lui, et plutôt que d'abandonner la partie, il aurait signé tout ce qu'on aurait voulu.

Il se contenta cependant d'écrire son nom sur dix bons de mille francs chacun, et il se promettait bien d'en rester là.

Anita, qui lisait par-dessus son épaule, s'écria :

— A la bonne heure! vicomte, vous voilà dans le mouvement. Et, en vérité, vous ne pouviez pas faire moins que votre ami Georges, puisque l'autre jour, à la Bourse, vous avez gagné autant que lui. L'attaque à cinquante louis, il n'y a que ça! Au moins, on ne dira pas que, chez moi, on joue un jeu de portier.

Savinien se serait bien passé de ces éloges ; mais il les entendait à peine. Toute son attention se concentrait sur le jeu, qui avait repris après une courte interruption,
— le temps rigoureusement nécessaire pour battre monnaie avec du carton.

Les signataires s'aperçurent bientôt que cet entr'acte n'avait pas coupé la veine du comte Aparanda.

Les neuf et les huit continuaient à tomber de ses mains comme la grêle tombe du ciel.

Il ne fit qu'une bouchée de la première émission du

vicomte d'Amanlis qui passa à une seconde, puis à une troisième.

Les autres pontes, tout aussi malheureux et tout aussi entêtés que lui, signaient à qui mieux mieux.

On s'arrachait le porte-crayon.

Le Suédois, toujours imperturbable, classait méthodiquement les bons qu'il encaissait et on voyait bien que la fortune en le comblant de ses faveurs ne troublait point sa netteté d'esprit.

Chaque perdant avait son tas, et lorsque, par hasard, Aparanda avait à payer le coup, il ne confondait point les papiers-monnaie.

Il rendait les bons à ceux qui les avaient émis.

Et de même qu'un banquier porte au compte : profits et pertes, les valeurs douteuses, le comte classait à part les signatures féminines.

Il permettait même à ces dames de les retirer pour leur éviter la peine d'écrire trop souvent leurs jolis noms ; il se contentait fort bien de leurs engagements verbaux, et cette générosité ne lui coûtait guère, car il n'avait jamais compté qu'elles tiendraient leurs engagements écrits.

Aussi ne lui en voulaient-elles pas trop de gagner avec persistance.

Mais les joueurs sérieux n'étaient pas contents. Le correct Boisguérin lui-même jurait entre ses dents. Glébof buvait comme une éponge et grognait comme un ours. Fougeray se taisait, mais il avait des mouvements nerveux, et on devinait sans peine qu'il était transporté d'une rage froide.

Savinien, lui, ne savait plus ce qu'il faisait. Il avait tout oublié : le passé, l'avenir, les sages avis de M. Bouret, les embarras de madame Montauron, le manoir de Plouer et le caveau du *Crédit des Provinces*.

Il ne pensait qu'à lutter contre le bonheur insolent de cet étranger qui *abattait* avec une régularité désespérante.

Il ne regrettait même pas les billets de mille francs qui s'envolaient en Suède et il ne s'attardait point à en supputer le nombre.

Il était arrivé à cette période de l'ivresse du jeu où l'argent n'a plus de valeur et où on se ruine sans avoir conscience du danger.

La taille finit comme elle avait commencé, et un dernier coup plus désastreux et plus irritant que tous les autres emporta le suprême espoir du vicomte d'Amanlis qui avait décuplé sa mise pour tenter de se refaire.

Cette fois, la colère le prit, une colère sourde qu'il n'exprima ni par des exclamations, ni par des gestes.

Sa main crispée sur sa poitrine rencontra la médaille de la Vierge qu'il portait depuis son départ de Plouer.

Il ne lui avait pas porté bonheur au jeu, ce talisman donné par Yvonne, mais il le préserva d'un malheur plus redoutable que la perte d'une grosse somme. Il l'arrêta sur une pente qui pouvait aboutir au déshonneur.

Car c'eût été se déshonorer que de devoir à cet odieux étranger plus qu'il ne pouvait lui payer dans les vingt-quatre heures.

Savinien ferma les yeux et il lui sembla qu'il voyait sa cousine agenouillée dans la vieille église de Plouer, et disant pour lui la prière des naufragés.

Il comprit enfin que le nom d'Amanlis était en péril et qu'il fallait s'arrêter pour le sauver.

Le comte Aparanda du reste lui en offrit le moyen.

Ce triomphant seigneur, après avoir usé les dernières cartes de cette taille victorieuse, se mit tranquillement à compter les bons qu'il venait de conquérir.

— Vous trouvez que c'est assez ? lui dit ironiquement Georges.

— Non, monsieur, répliqua le Suédois, sans s'émouvoir. Je veux bien continuer, mais je désire d'abord savoir ce que je gagne et ces messieurs seront peut-être bien aises aussi de savoir ce qu'ils perdent.

— Je vous serai très obligé de compter les bons que vous avez à moi, dit Savinien en se levant. Je désire en rester là.

— Diable ! mon cher, vous allez désorganiser la partie, s'écria Glibof.

— Pourquoi donc ? vous êtes libres de rester ; moi je m'en vais.

— Et moi aussi, reprit Fougeray. J'en ai assez d'une partie où on ne gagne pas un coup sur dix.

— Le fait est, murmura Boisguérin, que je n'en ai jamais vu une pareille.

— Raison de plus pour essayer de nous rattraper, grommela l'enragé Moscovite.

— Essayez, si le cœur vous en dit ; moi, je n'ai pas confiance, riposta Georges.

Les femmes gardaient un silence prudent. Elles sentaient qu'il était inutile de lutter contre la chance du comte et elles espéraient bien qu'il allait déchirer leurs bons. Le reste leur importait peu.

Aparanda poursuivait son opération, sans s'inquiéter des propos qui bourdonnaient à ses oreilles.

— Monsieur, dit-il au vicomte d'Amanlis qui avait parlé le premier, voici soixante-neuf bons de cinquante louis chacun ; veuillez les vérifier.

— C'est inutile, répondit Savinien, vous me les rendrez contre les soixante-neuf mille francs que je vous dois et que je vous enverrai ce matin, au Grand-Hôtel.

— Je serais désolé que vous prissiez cette peine. Je remettrai dans la journée vos bons à la caisse du cercle, et vous pourrez les retirer quand il vous plaira.

— C'est bien ; vous serez payé ce soir, riposta sèchement Savinien.

Et il tourna le dos à l'heureux Suédois qui s'était remis à compter les bons des autres décavés.

— Mon cher, lui dit Anita, vous savez vous arrêter sur une grosse perte. C'est rare et c'est beau, surtout pour un débutant. Aussi, je vous prédis que vous ferez fortune au jeu.

— Non, car je ne jouerai plus.

— Bon ! vous êtes écœuré, mais vous changerez d'avis.

— Je ne crois pas, dit le vicomte en se dirigeant vers la porte.

Elle n'essaya pas de le retenir et il put disparaître sans que personne s'occupât de lui.

Mais Georges Fougeray le rejoignit dans la cour de l'hôtel.

— Jolie soirée ! dit-il en montrant le poing au ciel. Je perds juste dix mille de moins que toi. C'était bien la peine de faire un coup superbe sur la rente pour enrichir cette canaille d'Aparanda. Car c'est une canaille, je le parierais... et il aurait triché que ça ne m'étonnerait pas. Ça n'empêche pas qu'il faut le payer et je n'ai pas la moitié de la somme que je lui dois.

— Comment cela ? je t'ai remis près de cent mille francs.

— Eh ! mon cher, j'ai bouché des trous. Je vais être obligé d'emprunter.

— Si je n'avais pas tout perdu, j'aurais eu grand plaisir à te tirer d'embarras.

— Parbleu ! je le sais bien ; mais il ne doit pas te rester grand'chose, après la culotte de cette nuit, ajoutée à celle que tu as reçue au cercle.

— Je crois même qu'il ne me restera rien, car tu oublies l'achat du mobilier et la note du tapissier.

— Heureusement, je connais un brave usurier qui nous prêtera un millier de louis.

— Merci, je n'en ai pas besoin.

— Allons donc ! Tu n'as plus le sou, tu en conviens toi-même. Comment vas-tu faire ? A Paris, on ne vit pas de l'air du temps.

— A Paris, non ; mais, à Plouer, ma chambre est prête et mon couvert est mis. Et quand j'y suis, je me passe très bien d'argent de poche.

— Quoi ! tu veux retourner en Bretagne !

— Parfaitement. J'espère même que j'y serai avant la fin de la semaine.

— Je n'en crois pas un mot. Nous causerons de ça ce soir et tu changeras d'avis. En attendant, je vais me coucher. Pourvu que je trouve un fiacre ! Je demeure au diable, tandis que tu es à deux pas de chez toi. Tiens ! j'en vois un là-bas. Bonsoir !

Et Georges se mit à courir sur le boulevard Malesherbes, laissant Savinien à ses réflexions, qui n'étaient pas gaies, quoique sa résolution fût prise et que la situation eût un bon côté.

— Je ne m'acclimaterai jamais ici, se disait-il en remontant la rue de Monceau ; mieux vaut en finir tout de suite. Demain, madame Montauron aura son coffret ; le comte Aparanda sera payé, et je les laisserai débrouiller leurs intrigues comme ils pourront. J'aurai fait plus que je ne devais pour cette imprudente personne et je puis partir sans remords.

Je vais ajouter un post-scriptum à ma lettre, pour annoncer à mon oncle ma très prochaine arrivée.

Rue Rembrandt, le concierge tira le cordon au premier coup de sonnette.

Et le vicomte d'Amanlis arriva sans encombre devant

la porte de l'appartement où il avait laissé madame Montauron et où il espérait bien ne pas la retrouver.

Il était quatre heures du matin et l'aube n'allait pas tarder à poindre, mais il faisait encore nuit.

La maison que les cris d'Anita et de sa bande avaient troublée un instant était redevenue silencieuse. Tous les locataires dormaient et Savinien s'était glissé dans le corridor en marchant sur la pointe du pied.

Il avait en poche la clef de son appartement ; il ouvrit sa porte sans bruit et il fut tout d'abord un peu surpris de voir que le fumoir était toujours éclairé.

Il avait à dessein laissé sa lampe allumée. Madame Montauron était cachée dans la chambre à coucher et elle aurait eu quelque peine à s'en aller sans lumière. Mais les lampes s'éteignent quand on ne les remonte pas, et la sienne brûlait encore.

Il eut presque aussitôt l'explication de ce phénomène.

Au moment où il écarta la portière en tapisserie, une femme assise près de la fenêtre se leva et vint à lui.

— Vous ici, madame ! murmura Savinien surpris et effrayé de retrouver là l'imprudente qui aurait dû depuis longtemps regagner le domicile conjugal.

Je crains de deviner... le jardin est gardé... vous n'avez pu rentrer...

— Je n'ai pas essayé, dit madame Montauron ; je vous attendais. Rassurez-vous... je suis certaine que le chemin est libre...

— Vous oubliez que le jour va venir.

— Qu'importe ? Brigitte veille et, s'il y avait du danger, elle serait venue m'avertir.

— Vous m'attendiez, dites-vous ! Mais vous n'avez donc pas entendu que ces fous m'emmenaient à un souper et à une partie qui pouvaient me retenir toute la matinée ? C'est un miracle que j'aie réussi à me dégager si tôt.

— J'ai tout entendu ; je savais que vous reviendriez dès que vous pourriez vous échapper, et je vous ai attendu, parce que je savais que vous alliez le voir. Cette femme avait annoncé qu'il devait venir.

— Qui ? le comte Aparanda ? Il est venu, en effet, dit Savinien avec amertume.

Il n'avait pas encore oublié ce que lui coûtaient ses rencontres avec ce déplaisant personnage.

— Et, reprit la dame, après avoir hésité à poser de nouveau une question qui avait blessé le vicomte d'Amanlis, lorsqu'elle la lui avait adressée avant le coup de sonnette de Georges Fougeray, vous avez pu lui demander...

— Son adresse ? Un autre que moi s'est chargé de s'en informer.... et cet autre c'est... l'associé de M. Montauron.

— M. Bouret ! Quoi ! il était chez cette fille !

— Cela n'a rien d'étonnant. Il les connaît toutes. Et il a les façons et le langage de ceux qui les fréquentent. C'est ainsi qu'il a parlé devant ce monsieur du coffret que je dois retirer.

— Mais vous ne lui avez pas dit que vous le reprendriez demain ? dit vivement madame Montauron.

— Non, madame, je m'en suis bien gardé, car avec l'indiscrétion qui est un de ses moindres défauts, M. Bouret aurait sans doute informé de mon intention l'administrateur en chef du *Crédit des Provinces*, et peut-être n'en eût-il pas fallu davantage pour confirmer votre mari dans ses soupçons.

Il n'en est pas moins vrai que, grâce au bavardage de ce monsieur, le comte Aparanda sait maintenant que j'ai confié un coffret à la maison de banque de l'avenue de l'Opéra au moment même où il venait d'y déposer, lui, une énorme caisse.

Je vous signale le fait ; vous en déduirez peut-être des conséquences que je ne saurais apercevoir, puisque j'ignore la nature de vos relations avec cet étranger, dit assez brutalement Savinien.

— J'allais vous raconter l'histoire de ma vie quand vos amis sont venus vous chercher. J'allais vous expliquer pourquoi il faut que je sache où demeure M. Aparanda. Avant de revenir au récit de mon triste passé, je tiens à vous dire que M. Aparanda n'a jamais vu ce coffret et qu'il ne se doute pas de ce qu'il contient.

— Tant mieux pour lui, madame. Je ne me charge pas de le lui apprendre, car j'espère bien ne jamais le revoir. Mais je suis en mesure de vous renseigner sur un point qui paraît vous toucher particulièrement. M. Aparanda, en sortant de l'auberge que j'habitais, est allé se loger au Grand-Hôtel. Du moins, c'est l'adresse qu'il a donnée en ma présence à M. Bouret.

— Penseriez-vous que cette adresse est fausse? demanda madame Montauron.

— Ce n'est pas moi qui pense cela, c'est M. Bouret.

— Sur quoi se fonde-t-il pour douter d'une affirmation dont il est facile de vérifier l'exactitude ?

— Sur ce fait, que M. Aparanda a fait, il y a quelques jours, une déclaration mensongère à l'employé chargé d'enregistrer les noms des déposants.

M. Aparanda s'est fait inscrire comme demeurant à l'hôtel du Helder qu'il avait quitté le matin même.

— C'est étrange, en effet, murmura la dame en baissant la tête ; sait-il que vous logiez aussi dans cet hôtel?

— C'est encore M. Bouret qui lui a fourni ce renseignement. Mais ma situation vis-à-vis de M. Aparanda est très nette, et la ligne de conduite que je suivrai dorénavant est toute tracée. Je ne veux plus me mêler des affaires de ce monsieur, et il ne me convient pas d'entretenir des relations avec lui. Vous m'aviez demandé une indication ; je vous l'ai donnée. Quand je vous aurai rapporté le coffret, mon rôle sera terminé. Il ne me restera qu'à faire des vœux ardents pour que personne ne pénètre jamais le secret de cette fâcheuse aventure.

Ce fut dit d'un ton ferme, presque dur. Avant la partie qui venait de si mal finir, le vicomte d'Amanlis aurait eu plus de ménagements pour une femme tombée ; mais le jeu avait irrité ses nerfs et endurci son cœur.

Madame Montauron sentit la leçon et releva la tête.

— Mon secret, dit-elle d'une voix émue, vous allez le connaître.

— Je ne vous le demande pas, interrompit Savinien.

— Il faut que vous le connaissiez pour que vous puissiez me juger.

Ecoutez-moi, monsieur, et quand vous aurez entendu mon histoire, si vous me trouvez indigne de pitié, je n'implorerai plus votre appui. Je me résignerai à mon sort et il arrivera de moi ce qu'il plaira à Dieu.

Votre oncle vous a dit que mon père, le marquis de Louvigné, était son camarade d'enfance et son meilleur ami...

— Non, madame. Mon oncle n'a jamais prononcé votre nom devant moi.

— Et cependant il vous a expressément recommandé de me voir aussitôt que vous seriez arrivé à Paris. Et quand vous retournerez en Bretagne, je vous jure qu'il vous interrogera longuement sur l'existence que je mène, qu'il vous demandera si je suis heureuse, car il ne m'a pas retiré son amitié, lui, quoiqu'il sache ma vie tout entière... jusqu'au jour de mon mariage.

— Ce mariage... n'est-ce pas lui qui l'a fait ?

— Oui, et je n'ai jamais cessé de le bénir pour les

douze années de calme que je lui dois. Mon mari a tout fait pour me rendre heureuse... Il ne dépendait pas de lui de me délivrer du remords de l'avoir trompé, lui le meilleur des hommes, lui à qui je devais tout.

Savinien dissimula assez mal une grimace ironique. Cet aveu édulcoré par des phrases sentimentales le choquait à ce point qu'il se demandait si la protégée de son oncle n'était pas un monstre d'hypocrisie.

— Oui, je l'ai trompé, reprit madame Montauron, et, le dirai-je? M. de Trémorin m'a aidée à le tromper.

Cette fois, Savinien fit un haut-le-corps et ne prit plus la peine de cacher la stupeur que lui causait ce discours inattendu.

Il s'aperçut bientôt que les paroles de la dame n'avaient pas la portée qu'il leur attribuait.

— M. de Trémorin m'a mariée, continua-t-elle, et il savait que j'avais commis une faute...

— A la bonne heure! pensa le cousin d'Yvonne. C'est déjà très fort ce que mon oncle a fait là, et le mari n'a vraiment pas sujet de se louer de lui, mais enfin c'est moins prodigieux que s'il avait été l'amant de la femme.

— Une faute que j'ai cruellement expiée et que j'expierai encore... Ma mère était morte en me mettant au monde; j'avais quatorze ans quand je perdis mon père. Il ne me restait qu'une parente, une cousine germaine, qui était veuve et très âgée. Elle voulut bien promettre à M. de Trémorin de se charger de moi quand j'aurais terminé mon éducation. J'étais élevée dans un pensionnat et j'en sortis à dix-huit ans pour vivre chez ma cousine, madame de Morvieux, qui ne souhaitait rien tant que de me marier le plus tôt possible.

Elle était presque pauvre, son mari l'ayant ruinée, mais elle avait été fort répandue dans le meilleur monde et elle espérait y trouver un bon parti pour la fille du marquis de Louvigné, quoique mon père m'eût à peine laissé de quoi vivre. Elle m'y mena, mais pour mon malheur, elle voyait aussi cette société cosmopolite qui forme comme une colonie étrangère au milieu de Paris et qui se recrute un peu partout... M. de Morvieux avait beaucoup voyagé dans le nord de l'Europe et sa veuve était restée en relations avec quelques familles russes et suédoises.

Savinien hocha la tête. Il commençait à entrevoir la fin de l'histoire.

— Vous avez deviné, n'est-ce pas ? lui dit d'une voix altérée madame Mautauron. Un homme me remarqua... Il était jeune, il était beau, il était riche... Il s'occupa de moi, il se posa bientôt en prétendant, et ma cousine, quoiqu'elle fût très imparfaitement renseignée sur son compte, ne chercha point à me mettre en garde contre l'amour qu'il m'avait inspiré.

Et quand j'eus succombé aux séductions dont cet homme m'entourait... alors que déjà les conséquences de ma criminelle faiblesse étaient irréparables... j'appris qu'il était marié.

— Marié ! s'écria Savinien. Le comte Aparanda était marié ! Car c'est de lui qu'il s'agit, n'est-ce pas ?... Ah ! je savais bien que cet homme ne pouvait être qu'un misérable.

— Votre oncle l'a cherché longtemps pour le tuer, murmura madame Montauron sans se prononcer sur le compte de son séducteur.

— C'est une exécution dont je me chargerais assez volontiers, dit entre ses dents le vicomte d'Amanlis. Le lâche avait fui sans doute après vous avoir déshonorée.

— Il était retourné en Suède.

— Il a donc vraiment une patrie ? Je ne m'en serais

pas douté. Et je serais bien surpris qu'il n'eût pas volé son titre de comte.

— Non... il l'a reçu de ses ancêtres, et quand j'eus le malheur de le rencontrer, il ne l'avait pas encore sali par une conduite indigne d'un gentilhomme.

— Mais, depuis, il l'a traîné dans la boue, je n'ai pas de peine à le croire.

— Je ne sais pas ce qu'il a fait, car je suis restée douze ans sans le revoir; je sais seulement qu'il a dissipé une énorme fortune, qu'à la suite de scandales effroyables, il a été obligé de quitter son pays, et que depuis longtemps il vit à l'aventure, courant l'Europe sans se fixer nulle part et sans posséder de ressources avouables.

— Je les connais, ses ressources; il vit du jeu, dit entre ses dents Savinien, qui se souvenait de la dernière taille de baccarat.

— Il a couru toutes les villes d'eaux, et en dernier lieu il était à Monaco. C'est de là qu'il m'a écrit pour m'annoncer son arrivée à Paris.

— Quoi ! vous étiez en correspondance avec cet homme ?

— Il y avait entre nous un lien qui m'empêchait de rompre avec lui.

— Un lien !... entre le criminel et la victime !

— J'étais mère, dit madame Montauron d'une voix étouffée.

Savinien tressaillit et se tut. Il comprenait enfin.

— Oui, reprit avec effort la pauvre femme, mon déshonneur fut complet. Pour cacher les suites de ma faiblesse, madame de Morvieux m'emmena en Italie. Nous passâmes une année à Pise et j'y mis au monde une fille.

— Mon oncle l'a-t-il su? demanda vivement le cousin d'Yvonne.

— Non. Je ne lui ai avoué que ma faute.

— J'aime mieux cela, murmura Savinien.

Il lui en coûtait d'admettre que le baron de Trémorin eût contribué à tromper si complètement un honnête homme, et il cherchait des circonstances atténuantes à sa conduite en cette affaire.

— Légèreté de gentilhomme qui fait moins de cas de l'honneur d'un bourgeois que de la réputation d'une fille de bonne maison, pensait le neveu. Je ne me gouvernerai jamais d'après ces principes-là.

— Ne le condamnez pas, dit madame Montauron qui avait les larmes aux yeux. J'étais la fille de son meilleur ami et il savait que j'avais succombé à des séductions contre lesquelles personne ne m'avait mise en garde, car je n'avais jamais connu ma mère. Il m'a tendu la main au fond du précipice où j'avais roulé. Et, en me mariant, il savait bien que j'emploierais le reste de ma vie à racheter le passé.

— Mais ce passé se dresse contre vous, puisque votre séducteur a reparu... et ne venez-vous pas de me dire que vous n'aviez jamais cessé de recevoir ses lettres.

— Pouvais-je lui défendre de m'écrire pour me parler de notre enfant?

— Quoi! il s'est occupé d'elle, lui qui vous avait trahie et abandonnée?

— Madame de Morvieux avait exigé que cette enfant restât en Italie; elle l'avait confiée, sous un nom supposé, à de pauvres gens qui ignoraient le secret de sa naissance et qui, moyennant le payement d'une rente très modeste, s'étaient engagés à l'élever comme si elle eût été leur fille. Et ma cousine, qui tenait mon sort entre ses mains, m'avait fait jurer de ne jamais la revoir. Elle voulait que l'honneur du nom de Louvigné fût sauf. Peu lui importait de me briser le cœur. Votre oncle eût été plus humain, j'en suis sûre, et j'ai souvent regretté de ne pas lui avoir dit toute la vérité.

— S'il l'avait connue, je doute qu'il se fût prêté à l'arrangement imaginé par votre cousine pour couvrir une faute irréparable.

— Mieux eût valu mille fois que je ne me fusse pas mariée. Mais je n'avais pas vingt ans, et j'étais sans force, sans appui, accablée sous le poids de ma honte. Je consentis à tout, excepté au sacrifice qu'on exigeait de moi. Je ne me résignai pas à renoncer pour toujours à ma fille et j'écrivis à son père pour lui apprendre où elle était, pour le supplier de veiller sur elle et de me donner de ses nouvelles.

J'espérais qu'un jour viendrait peut-être où il me serait permis de la faire revenir en France, secrètement... sans troubler la vie de l'homme dont je portais le nom.

— Et le comte Aparanda consentit à ce que vous lui demandiez?

— Je restai deux ans sans recevoir de réponse, et j'étais mariée depuis dix-huit mois lorsqu'il m'écrivit qu'il était veuf, que rien ne le retenait plus en Suède et qu'il partait pour l'Italie. Il protestait de son repentir, il me jurait de ne jamais troubler mon bonheur...

— Il avait donc appris que M. Montauron vous avait épousée?

— Oui, et tout en me louant du parti que j'avais pris, il exprimait le regret de n'avoir pu réparer par un mariage le mal qu'il m'avait fait. Il me promettait du moins de s'occuper de notre enfant... et depuis dix années, il n'a pas manqué de m'écrire tous les mois pour me parler d'elle...

— Elle vit donc? s'écria Savinien.

— Elle vit... elle est à Paris... j'accourais pour l'embrasser, quand j'ai été forcée de me réfugier chez vous pour fuir mon mari.

— Comment ! cet homme vous avait dit qu'elle était chez lui... mais c'était un mensonge infâme !

— Non... j'ai mal compris le sens de sa lettre... Voici ce qui s'est passé. Ma fille était restée à Pise. Il avait été convenu entre son père et moi qu'il la ramènerait en France, dès qu'elle serait en âge d'être mariée. Mais tout récemment, les braves gens qui l'élevaient sont morts tous les deux à quelques jours de distance. Le comte était à Monaco. Il a couru à Pise et il m'a écrit pour me demander si je ne pensais pas qu'il fallait conduire Jeanne à Paris et l'y placer dans un pensionnat où du moins je pourrais la voir. Ai-je besoin de vous dire ce que je lui ai répondu ? Je ne vivais pas depuis douze ans et j'allais retrouver enfin cette enfant qu'on m'avait arrachée le lendemain de sa naissance...

— Mais vous ne l'avez pas revue... qu'en a-t-il donc fait ?

— Il est arrivé avec elle, il y a treize jours, et aussitôt il m'a informée qu'il avait confié Jeanne à une parente à lui, une dame suédoise qui habitait la campagne, aux environs de Paris. Il jugeait cet arrangement plus convenable et moins dangereux que de la garder avec lui dans une auberge. Il me priait en même temps de venir le voir le plus tôt que je pourrais, parce qu'il serait peut-être forcé de partir plus promptement qu'il ne l'avait prévu. Il avait, me disait-il, perdu beaucoup d'argent au jeu.

— Il s'est rattrapé depuis, dit entre ses dents Savinien.

— Il ajoutait que le moment était venu d'assurer l'avenir de notre enfant et qu'il comptait sur moi pour placer au nom de Jeanne une somme qui la mît pour toujours à l'abri de la misère. Il me rappelait que je pouvais mourir et qu'il était complètement ruiné.

— Il n'en a pas l'air.

— Cette lettre me bouleversa. J'étais riche et je ne pouvais pas disposer de ma fortune puisqu'elle appartient à mon mari... je ne possédais que mes diamants...

— Et vous les apportiez à cet homme ?

— Pour qu'il les vendît afin de constituer une rente à ma fille.

— Savait-il que vous alliez les lui remettre ?

— Non. Je lui avais écrit seulement que je cherchais un moyen de me procurer de l'argent, que je viendrais chez lui dès que je pourrais m'échapper et que je le suppliais de faire en sorte que le jour où je viendrais, je puisse embrasser ma fille.

— Eh bien, que vous a-t-il répondu ?

— J'ai reçu de lui un billet qui ne contenait que ces mots : « Venez. Vous la verrez. Mais ne tardez pas plus de trois jours. Paris n'est plus tenable pour moi. Si j'étais forcé de partir sans vous voir, je vous ferais savoir où elle est. »

— Et il n'a pas tenu parole, je suppose... il est vrai qu'il n'est pas parti.

— Après avoir reçu cette lettre, j'ai passé quarante-huit heures dans d'horribles angoisses. Mon mari ne me quittait pas et je n'avais pas un instant de liberté. Et lorsque, le matin du troisième jour, j'ai pu m'échapper...

— Je sais le reste, madame, et je m'explique moins que jamais la conduite de M. Aparanda.

— Je ne cherche pas à me l'expliquer. Il me suffit qu'il n'ait pas quitté Paris.

— Vous tenez encore à le revoir... après ce qu'il a fait !

— C'est ma fille que je veux revoir.

— Mais pour la revoir, il vous faudra implorer cet homme... car vous êtes à sa merci... risquer encore une fois votre réputation, votre repos, en courant après lui dans les auberges où il campe, en attendant qu'il disparaisse avec l'argent qu'il vient de gagner.

— Vous pouvez m'épargner cette humiliation et me préserver de ce danger.

— Moi !

— Oui, car vous le connaissez maintenant, et vous savez où le trouver.

A cette ouverture, qu'il aurait dû prévoir s'il eût été moins troublé, Savinien tressaillit de surprise et d'indignation.

— Quoi ! s'écria-t-il, vous me demandez de m'aboucher avec cet homme, alors que vous venez de me dire ce qu'il a fait, de me parler de la vie d'aventurier qu'il mène depuis douze ans. N'attendez pas cela de moi, madame. Je ne l'ai que trop vu et je compte bien ne jamais le revoir.

— Même pour me sauver du désespoir... pour me rendre ma fille ? supplia madame Montauron.

— Votre fille ! mais il ne dépend pas de moi de vous la rendre. Est-ce que je sais où elle est, moi ?

— Il vous le dira, si vous le lui demandez.

— Et à quel titre le lui demanderais-je ? Je ne suis ni votre parent, ni...

— Vous êtes le neveu d'un homme qui fut mon ami, mon défenseur, et qui, s'il était ici, ne refuserait pas de me secourir encore. Je lui dirais tout et je le ferais juge de ma situation. Croyez-vous qu'il me conseillerait d'abandonner une malheureuse enfant qui n'est pas coupable, elle, et qui n'a d'autre appui que sa mère ?

— Vous oubliez qu'elle ne connaît que son père et qu'il s'est occupé d'elle depuis qu'elle est née, dit avec ironie Savinien.

— M'approuveriez-vous si je la lui laissais ?

— Non, assurément, car elle ne saurait être en de plus

mauvaises mains. Mais il ne me paraît pas qu'il ait l'intention de la garder, puisqu'en arrivant à Paris, il a commencé par se débarrasser d'elle, en la confiant à... une de ses compatriotes, je crois.

— Oui, à une dame suédoise qu'il ne m'a pas nommée, et s'il part sans m'apprendre où est ma fille...

— Il n'a pas l'air de se disposer à partir. Il s'est fait recevoir membre d'un cercle et l'autre jour il était venu à l'hôtel des Ventes pour acheter des meubles.

— Et cependant il est encore à l'auberge... et d'un jour à l'autre il peut quitter Paris.

— Au fait... maintenant qu'il a gagné de grosses sommes, il songera peut-être à mettre son argent et sa personne à l'abri en passant à l'étranger.

Et vous me permettrez de vous faire remarquer, madame, que si le comte Aparanda voulait assurer un sort convenable à sa fille, il ne tiendrait qu'à lui. Depuis quelques jours, le jeu lui a procuré cent cinquante mille francs... Si sa veine insolente continue, comme je n'en doute pas, il en aura bientôt deux cent mille... C'est précisément, je crois, ce que valent vos diamants.

— Et vous pensez que l'idée lui viendra d'employer son gain à mettre Jeanne à l'abri de la misère ? vous ne le connaissez pas.

— Mais si, je le connais maintenant, et depuis que je le connais, je m'étonne que vous ayez pu songer à lui confier ce coffret qui contenait une fortune.

— Je ne songeais qu'à ma fille et je n'avais pas le choix des moyens. Mais c'est la Providence qui a fait que cette fortune est restée entre vos mains.

— Elle n'y restera pas longtemps, dit vivement Savinien. Demain, vous aurez le coffret. J'irai le retirer, au risque d'être surpris par votre mari ou trahi par les indiscrétions de son associé. Cela, je vous ai promis de le faire, et je le ferai. Mais je ne puis faire davantage.

D'abord je vais retourner en Bretagne... demain... ce soir, si je puis. Je partirais dans une heure si je ne m'étais engagé à vous rendre cette cassette.

— Puis-je savoir la cause de cette résolution subite? Hier, vous comptiez rester longtemps à Paris, puisque vous êtes venu occuper cet appartement...

— Hier, j'avais assez d'argent pour y vivre... de l'argent que j'avais gagné malgré moi et que je tenais à ne pas rapporter à Plouer... mon oncle m'aurais su gré de le laisser ici, car c'était de l'argent mal acquis... Je n'ai pas eu la peine de le dépenser... Je viens de le perdre au baccarat... Je le dois au comte Aparanda... je le lui remettrai ce soir et, quand j'aurai acquitté ma dette, rien ne me retiendra plus à Paris.

— Ce soir, dites-vous!... vous verrez M. Aparanda ce soir?

— J'espère que non. Il a tenu à m'épargner la désagréable obligation de le rencontrer. Je lui avais proposé de lui porter la somme au Grand-Hôtel où il doit être logé. Il a mis un extrême empressement à m'indiquer un autre moyen qui consiste à verser le montant de ma dette à la caisse du *Diving-Club*. Je ne serai pas là quand il ira la retirer.

— Mais il dépend de vous d'y être.

— Sans doute.

— Eh bien, je vous le demande en grâce, je vous le demande au nom de votre oncle qui, s'il pouvait m'entendre, joindrait ses prières aux miennes, dites à l'homme qui tient entre ses mains la vie de ma fille et la mienne, dites-lui la vérité... racontez-lui ce qui s'est passé le jour fatal où j'ai dû me réfugier chez vous pour éviter d'être surprise par mon mari... Quand il saura cela, il ne pourra plus s'étonner de vous voir intervenir dans cette triste affaire... et il ne refusera pas de vous apprendre où est ma fille.

— Qu'en savez-vous, madame? dit Savinien avec humeur. Cet homme peut avoir des desseins qui ne s'accordent pas avec votre désir... et s'il consent à me répondre, quel rôle jouerai-je ensuite? me prierez-vous d'aller arracher une enfant que je n'ai jamais vue des mains d'une dame suédoise à laquelle je ne crois guère?

— Non, je ne vous demanderai rien de plus. Brigitte, qui sait tout, car elle ne m'a pas quittée depuis mon enfance, Brigitte fera le reste. Elle viendra demain recevoir de vous le coffret; et elle se chargera de Jeanne. Vous n'entendrez plus jamais parler de mes misères et je vous bénirai toujours.

Savinien avait beau se raidir contre l'émotion qui le gagnait, il n'était pas de force à résister aux supplications d'une femme, aux larmes d'une mère.

— Ainsi, dit-il lentement, il vous suffira que j'interroge cet homme et que je le force à me répondre... car je vous préviens que je l'y forcerai, s'il s'avise de refuser.

— Pourquoi refuserait-il? Vous lui direz que je suis prête à tous les sacrifices...

— Je ne lui dirai pas cela, parce que je le crois très capable d'exploiter la situation; mais je lui dirai que je me suis engagé à vous mettre à même de reprendre votre fille, et que c'est une affaire entre lui et moi.

— Un duel!... risquer votre vie contre la sienne!... Non, non...

— En effet, les enjeux ne seraient pas égaux, mais nous n'en viendrons pas là. J'ignore si M. Aparanda est brave... et j'admets qu'il le soit... mais je suis sûr qu'il a beaucoup de raisons pour éviter un éclat.

— Oui... il cédera, et demain soir...

— Demain soir, madame, je me rendrai à l'invitation que M. Montauror. a bien voulu m'adresser. Je pense que j'aurai vu le comte Aparanda. Il vient assez régulièrement au cercle vers cinq heures et demain il n'y manquera pas, puisqu'il a de l'argent à recevoir.

— Alors, chez moi, vous pourrez me dire...

— Tout ce que j'aurai appris. Je vous le promets, madame... comme je vous ai promis de vous rendre vos diamants.

Et maintenant, souffrez que je vous rappelle l'heure qu'il est, conclut Savinien, qui voulait couper court aux actions de grâces.

Le ciel blanchissait déjà et un mince filet de lumière filtrait à travers l'interstice des rideaux.

Madame Montauron n'ajouta pas un mot. Elle sentait que ce n'était pas le moment de se confondre en remerciements.

Elle tendit la main au vicomte d'Amanlis, qui y mit un baiser respectueux avant d'aller ouvrir la porte-fenêtre donnant sur le jardin.

L'aube ne paraissait pas encore, le parc était silencieux et sombre.

Tout annonçait que la retraite de la dame allait s'effectuer sans accident.

Sous peine d'ajouter un danger de plus aux dangers qu'elle courait, Savinien ne pouvait pas l'escorter plus loin que la grille de séparation ; mais il la suivit des yeux autant que le lui permettait la demi-obscurité du crépuscule, et il eut la satisfaction de la voir disparaître dans l'ombre projetée par les hauts bâtiments de l'hôtel.

Rassuré de ce côté, il rentra dans l'appartement qu'il venait d'étrenner par de nouvelles aventures, et il se jeta en maugréant dans le fauteuil où il était assis, lorsque l'arrivée de madame Montauron l'avait surpris.

La lettre à son oncle était encore sur la table, et sa main s'était arrêtée au milieu d'une phrase où il demandait à M. de Trémorin comment s'était fait le mariage de madame Montauron.

— Parbleu ! murmura-t-il en la relisant, je suis en mesure, maintenant, de répondre à la question que je lui posais, et j'ai bien envie de la biffer.

Mais, non, il faut ajouter tout simplement que je ne peux pas m'accoutumer à la vie de Paris et que je me prépare à reprendre le chemin de Plouer. Et encore... peut-être ferai-je bien d'attendre à demain pour annoncer mon retour... car je ne serai pas maître de mes actions, tant que je serai engrené dans les intrigues de la protégée de mon cher oncle... et il me faut toute la journée pour m'en tirer définitivement.

VIII

En s'éveillant après la nuit orageuse qui venait de le remettre au point où il en était en arrivant à Paris, Savinien d'Amanlis avait fait ses comptes, et il avait constaté que, toutes dettes payées, il ne lui resterait pas de quoi prendre sa place au chemin de fer de l'Ouest pour rentrer à Plouer.

Le baccarat, les acquisitions et le coulage de poche pendant cette première semaine avaient eu raison de la somme qu'une opération de Bourse avait fait tomber dans son portefeuille.

Et même le billet de mille francs touché sur sa lettre de crédit y avait passé.

Il fallait absolument aviser, car il fallait prévoir le cas où les affaires de madame Montauron ne se termineraient pas le jour même.

Savinien s'était engagé à lui rendre ses diamants et sa fille. Il pouvait espérer que le retrait de la cassette s'opérerait sans difficulté ; mais il doutait du succès immédiat de la négociation avec le comte Aparanda.

Cet équivoque personnage lui paraissait très capable de traîner les choses en longueur.

Savinien sentait bien que pour parer aux complications qui pourraient surgir, il serait peut-être obligé de retarder son départ et, à tout événement, il voulait se mettre en mesure de rester quelques jours de plus.

Le moyen le plus simple était assurément de demander un nouvel acompte à la maison de banque sur laquelle son oncle lui avait ouvert un crédit, et ce fut aussi le premier qui lui vint à l'esprit.

Mais, en y réfléchissant, il reconnut bien vite que la chose n'était pas aussi aisée qu'elle en avait l'air et même que, pour le moment, elle était presque impraticable.

Il se souvint qu'on ne pouvait pas toucher sans passer par le cabinet de M. Bouret, qui visait les lettres de crédit, et d'un autre côté, il n'avait pas oublié qu'il devait aller avant midi retirer le coffret.

Il eût été dangereux de faire, comme on dit, d'une pierre deux coups. Après ou avant la descente au caveau, la visite au sous-directeur présentait de graves inconvénients.

Après, Bouret ne manquerait pas de remarquer la cassette reprise par M. d'Amanlis et de recommencer à propos de cette boîte pleine de secrets, ses plaisanteries indiscrètes.

Car Savinien une fois rentré en possession du précieux coffret, ne pouvait pas le déposer dans un fiacre, comme un simple paquet de mouchoirs ou de cravates, et il se voyait condamné à le porter sous son bras, jusqu'à ce qu'il pût le serrer dans son secrétaire en attendant l'arrivée de la fidèle Brigitte.

Avant, c'eût peut-être été pis. Bouret était homme à accabler de questions le vicomte, à deviner qu'il venait retirer son dépôt et à se faire un malin plaisir de s'attacher à ses pas, tant qu'il ne serait pas sorti de l'établissement.

Déjà, chez Anita, en quittant la partie, l'associé de M. Montauron avait lancé une allusion à l'éventualité d'une prochaine visite de Savinien, forcé par une grosse perte au jeu, d'ouvrir le coffret pour en extraire des valeurs à seule fin de payer ses dettes.

De tout cela, le neveu du baron de Trémorin concluait qu'il fallait se présenter deux fois au *Crédit des Provinces :* la première fois pour reprendre la cassette, la seconde pour toucher de l'argent.

Mieux valait mettre un ou deux jours d'intervalle entre les deux opérations, et incontestablement il fallait commencer par la cassette, puisque madame Montauron avait besoin de ses diamants pour sa réception du soir.

D'où il résultait que Savinien allait rester momentanément sans un sou.

En d'autres circonstances, il ne se serait pas tourmenté de cet embarras passager, mais il pouvait avoir maille à partir avec le Suédois, et on ne va pas à la guerre sans cartouches.

Il se rappela qu'en sortant de l'hôtel d'Anita, Georges Fougeray lui avait parlé d'un usurier qui prêterait volontiers un millier de louis, c'est-à-dire beaucoup plus qu'il ne voulait emprunter, et, dans son innocence, il se dit qu'il pourrait bien trouver chez ce financier interlope la très petite somme dont il avait besoin pour très peu de temps.

Il ne s'agissait que de prier Georges de lui ouvrir cette porte, et Georges ne demanderait pas mieux, puisqu'il avait proposé à son ami de contracter de compte à demi un emprunt à gros intérêts.

Savinien se faisait tous ces raisonnements à dix heures du matin, en achevant sa toilette, et il était déjà prêt à sortir, car il avait fort peu dormi.

Il calculait que midi serait l'instant favorable pour se

présenter au *Crédit des Provinces*. Il y était allé plus tôt à sa première visite, et il y avait trouvé M. Bouret. Mais ce financier devait, comme tous les gens d'affaires à Paris, déjeuner tard et s'absenter, pour ce motif, au milieu de la journée, à telles enseignes que, peu de jours auparavant, Amanlis l'avait rencontré vers cette heure-là chez M. Montauron, lequel ne venait jamais à son cabinet de l'avenue de l'Opéra qu'après la Bourse.

Or, Savinien tenait essentiellement à opérer sa descente au caveau en l'absence de ces deux personnages.

Il avait donc tout le temps de passer d'abord chez Georges qui demeurait rue d'Antin et qui devait être encore au lit.

C'est bon pour un gentilhomme campagnard de se lever tôt après s'être couché au point du jour. Les Parisiens, après une nuit de baccarat, dorment la grasse matinée, et Georges était un vrai Parisien, quoiqu'il fût né à Rennes, en Bretagne.

Le vicomte qui savait cela, résolut de ne pas manquer l'occasion, et sonna son valet de chambre provisoire pour l'envoyer chercher une voiture.

Il n'était pas fâché de voir avant de partir ce concierge gagé par le propriétaire de l'immeuble, car il tenait à s'assurer que les allées et venues des noctambules qui s'étaient introduits dans la maison par la cour et par le jardin n'avaient scandalisé personne.

Le portier ne témoigna point qu'il se fût aperçu de ces invasions, et à son attitude, Savinien vit bien que la visite de madame Montauron avait passé inaperçue.

Un quart d'heure après, le cousin d'Yvonne faisait son entrée chez Georges Fougeray qui était venu lui-même ouvrir.

— Je pensais te trouver couché, dit-il tout étonné de le voir complètement habillé et le chapeau sur la tête.

— Cinq minutes plus tard tu ne m'aurais pas trouvé du tout, répondit Georges. Mes moyens ne me permettent pas, pour le moment, de faire le paresseux. Je n'ai ni château, ni terres en province, moi, et il faut que je vive sur le pavé de Paris. Je vais à la chasse aux écus.

— Emmène-moi.

— Ah! bah! tu t'es décidé à ne pas rentrer piteusement dans ton trou. La nuit porte conseil à ce qu'il paraît. Tant mieux! ça me navrait de te voir si mou dans la déveine. Et puisque tu montres du nerf, notre fortune va prendre une face nouvelle, c'est moi qui t'en réponds.

— Oh! ne t'emballe pas trop. Je ne mérite pas tes compliments, car je compte toujours partir très prochainement. Je suis retenu pour quelques jours seulement, mais quand j'aurai payé ce Suédois, je serai sans un sou, et ici les journées sont chères.

— A qui le dis-tu? Je ne m'en tire pas à moins de dix louis; soit : trois cents louis par mois, et je n'ai pas de train. Mais j'ai des dettes, et quand je pense que ce gredin d'Aparanda m'emporte soixante mille francs, il me prend des envies de l'étrangler au lieu de le payer. Malheureusement ça ne se fait pas. Et il faut que je me remette encore dans les griffes de Pinchard.

— Qu'est-ce que c'est que Pinchard?

— Un charmant garçon qui se fait un plaisir d'obliger ses amis... en leur prenant vingt pour cent.

— L'usurier dont tu me parlais ce matin?

— Usurier, oui ; Arabe, juif, fesse-Mathieu... tout ce que tu voudras... Mais ne t'avise pas de le lui dire. Tu ferais manquer notre emprunt. Ce grippe-sou a la prétention d'être un gentleman. Un type, mon cher, à mettre sur la scène. Tu verras. Ça t'amusera.

— D'autant plus qu'il ne me ruinera pas, même en

m'écorchant dans les grands prix. J'ai besoin de très peu de chose.

— Diable ! mais c'est que... je te préviens... Pinchard ne fait pas de petites affaires... il prétend que ça le compromettrait à ses propres yeux.

— Je ne peux cependant pas me charger d'une grosse dette pour l'unique plaisir de lui être agréable.

— Combien donc te faut-il?

— Mille francs... et encore, je pourrais me contenter de moins.

— Mille francs ! Pinchard te rirait au nez. Et qu'est-ce que tu feras de mille francs? Ce n'est pas de quoi aller une semaine.

— Ça me suffira.

— As-tu le projet d'aller manger au bouillon Duval? Quand on est dans ces idées-là, cher ami, on met sa montre au clou, c'est bien plus simple.

Mais j'y pense, si tu n'as besoin que de cinquante louis, pourquoi ne vas-tu pas les demander à Bouret? Tu n'as pas, que je sache, épuisé ta lettre de crédit... et ça ne te coûtera que la peine de passer par l'avenue de l'Opéra en sortant d'ici.

— Je ne veux pas m'adresser à M. Bouret, répondit Savinien.

— Pourquoi? demanda Georges. As-tu peur de lui avouer que tu as perdu au jeu cette nuit? Il s'en doute, je t'en réponds, car tu commençais à t'enfiler, lorsqu'il est parti... Et dire qu'il a trouvé le moyen de gagner, l'animal !

— Non, ce n'est pas cela... Mais j'ai des raisons pour éviter de le voir aujourd'hui... et j'ai besoin d'argent immédiatement. Dans quelques jours, je prendrai ce qui reste sur ma lettre de crédit et je rembourserai ton usurier... Elle est de six mille francs et je n'en ai touché que mille. Ainsi je ne serai pas embarrassé pour m'acquitter.

— Si je comprends quelque chose à ta combinaison, je veux bien que le diable m'emporte ! Payer des intérêts énormes quand on pourrait faire autrement, c'est une singulière fantaisie.

Mais je te répète qu'elle est impraticable, ta combinaison. Pinchard ne prête pas moins de dix mille, et il ne prête pas pour quelques jours.

— Et moi je ne veux pas emprunter plus que je ne pourrais rendre.

— Parbleu ! ni moi non plus. J'ai dû souvent longtemps, mais j'ai toujours fini par payer. Et la preuve, c'est que j'ai du crédit chez Pinchard qui sait son monde sur le bout du doigt. Je trouve chez lui mille louis sur ma signature. Malheureusement, mille louis ne me suffiraient pas en ce moment. Je vais être obligé de forcer la note et je prévois qu'il y aura du tirage.

Pinchard est réglé comme un papier de musique, et entêté comme un mulet. Il a classé et étiqueté ses clients. Chacun d'eux vaut tant et pas davantage. Et une fois qu'il a fixé une cote, il n'en démord pas.

— Diable ! mais alors tu cours grand risque de rester dans l'embarras.

— Franchement, j'en ai peur, et ce serait désastreux, car si je faisais attendre ce gredin de Suédois, tout le cercle saurait que je suis en retard avec lui et je serais coulé du coup.

A Paris, c'est comme ça, mon cher. On peut renvoyer ses fournisseurs à l'année prochaine et même leur faire banqueroute, c'est très bien porté dans un certain monde. Mais un homme est déclassé quand il ne paye pas ses dettes de jeu dans les vingt-quatre heures... mettons quarante-huit, si tu veux... c'est le délai qu'on accorde dans les cercles.

— Enfin, combien te manque-t-il pour t'acquitter?

— Une trentaine de mille francs, et comme il faut que je puisse marcher jusqu'à ce que je trouve une nouvelle affaire, c'est à peu près quarante mille que je voudrais emprunter.

— Juste le double de ton crédit chez ton usurier ordinaire. Mais il doit y avoir dans Paris d'autres prêteurs de même espèce.

— Des centaines, mais avec celui-là les affaires se font nettement. On touche de bons billets de banque, et on les touche séance tenante. Et ça se comprend. Ses pratiques ordinaires sont des joueurs qui ne peuvent pas attendre. Tandis que ses confrères vous traînent en longueur et finissent quelquefois par vous offrir en payement des montres en aluminium ou des crocodiles empaillés. Il n'y a que Pinchard, te dis-je. Pinchard *for ever!*

— Très bien. Mais s'il refuse? demanda Savinien qui en était déjà arrivé à oublier ses embarras personnels pour s'intéresser à ceux de son ami.

— S'il me refuse, il me restera la ressource de me jeter dans la Seine ou d'émigrer en Australie.

— Oh! avant d'en venir là...

— J'essayerais d'autres remèdes, moins violents. Mais je veux commencer par le commencement, c'est-à-dire par Pinchard... et je perds un temps précieux à bavarder. Mon homme reçoit de neuf heures à midi, et je tiens à ne pas le manquer.

— Partons, mon cher. Je me reprocherais de t'avoir empêché de réussir, en te retenant ici.

— Alors, tu viens avec moi?

— Si tu n'y vois pas d'inconvénients.

— Au contraire, tu pourras m'être très utile. Seulement, je t'avertis que, si tu t'avises de parler à Pinchard d'un emprunt de cinquante louis, tu feras tout rater.

— Pourquoi ça ? Ton Pinchard aime mieux prêter de grosses sommes, je le conçois ; mais, enfin, qui peut le plus, peut le moins.

— D'accord ; il peut, mais il ne veut pas. Et il concevrait la plus piètre idée de ta solvabilité.

— Je te demande un peu quelle idée il s'en fait, de ma solvabilité ? Il ne sait pas que j'existe.

— C'est ce qui te trompe. Tout homme qu'on reçoit dans un cercle convenable est immédiatement couché sur les registres de Pinchard, qui prend des informations sur sa fortune. Je suis certain que, pour toi, c'est déjà fait. Et il n'a pas eu de peine à se procurer des renseignements.

— Si ceux qu'il a recueillis sont aussi sûrs que ceux qu'avait ton coulissier Galipot !...

— Tu ris ? Eh bien ! mon cher, je parie que Pinchard a plus de confiance en toi que n'en a eu Galipot pour opérer à ton compte sur six cent mille francs de rente. On sait maintenant partout que tu es propriétaire foncier et que tu as un oncle millionnaire.

— Encore les mêmes bêtises ! A Paris, les gens d'affaires sont fous.

— Fous ou non, sois sûr qu'ils font tous cas de ta signature et que tu aurais le plus grand tort de compromettre ton crédit et le mien en affichant que tu as besoin d'une misère.

J'ajoute que si tu te décidais à emprunter une somme... honorable... dix mille, par exemple, tu me donnerais un fameux coup d'épaule, sans t'en douter. Ta négociation faciliterait singulièrement la mienne.

— Comment cela ?

— J'aurais voulu ne pas te l'expliquer, parce que tu

pourras croire que c'est mon intérêt qui me fait parler, mais puisque tu tiens à ce que je mette les points sur les *i*, je te déclare que si nous proposions à Pinchard un emprunt collectif, il n'hésiterait pas une minute.

— Qu'entends-tu par un emprunt collectif ?

— Je veux dire un emprunt garanti par des billets qui porteraient nos deux signatures, et dont nous partagerions le produit.

— Quatre-vingt mille francs alors, puisqu'il t'en faut quarante mille. En vérité, ce serait absurde, et quel que soit le désir que j'ai de t'obliger, je ne puis vraiment pas me mettre sur les bras une dette que je ne serais jamais en mesure d'éteindre.

— Oh ! je comprends que tu y regardes à deux fois… et même que tu refuses, puisqu'il ne te faut que quelques louis… car enfin, les intérêts sont énormes… quarante mille francs, à trois mois, nous coûteraient à peu près trois mille francs… passer par ces conditions usuraires quand on n'y est pas forcé, c'est dur, je l'avoue… et je n'insiste pas.

Il y aurait bien un moyen de tout concilier, mais…

— Lequel ? demanda vivement Savinien.

— Non… c'est inutile… j'aurais l'air de te pousser à te compromettre pour me rendre service.

— Parle ! je sais parfaitement que tu es incapable de me mettre dans une fâcheuse situation.

— Eh bien, il suffirait que tu consentisses à endosser les effets que je souscrirai à Pinchard. Je me chargerais de les rembourser à l'échéance, et tu n'aurais plus à t'en occuper. Avec ta garantie, Pinchard ne ferait aucune difficulté pour me prêter quarante mille sur lesquels, bien entendu, je te remettrais cent, ou deux cents, ou trois cents louis, que tu me rendrais de la main à la main, quand cela te conviendrait. Inutile d'ajouter que les intérêts seraient exclusivement à ma charge.

— Mais non... j'entendrais en payer ma part proportionnelle.

— Qui serait fort peu de chose. Nous n'aurons pas de discussions sur ce point. Je te prie seulement de réfléchir avant de t'engager, car je n'ai nulle envie de te forcer la main.

Et il est bon aussi que je t'explique sur quelles rentrées je compte pour ne pas laisser protester nos billets, car tu pourrais t'imaginer que mon espoir se fonde sur un coup de Bourse dans le genre de celui auquel je t'ai associé l'autre jour. Non, mon cher, ces aubaines-là sont trop rares, et j'ai des certitudes dans mon sac... Une masse d'Ottomans achetés dans les plus bas cours et qui, dans trois mois, vaudront dix fois plus que je ne les ai payés.

— Comment peux-tu être certain qu'ils monteront ?

— Mon cher, j'ai des renseignements particuliers... Il se forme un syndicat des douze grandes compagnies financières pour représenter les intérêts des porteurs de la dette turque... et je connais le délégué qu'elles envoient à Constantinople... En août, au plus tard, la hausse sera faite.

Note bien d'ailleurs que si, par impossible, elle ne l'était pas, j'en serais quitte pour un renouvellement de trois mois... Pinchard ne répugne pas à renouveler une fois... pas deux, par exemple... et, enfin, au pis aller, je vendrais mes ottomans qui, même à leurs cours actuel, valent plus de cinquante mille francs.

Ce serait désastreux, puisque, dans un avenir très prochain, ils représenteront une fortune, mais j'aimerais mieux être ruiné à blanc que ne pas faire honneur à ma signature... et surtout à la tienne.

Et pour peu que tu en doutes, mon cher Savinien, restons-en là, et laisse-moi aller tenter tout seul d'apprivoiser le dragon de la rue Sainte-Anne... car il habite la rue Sainte-Anne, cet affreux Pinchard.

— Ecoute, répondit Savinien après un court silence, je n'entends rien à toutes les spéculations dont tu me parles ; donne-moi seulement ta parole que tu es sûr, absolument sûr, de pouvoir payer à l'échéance.

Georges Fougeray fut assez maître de lui pour accueillir froidement cette ouverture, qui le comblait de joie.

— Si tu me demandes ma parole d'honneur, dit-il, c'est que tu doutes de moi. Mes affirmations les plus solennelles ne changeraient rien à la situation. Donc, il est inutile que je prononce des serments. Garde ta signature, mon cher, et ne t'occupe plus de mes embarras. Je m'arrangerai comme je pourrai avec Pinchard.

— Tu prends la mouche fort mal à propos, répliqua vivement Savinien. Quand je te prie de me donner ta parole, c'est une façon de parler. Il me suffit que tu me répondes tout bonnement : oui, je suis certain de pouvoir rembourser dans trois mois la somme que j'emprunterai avec ta garantie.

— Je te l'ai déjà dit et je te le répète.

— Très bien ! C'est tout ce qu'il me faut. Si je te croyais capable de me tromper, je ne serais pas ton ami.

— A la bonne heure ! voilà un langage que je comprends. Et j'avoue que tout à l'heure tu m'as blessé. Je me disais : on m'a changé mon Savinien. Mais je le retrouve. N'en parlons plus et allons chez Pinchard.

— Allons, répéta le vicomte d'Amanlis, qui commençait toujours par résister aux entraînements et qui finissait invariablement par faire une sottise.

Fougeray ne lui laissa pas le temps de se raviser. Il le poussa dehors, avec des formes amicales.

— Je ne suis pas aussi bien logé que toi, lui dit-il en descendant l'escalier. L'entresol manque de chic. C'était bon du temps où les héros des romans de Paul de Kock entretenaient des danseuses de l'Opéra avec six mille livres de rente. Maintenant, un homme qui veut se poser loge au premier. J'y monterai quand mes Ottomans auront monté.

Et, à propos d'appartement, songes-tu que tu devrais toujours six mois de loyer à M. Montauron, alors même que tu partirais demain pour la Bretagne ?

— C'est vrai... je n'y pensais pas... mais il ne s'agit que de quinze cents francs... et d'ailleurs je vendrai ce fameux mobilier que tu m'as fait acheter.

— Pas la peine... il me plaît et si je m'installe définitivement cet été, je te le reprendrai au prix qu'il t'a coûté.

— Tiens ! tu as gardé ta voiture. Renvoie-la, mon cher. La rue Sainte-Anne est à deux pas. Et Pinchard aime assez qu'on arrive chez lui à pied. Il tient à ne pas afficher sa maison. Je l'ai vu refuser dix mille à un garçon de ma connaissance qui était venu les lui emprunter en mail-coach avant d'aller aux courses. Tous les boutiquiers s'étaient mis sur le pas de leurs portes pour voir ça.

Savinien sourit des susceptibilités de cet usurier et paya son fiacre.

Le trajet fut égayé par les plaisanteries de Georges qui avait retrouvé toute sa bonne humeur, et les deux amis arrivèrent bientôt à la porte d'une maison de bourgeoise apparence, une vieille maison située dans ce bout de la rue Sainte-Anne qu'on n'a pas encore nivelé, ni élargi.

Savinien fut fort surpris de rencontrer sous cette porte cochère le marquis Adhémar de Laffemas, qui éclata de rire en le voyant, et qui lui dit de but en blanc :

— Je vous y prends, cousin. Vous venez voir ce coquin de Pinchard. Et il me paraît que vos beaux projets de sagesse n'ont pas tenu longtemps, puisque vous en êtes déjà aux emprunts usuraires.

— Pardon ! balbutia le vicomte d'Amanlis, je ne viens pas précisément pour...

— Oh ! n'allez pas croire que je vous blâme. Il en coûte cher de recourir à ce vautour, mais c'est encore ce qu'on a de mieux à faire quand on est décavé. Les amis n'ont jamais d'argent le jour où on a besoin d'eux et ils racontent vos embarras à tout le monde.

Vous voyez du reste que je mets mon système en pratique. Je me suis flanqué cette nuit une de ces culottes... qui comptent dans la vie d'un gentilhomme... et il m'a fallu me lever dès l'aurore pour venir sonner à la porte du providentiel Pinchard.

J'espère que vous le trouverez comme moi facile à la détente et je me sauve. Au revoir, cousin... à dimanche... j'ai mis dix louis pour vous sur un cheval qui est à vingt contre un et qui sera à égalité le jour du grand prix.

Et le marquis fila, sans honorer d'un regard Fougeray, que Savinien s'apprêtait à lui présenter.

— Ah ! c'est ton cousin, ce grand flandrin de Laffemas, dit Georges qui avait assisté, raide comme un piquet, à ce colloque et qui s'était bien gardé de porter la main à son chapeau.

— Mon cousin assez éloigné ; sa trisaïeule était une Amanlis, répondit Savinien que les façons des gens de Paris étonnaient toujours.

En province, on se salue en pareil cas, et ces messieurs s'étaient bornés à se regarder de travers.

— Est-ce que tu le connais ? reprit-il.

— Tout le monde le connaît, répondit laconiquement Georges. On le voit partout, même à la Bourse.

— Et chez les usuriers, à ce qu'il paraît. C'est bien drôle. Je le croyais très riche. Il a voitures, chevaux et le reste... Il habite le superbe hôtel de sa mère, rue de Varenne.

— A Paris, mon cher, personne n'est riche.

— Ou, du moins, tout le monde a besoin d'argent.

— Et la preuve, c'est que nous venons chez Pinchard. Montons, cher ami. L'heure s'avance et je n'ai pas envie de le manquer.

L'escalier était en pierre, avec une rampe de fer, un large escalier qui devait dater du dix-huitième siècle.

Ce prêteur à la petite semaine habitait une maison bâtie autrefois pour loger quelque conseiller au Parlement.

Au premier étage, sur le palier, les deux amis croisèrent une jeune femme blonde, très élégamment vêtue, qui rabattit prestement sa voilette, aussitôt qu'elle les aperçut, et qui fila en rasant la muraille.

— C'est singulier, murmura Savinien, voilà une figure qu'il me semble avoir vue quelque part.

— Parbleu ! répondit Georges à demi-voix ; elle était à la pâtisserie de la Bourse, lorsque je suis allé t'y chercher. C'est la petite comtesse de Gravigny, une joueuse intrépide, qui opère sur les conseils d'un joli commis de Galipot. Il paraît que la liquidation a été mauvaise, puisqu'elle sort de la caverne où Pinchard égorge ses pratiques.

— Il prête donc aussi aux femmes ?

— Parfaitement, pourvu qu'elles soient solvables. On prétend même qu'il s'entend avec les grands couturiers pour se faire adresser par eux celles qui ont de grosses notes à régler.

Savinien pensait :

— Si madame Montauron savait cela, elle aurait peut-être recours à lui, au lieu de vendre ses diamants pour doter sa fille. Et cette comtesse de Gravigny pourrait la renseigner, car elle la connaît. Elles causaient ensemble à la Bourse des femmes.

Le nom de Pinchard ne s'étalait point sur une plaque de cuivre incrustée dans la porte de son appartement. Ce financier avait la prétention d'être un bourgeois et laissait les enseignes aux marchands.

Fougeray sonna. Un valet de chambre vêtu de noir vint ouvrir et l'introduisit, sans lui rien demander.

Ce serviteur avisé avait la mémoire des figures et reconnaissait les clients qu'il avait déjà vus.

Le vicomte d'Amanlis admira la décoration du salon d'attente, tendu en cuir de Cordoue, orné de tableaux modernes et de bibelots variés.

Rien n'y sentait l'escompte. On se serait cru chez un riche amateur d'art et de curiosités.

— Que dis-tu de cette installation? lui demanda Georges. Nous n'en sommes plus aux usuriers du temps de Molière.

— Ceux d'à-présent sont mieux logés, j'en conviens. Mais je suppose qu'ils ne s'entendent pas moins à écorcher les gens.

— Ils y mettent plus de formes. Tu vas voir. Pinchard est le plus poli et le plus accommodant des hommes.

La conversation ne se prolongea point, car le capitaliste ne les fit pas attendre. Le valet de chambre revint presque aussitôt les chercher pour les conduire à son maître.

Ils entrèrent dans un cabinet dont un ministre se serait fort bien contenté. Haut plafond, ameublement riche et sévère, boiseries sculptées, corps de bibliothèque en ébène rehaussé de filets de cuivre. Tout y était.

Et la personne de M. Pinchard ne déparait pas le cadre

qui l'entourait. C'était un grand garçon d'une trentaine d'années, fort bien tourné et vêtu avec une parfaite élégance ; un peu trop blond, peut-être, mais joli cavalier. Il avait des traits réguliers et même une physionomie avenante. Seulement le regard manquait de franchise.

Il était assis devant un magnifique bureau à cylindre, où il achevait de ranger des papiers, mais il se leva et il vint à la rencontre des visiteurs, le sourire aux lèvres.

— Bonjour, mon cher Fougeray, dit-il, je vous attendais.

— Vous êtes donc sorcier, s'écria Georges, car je ne prévoyais guère, hier soir, que je viendrais chez vous ce matin.

— Moi, je le sais depuis que j'ai vu Glébof. Il est tombé ici à neuf heures précises.

— Alors il vous a raconté comme quoi nous nous sommes tous enfilés au baccarat.

— Oui. Je connais les détails de votre partie, comme si j'y avais assisté... Je les connais si bien que je devine qui est monsieur, dit Pinchard en saluant Savinien.

— Vous me rappelez que j'aurais dû commencer par vous présenter mon ami le vicomte d'Amanlis, dit Fougeray.

— J'étais sûr que j'avais deviné, s'écria Pinchard. Glébof m'avait nommé les perdants, et comme je connais tous les autres, il m'a suffi de voir entrer monsieur avec vous pour savoir à qui j'avais affaire.

Soyez le bienvenu, monsieur le vicomte, et veuillez vous asseoir. Je suis tout à vos ordres.

Ce début mit Savinien d'assez mauvaise humeur. Il lui déplaisait d'apprendre qu'on colportait l'histoire de sa perte au jeu et les prévenances de ce doucereux escompteur lui paraissaient suspectes...

— Alors, mon cher, reprit Georges, je n'ai pas besoin de vous exposer le motif de notre visite.

— Oh! c'est tout à fait inutile. Je sais que vous avez été très malheureux, que monsieur l'a été encore plus que vous, et que vous avez tous les deux de larges brèches à réparer.

— Vous vous trompez, monsieur, dit Savinien agacé, mes brèches sont réparées, attendu que j'ai de quoi payer ce que j'ai perdu.

— Je n'en doute pas, monsieur, s'empressa de répondre Pinchard. Quand on porte un nom comme le vôtre, on ne joue pas lorsqu'on n'est pas en mesure de régler immédiatement les pertes qu'on peut subir, et quand on est dans votre situation de fortune, on a toujours chez soi de quoi s'acquitter.

— Ma situation de fortune? Comment la connaissez-vous?

— Comme je connais celle de tous mes clients. C'est mon état d'être renseigné.

— Oui, oui, interrompit Georges qui craignait que Savinien ne répliquât, nous savons que vous tenez des registres et que votre répertoire de fils de famille est toujours au courant. Vous pourriez au besoin remplacer les agences matrimoniales, et avant de donner sa fille à un viveur, un père n'aurait qu'à s'adresser à vous pour être fixé sur le chiffre des dettes de son futur gendre.

— Hé! hé! ricana Pinchard, la précaution ne serait pas mauvaise, mais je ne prête pas qu'à des fils de famille.

— Oh! je m'en doute.

— Je prête aux femmes, je prête même aux pères.

— Mais pas *au pair*.

— Très joli, ce calembour, mais injuste, mon cher Fougeray. Vous savez bien que mes conditions sont aussi modérées que possible, et à vous entendre, M. d'Amanlis pourrait me prendre pour un usurier... quoique je n'en aie ni l'âge, ni la figure.

— Un usurier ! Fi donc ! vous obligez vos amis, voilà tout. Et si vous leur prenez un peu plus que l'intérêt légal, la Banque de France en fait tout autant, puisqu'il lui est arrivé d'élever à neuf et à dix pour cent le taux de son escompte.

— Je vois que vous me rendez justice et que vous partagez mes idées sur le loyer de l'argent. Les commerçants pataugent dans la routine. Moi, je suis un novateur et je ne reconnais pas la loi qui a fixé aux prêteurs des limites invariables. Je base mes prix sur la solvabilité de l'emprunteur et je suis dans le vrai.

— Absolument, répondit Georges avec un sérieux parfait. Et comme nous sommes très solvables tous les deux, j'espère bien que cette fois-ci vous ne nous prendrez que quinze pour cent.

— Impossible, cher ami. Vingt est mon minimum. Et je vous ai toujours accordé le traitement des nations les plus favorisées, comme on dit dans les traités de commerce. Mais, d'abord, combien vous faut-il ? J'ai besoin de le savoir, parce que j'ai fait ce matin trois opérations qui ont presque mis ma caisse à sec, de sorte que s'il vous fallait une très forte somme...

— Quarante mille, pas davantage.

— Pour vous ? C'est le double de ce que je puis faire.

— Pour nous deux.

— C'est différent. Vingt mille chacun, alors.

— Non, non, dit vivement Savinien. J'ai besoin de beaucoup moins.

— Très bien. Veuillez donc m'expliquer comment vous entendez l'affaire.

— De la façon la plus simple, s'empressa de répondre

Fougeray. Je vais vous souscrire pour quarante-quatre mille francs d'effets à six mois, à l'ordre de M. le vicomte d'Amanlis qui va les endosser, et, en échange, vous allez nous remettre quarante billets de mille.

— Dans ce cas, monsieur répondrait de la totalité de la dette ?

— Naturellement, puisque je signerai, dit sèchement Savinien.

— Alors, nous pouvons nous entendre. Reste à régler la question d'échéance. Six mois ne me conviennent pas.

— Ni à moi non plus, murmura le vicomte, qui aimait mieux abréger le temps pendant lequel sa responsabilité serait engagée.

— Trois mois vous suffisent-ils ?

— J'aimerais mieux quatre, répondit Georges.

— C'est un peu long, mais voici ce que je vous propose : Vous allez me signer un effet de quarante-trois mille francs payable au 15 juin.

— Comment ! au 15 juin ! nous sommes aujourd'hui le 6 mai. Ça fait cinq semaines.

— Oui, mais le 15 juin, nous renouvellerons pour trois mois. Vous ne payerez que le 15 septembre.

— Quelle combinaison bizarre ! Pourquoi ne pas échelonner les échéances de deux mois en deux mois ?

— Pour des raisons à moi personnelles, cher ami, et qu'il est tout à fait inutile de vous expliquer. Que vous importe, d'ailleurs, que la première échéance soit au 15 juin ou au 15 août ? Je m'engage à renouveler, et vous savez par expérience que je tiens toujours mes engagements.

— Oh ! je le reconnais. Mais je ne suis pas seul intéressé, puisque mon ami doit endosser les billets.

Voyons, Savinien, que dis-tu de la proposition de M. Pinchard ?

— Je dis que tu es libre de l'accepter ou de la refuser, répondit le vicomte d'Amanlis qui le croyait lié par sa promesse. Tu sais ce dont nous sommes convenus.

Georges prit la balle au bond.

— Allons, dit-il, trois mille francs d'intérêt pour quatre mois, c'est dur... ça fait vingt-deux et demi pour cent, mon bon Pinchard...

— Plaignez-vous donc !... Je viens de conclure deux affaires à vingt-cinq et une à trente... et sur des signatures qui valent de l'or en barres.

— Elles ne sont pas meilleures que les nôtres ; mais... puisqu'il faut avaler vos vingt-deux et demi, finissons-en. J'aime les négociations qui ne traînent pas. Passez-moi des timbres.

— Voilà, cher ami, répondit l'escompteur en ouvrant un des tiroirs de son bureau.

Savinien n'en revenait pas de voir se conclure au pied levé un emprunt qui, en Bretagne, aurait pris trois mois, à cause des formalités hypothécaires, et la confiance qu'affichait ce Pinchard le plongeait dans un profond étonnement.

— Je comprendrais cela, si j'étais riche, se disait-il, pendant que Fougeray écrivait sur le papier timbré ; mais qu'un usurier accepte comme garantie l'honneur d'un gentilhomme, c'est à n'y pas croire.

Ce fut bien autre chose, quand cet homme lui dit, du ton le plus engageant :

— Maintenant que nous sommes en relations d'affaires, monsieur le vicomte, permettez-moi de vous assurer que si vous aviez besoin de moi... pour vous personnellement... vous me trouveriez toujours disposé à vous être agréable.

— Je vous suis très obligé, monsieur, mais cela n'arrivera pas, répliqua froidement le vicomte d'Amaulis.

— Qui sait? Vous avez vos grandes entrées dans tous les mondes, et il y fait très cher vivre,.. aussi cher dans le vrai que dans celui où l'on s'amuse... et on a beau posséder des biens au soleil, on peut quelquefois se trouver gêné... momentanément. Dans ce cas-là, monsieur le vicomte, je suis une ressource, je m'en flatte, et beaucoup de vos pareils me font l'honneur d'en user.

Savinien resta muet. Les airs obséquieux et vantards de ce drôle lui déplaisaient tellement, qu'il lui tardait de signer pour s'en aller.

— Ce n'est pas que je vous souhaite de recourir à un nouvel emprunt, reprit en riant l'aimable Pinchard. Je désire, au contraire, de tout mon cœur, que vous n'ayez plus pour adversaire au jeu le Suédois qui vous a si mal traité cette nuit. Il n'y a rien à gagner et tout à perdre avec ce personnage.

— Comment! s'écria le vicomte, vous savez...

— J'ai eu l'honneur de vous dire que j'avais vu, avant de vous recevoir, une de ses victimes... un gentilhomme russe qui a perdu moins que vous, quoiqu'il ait perdu beaucoup. D'ailleurs, je connais de longue date le comte Aparanda.

— Bah! vraiment! s'écria Fougeray. Eh bien! qu'en pensez-vous?

— Je pense que je ne lui prêterais pas un sou. Il en sait quelque chose, car le lendemain de son arrivée à Paris, il est venu me demander six mille francs que je lui ai refusés net.

— Il les a trouvés ailleurs, attendu qu'il a de l'argent. Qu'est-ce que c'est, au fond, que ce bonhomme-là?

— Peuh! c'est ce que les Anglais appellent un *boscar*... c'est-à-dire un monsieur qui mène la grande vie et qui tire son revenu de sources inconnues. Il y a des *boscars* qui ont été riches... il y en a aussi qui finissent par le devenir.

— En bon français, Aparanda est un aigrefin. Je m'en doutais et il ne me repincera plus. Mais il faut commencer par le payer. Pinchard, mon ami, le moment est venu de nous compter quarante billets bleus. Préparez-les pendant que M. d'Amanlis va endosser ceux que je viens de rédiger.

Ce disant, Fougeray plaçait les timbres devant Savinien et lui remettait la plume afin qu'il consommât le sacrifice.

Pinchard s'était levé pour aller à sa caisse, une caisse imposante, monumentale, une caisse qui pouvait contenir des millions dans ses larges flancs.

Il n'était plus temps de reculer, et le cousin d'Yvonne s'exécuta.

Ce fut vite fait. Pinchard prit les valeurs, les examina d'un coup d'œil rapide et sûr, les enferma dans sa caisse et remit à Fougeray les quatre paquets de billets de banque qu'il venait d'y puiser.

Savinien put constater, pour la première fois de sa vie, qu'il est plus facile et plus prompt de contracter des engagements que de les tenir.

— A la bonne heure, dit Georges en frappant sur l'épaule de l'usurier, vous êtes cher, mais vous êtes rond en affaires et il est agréable de traiter avec vous... quand on ne regarde pas à la dépense.

— Oh! trois mille francs d'intérêts ne vous gêneront guère, s'écria Pinchard. La Bourse est là et vous y avez la main heureuse.

— Ce n'est pas comme au baccarat. Mais on ne me reprendra plus à ponter contre la Suède. Adieu, Pinchard.

— Au revoir, riposta malicieusement l'escompteur. Monsieur le vicomte, je me félicite d'avoir fait votre connaissance et j'ai l'honneur de vous saluer.

Il reconduisit les deux amis jusqu'à la porte de son appartement et le dernier mot de Fougeray fut :

— Ah ! çà, il est bien entendu que nous renouvelons le 15 juin.

— Ma parole vaut un engagement écrit, répondit majestueusement Pinchard.

Au bas de l'escalier, Georges dit à son ami :

— Mon cher, je ne te ferai pas l'injure de te parler de ma reconnaissance, mais je tiens à te remercier du service que tu m'as rendu. Sans ta signature, je n'aurais rien tiré de ce loup-cervier.

— Ce qui m'étonne, c'est qu'il fasse cas de la mienne.

— Mon cher, tu ne connais pas ta force. Tu es coté très haut sur la place de Paris.

— Si je sais pourquoi, par exemple...

— C'est comme ça. Tu viens d'en avoir la preuve, et déjà, l'autre jour, sous la colonnade, tu as vu ce que pèse dans l'estime des coulissiers le neveu d'un propriétaire foncier, propriétaire lui-même... Mais parlons de choses plus pratiques et plus actuelles. Combien veux-tu sur la somme que je viens de palper, grâce à toi ? Quatre mille ? Cinq mille ? Ne te gêne pas.

— Deux mille me suffiront largement.

— Voici, cher ami, dit Georges en détachant deux billets d'un paquet épinglé.

— Je te les rendrai d'ici à deux ou trois jours.

— A quoi bon ? Garde-les jusqu'au 15 septembre.

— Non pas. J'aime mieux n'avoir pas à m'occuper de l'échéance... et je t'avoue que je ne suis pas absolument tranquille. Si ce Pinchard s'avisait d'exiger son argent le mois prochain, comment ferais-tu ?

— Pinchard est incapable d'un pareil trait, mais si, par impossible, il me jouait ce tour pendable, je vendrais mes Ottomans et le paierais... après l'avoir gratifié d'une paire de gifles. Allons déjeuner.

— Merci, je ne ne déjeunerai pas avec toi ce matin. J'ai affaire.

— Diable! je ne te savais pas si occupé. J'espère du moins que je te verrai ce soir au cercle.

— J'y viendrai à cinq heures pour payer M. Aparanda. Mais je ne crois pas que j'y dîne. Madame Montauron reçoit et j'ai promis à son mari de venir à sa soirée.

— Où tu ne t'amuseras guère, je t'en préviens.

— Ce n'est pas pour mon plaisir que j'y vais. Mais je tiens à être poli. Et comme je vais partir, je n'y retournerai plus.

— C'est donc bien décidé? tu pars?

— Oui, j'en ai assez de Paris, des Suédois, des boursiers, des usuriers et des demoiselles interlopes...

— Pendant que tu y es, pourquoi n'ajoutes-tu pas et de mon ami Georges?

— Parce que je ne dis que ce que je pense. Je n'ai eu qu'à me louer de toi et je regretterai plus d'une fois les bonnes heures que nous avons passées ensemble. Plouer n'est pas gai... surtout le soir quand le vent siffle dans les longs corridors du château. C'est même fort mélancolique. Mais j'y suis né. Il faut que j'y vive. Et je suis obligé de reconnaître que l'air de ce pays-ci ne me convient pas.

— Allons donc! tu te portes à merveille.

— De corps, oui. Mais j'ai l'esprit malade.

— Serais-tu amoureux, par hasard? d'Anita, peut-être?... ou de madame Montauron? Hé! hé! elle est encore fort belle, la femme de ce grand financier.

— C'est possible, mais je n'aimerai jamais une Parisienne. Les femmes ici sont pleines de précipices. C'est trop dangereux, j'en perdrais la tête et voilà pourquoi j'aspire à rentrer dans le calme provincial.

Mais je suis attendu à midi et je te quitte.

— De quel côté vas-tu ?

— Pas du même côté que toi.

— Très bien. Je comprends, dit en riant Georges Fougeray, et je ne veux pas te gêner. Je te verrai probablement au cercle à cinq heures, mais, dans tous les cas, je compte que si tu persistes dans ton projet d'enterrement à la campagne, tu me réserveras tes dernières soirées.

— Je te le promets, répondit Savinien.

Et après avoir serré la main de son camarade, il tourna le coin de la rue Thérèse, où Georges eut la discrétion de ne pas le suivre.

Ce chemin, qui ne menait à rien avant les grands percements, aboutit maintenant en ligne directe à l'avenue de l'Opéra.

Le *Crédit des Provinces* n'était pas loin, et comme il ne tenait pas à y arriver avant midi, il n'avait pas besoin de se presser.

Il s'en alla donc d'un pas lent et il se mit à réfléchir à cet emprunt si lestement contracté, à cet emprunt qui lui avait procuré deux mille francs dont à la rigueur il aurait pu se passer et qui l'engageait pour quarante mille.

Il ne se défiait pas des promesses de Fougeray, mais il ne pouvait pas s'empêcher de penser à ce qui arriverait si, par suite d'événements plus forts que sa volonté, Fougeray se trouvait dans l'impossibilité de payer à l'échéance.

Il y aurait eu de quoi brouiller à tout jamais le dernier des Amanlis avec l'oncle Trémorin, qui pardonnerait peut-être à son neveu d'avoir dépensé beaucoup d'argent mal à propos, mais qui ne lui pardonnerait pas d'avoir signé des billets à un usurier.

Il était un peu tard pour s'apercevoir du danger, mais Savinien était ainsi fait que sa raison ne parlait jamais qu'après son cœur.

Il n'avait songé qu'à tirer d'affaire son ami Georges et il commençait seulement à envisager les mauvaises chances qu'il courait lui-même, depuis qu'il avait garanti le paiement à trois mois d'une somme équivalente à sept années de son revenu.

Et comme il n'aimait pas à méditer sur des sujets pénibles, il se dit pour chasser les idées qui l'obsédaient :

— Georges est un peu léger; mais Georges est un brave garçon. Il paiera. De quoi vais-je m'inquiéter là ? J'ai déjà bien assez d'autres soucis, sans me mettre martel en tête à propos d'éventualités qui ne se présenteront pas. Je vais commencer par me débarrasser de madame Montauron, et ensuite tout ira bien. Demain ou après-demain, je prendrai sur ma lettre de crédit de quoi rembourser les cent louis que je viens d'empocher par précaution, et je n'aurai plus à m'occuper du sieur Pinchard. Au mois de septembre, je recevrai mes billets acquittés.

Je les recevrai à Plouer où j'aurai repris racine ; ce sera un souvenir des jours agités, et j'y trouverai un certain charme. Quand on a touché le port, on aime à se rappeler les tribulations d'une traversée orageuse.

On croit toujours ce qu'on désire, et Savinien, lorsqu'il arriva au *Crédit des Provinces*, était déjà rassuré sur les suites de son imprudence.

La maison lui parut moins imposante que lors de sa première visite. Ses yeux avaient eu le temps de s'accoutumer aux dimensions des grands établissements parisiens, et le mouvement de cette halle aux affaires l'intimidait beaucoup moins.

Maintenant, il n'était plus embarrassé au milieu de cette foule qui remplissait la cour du rez-de-chaussée, puisqu'il savait à qui s'adresser, et même il n'était pas fâché qu'il y eût beaucoup de monde, car il espérait que cet encombrement allait lui permettre de passer inaperçu.

Il se glissa donc à travers les groupes et, comme il avait la mémoire des lieux, il retrouva sans peine l'escalier qui conduisait au bureau de l'employé chargé de viser les cartes des déposants.

Cet employé était seul quand le vicomte d'Amanlis entra et le reçut d'abord avec l'indifférence d'un homme accoutumé à faire vingt fois par jour la même besogne machinale.

Il lui demanda sa carte d'abonnement et il se mit en devoir de rapprocher le numéro qu'elle portait du numéro inscrit sur son registre.

Mais cette opération de contrôle eut pour effet de mettre sous ses yeux le nom du déposant qui demandait l'entrée du souterrain et ses façons changèrent aussitôt.

Il salua courtoisement M. d'Amanlis et il l'invita à s'asseoir.

Savinien refusa d'un geste. Il se serait bien passé de toutes ces politesses qui le retardaient, alors qu'il était si intéressé à en finir le plus tôt possible.

L'employé s'était levé et, appliquant sa bouche à l'orifice d'un tube en caoutchouc, avertissait quelqu'un qui se trouvait dans une autre partie de la maison.

Savinien connaissait cette manœuvre pour avoir déjà vu M. Bouret la pratiquer, mais dans la circonstance présente, elle ne laissait pas que de l'inquiéter un peu.

— A qui en a ce plumitif? pensait-il. Est-ce qu'il aurait mission de signaler mon arrivée?

— Monsieur, lui dit le chef du bureau après avoir

écouté une réponse transmise par l'appareil, vous pouvez descendre au caveau. La place est libre.

Cette réponse rassura Savinien, et il se hâta de lever le siège, afin de profiter du moment où il n'y avait personne dans le caveau.

Avant de sortir du bureau, il put voir l'employé saisir un autre tube et entamer une nouvelle conversation à distance.

— Ce n'est plus avec le gardien du caveau qu'il cause, puisqu'il vient de recevoir sa réponse, se disait le vicomte en prenant le chemin de l'escalier. D'ailleurs, j'ai fort bien vu qu'il ne se sert plus du même appareil. Décidément, il y a trop de téléphones dans cette maison et tous ces porte-voix me sont suspects.

Il se demanda même un instant s'il était prudent de passer outre, mais il réfléchit bien vite que les choses se passeraient exactement de la même façon à une autre visite, puisqu'on ne pénétrait pas dans le souterrain sans y être autorisé par ce chef de bureau.

D'ailleurs, madame Montauron ne pouvait pas attendre, car elle avait besoin de ses diamants ce jour-là et non pas le lendemain.

Et puis, comment admettre que ce subalterne crût devoir signaler à ses chefs l'arrivée de M. d'Amanlis, qui pour lui n'était qu'un déposant quelconque, un chiffre, un numéro.

Il était plus simple et plus naturel de penser que les manœuvres acoustiques auxquelles il se livrait se rattachaient à des affaires courantes qui nécessitaient de fréquentes communications de bureau à bureau.

Du reste, le gardien des dépôts se promenait devant la grille. Il ouvrit sur la présentation de la carte visée par l'employé, et le soupçonneux vicomte reconnut qu'il avait eu tort de s'alarmer.

Le caveau était construit de telle sorte, qu'il suffisait d'un coup d'œil pour s'assurer qu'il était vide.

Impossible de se cacher dans cette salle éclairée au gaz, où il n'y avait exactement que les quatre murs. Pas la moindre niche où un homme pût se loger, pas un coin qui n'eût inondé d'une lumière éclatante.

A son premier voyage, Savinien y avait reconnu à trente pas, le comte Aparanda, rien qu'à son costume.

Il entra donc sans crainte d'y rencontrer personne et il alla droit à la muraille où il savait trouver sa case.

Il avait sa clef; il ne s'agissait, pour s'en servir, que de remettre en place les lettres formant le mot de passe, et cela pouvait se faire en quatre mouvements.

Le compartiment une fois ouvert, il ne restait qu'à prendre le coffret et à l'emporter.

Amanlis supposait qu'il y avait peut-être à remplir quelques formalités supplémentaires, en cas de retrait définitif du dépôt; mais il comptait s'en acquitter plus tard, lorsque madame Montauron aurait le coffret.

D'ailleurs, d'après les explications fournies par M. Bouret, un abonné avait le droit d'user à sa guise pendant la durée de son abonnement du compartiment qu'il avait loué, d'y prendre ou d'y remettre, de le remplir et de le vider complètement sans cesser pour cela d'être locataire jusqu'à l'expiration du bail conclu pour un an avec l'administration du *Crédit des Provinces*.

Savinien qui se proposait d'abord de laisser en partant la clé à la serrure, se rappela ces règles que lui avait exposées un homme compétent, et conclut qu'il valait mieux refermer sa case après en avoir retiré la cassette, brouiller les lettres de la combinaison et emporter la clef absolument comme s'il avait dû revenir.

Le grand point, c'était d'opérer vite, afin d'opérer sans

témoins, et de déguerpir aussi promptement que faire se pourrait.

Le vicomte d'Amanlis se trouvait dans la même situation qu'un voleur qui force une caisse.

— Voilà où mènent les mauvais chemins, se disait-il en lisant les numéros inscrits sur les plaques de fonte. J'en suis réduit à me cacher et à fuir.

Mais ce n'était pas le moment de compter avec des scrupules tardifs. Il arriva bientôt devant la case 919 et il se mit en devoir de composer le mot sans lequel il n'aurait pas pu ouvrir.

Ce mot était : YVON, et Savinien, penché sur la plaque et absorbé par son travail, venait de placer la première lettre sous la flèche indicatrice, lorsqu'une main se posa doucement sur son épaule.

On peut croire qu'il fut prompt à se redresser et lorsqu'en se retournant il se trouva face à face avec M. Montauron, sa stupeur fut telle qu'il demeura la bouche béante et l'œil hagard, comme un malfaiteur pris en flagrant délit.

— Excusez-moi, monsieur le vicomte, lui dit en souriant le banquier. J'aurais dû m'annoncer de loin, car je vois qu'en vous touchant je vous ai fait peur.

— Peur... non, balbutia Savinien, mais... vous m'avez surpris et...

— Oui, je sais... c'est nerveux... On n'est pas maître d'un premier mouvement. Mais il faut que je vous explique pourquoi je suis ici, car je ne veux pas vous laisser croire que je m'amuse à effrayer les abonnés du *Crédit des Provinces*... ou à les espionner.

Notre rencontre est l'effet du hasard. Figurez-vous que, moi aussi, j'ai loué un compartiment dans notre caveau pour y serrer des papiers de famille, qui sont plus en sûreté ici que dans mon hôtel et auxquels je ne touche pas une fois par an. Aujourd'hui, précisément, j'ai eu besoin d'examiner mon contrat de mariage et je suis descendu ici pour le prendre. Vous savez qu'avec notre système, chaque déposant est tenu d'opérer lui-même, puisqu'il est seul à connaître le secret pour ouvrir sa case.

Ce discours ne rassurait qu'à demi Savinien. Les mots : « mon contrat de mariage » sonnaient mal à son oreille.

— Et en arrivant à la grille, reprit M. Montauron, j'ai été tout étonné de vous apercevoir... étonné et charmé, car, pour moi, c'est toujours une bonne fortune de vous rencontrer. J'espère bien que vous allez me faire le plaisir de monter dans mon cabinet, mais les affaires avant tout. Vous venez visiter le dépôt que vous nous avez confié et je ne veux pas vous déranger. Vous étiez en train d'ouvrir votre compartiment. Continuez, je vous en prie, monsieur le vicomte. Pendant ce temps-là, j'ouvrirai le mien qui est à deux pas du vôtre.

Le vicomte ne bougea point. Il s'était adossé à la plaque et il cherchait un moyen de se tirer d'une situation atroce.

Ouvrir en présence du mari, c'était perdre madame Montauron, car ce mari allait reconnaître le coffret. Et quel prétexte inventer pour se dispenser d'ouvrir ?

Savinien, qui n'était pas encore rentré en possession de lui-même, prit le premier qui se présenta à son esprit troublé.

— Il m'arrive l'aventure la plus ridicule, dit-il avec effort. Croiriez-vous, monsieur, que j'ai oublié mon mot.

— Vraiment ? demanda M. Montauron. J'ai donc bien mal vu. Il m'avait semblé que vous commenciez à le former... Vous teniez à la main le premier bouton de cuivre... Je me serai trompé sans doute.

— Non... je tâtonnais... dans l'espoir de retrouver les

lettres en tournant ce bouton... c'était absurde, je le reconnais... et j'allais y renoncer, lorsque vous êtes survenu.

— Mieux vaudrait interroger vos souvenirs... essayer de vous rappeler...

— J'ai essayé... j'essaye encore... et rien ne me revient.

— Je vais tâcher de vous aider. Voyons, vous n'avez pas dû prendre quatre lettres au hasard. En général, on choisit un mot facile à retenir... ou un nom d'ami. Tenez ! moi j'ai choisi le commencement du nom de ma femme.. elle s'appelle Aurélie... j'ai mis *Auré*... de même que vous avez pu mettre *Trém* en pensant à M. de Trémorin, votre oncle... ou bien...

— Non, non, dit vivement Savinien, ce n'était ni un nom ni un prénom.

— Alors, cherchons ailleurs.

— Nous ne trouverions pas ; quand je me mets à oublier, rien n'y fait...

— Diable ! c'est très fâcheux. Il faudra briser la plaque ou crocheter la serrure, et cela ne pourra se faire qu'avec la permission du conseil d'administration qui devra être convoqué tout exprès.

— Oh ! je puis attendre... je ne désespère pas de retrouver ce mot... au moment où j'y penserai le moins. Je me connais... je suis sujet à de subites défaillances de mémoire... et puis mes souvenirs se réveillent tout à coup.

— Quand ils se réveilleront, vous ferez bien de noter le mot sur votre carnet, dit gravement M. Montauron. Le cas où vous vous trouvez n'a pas été prévu par nos règlements, et quand vous voudriez retirer votre dépôt, nous serions aussi embarrassés que vous.

Mais je suis charmé d'apprendre que, pour le moment, vous n'avez pas besoin de toucher à vos valeurs.

— Oh! pas du tout, murmura Savinien qui sentait bien que le banquier se moquait de lui et qui ne savait plus comment sortir de là.

— Inutile d'ajouter, reprit M. Montauron, que si une avance de fonds vous était nécessaire, en attendant que la mémoire vous revienne...

— Je vous remercie, monsieur... Si cela arrivait, j'userais de ma lettre de crédit.

— Fût-elle épuisée, je n'en serais pas moins à votre disposition. Maintenant, voulez-vous me permettre d'ouvrir ma case avant de monter avec vous. Ce ne sera pas long, car, moi, je n'ai pas oublié mes lettres...

— Faites, monsieur, et pardonnez-moi de ne pas vous accompagner jusqu'à votre cabinet. Je suis attendu.

En exécutant le mouvement de retraite dont il appuya ces paroles, Savinien démasqua la plaque devant laquelle il se tenait, et M. Montauron, au lieu de lui répondre, se pencha de l'air le plus naturel du monde pour examiner de près les boutons alphabétiques.

— Tiens! dit-il; la première lettre placée sous la flèche est un Y.

— Ce n'est pas moi qui l'y ai mise, répliqua aussitôt le vicomte d'Amanlis.

— Oh! je le pense bien, dit tranquillement M. Montauron, c'est le hasard qui a amené cet Y en haut du cercle de cuivre; mais je vous le fais remarquer pour vous mettre sur la voie.

— Comment cela, monsieur? balbutia Savinien de plus en plus troublé.

— Mon Dieu! vous allez rire de ma naïveté, mais il y a un petit nom, très répandu en Bretagne, qui commence par cette lettre inusitée... est-ce que mademoiselle de Trémorin ne s'appelle pas Yvonne?

— Oui, monsieur, mais je ne vois pas...

— L'idée m'est venue que peut-être vous vous étiez servi de son nom... C'était si naturel.

— Mais ce nom est beaucoup trop long... il a sept lettres.

— Oh ! vous auriez pu ne prendre que les quatre premières.

— Non, non... si je les avais prises, je m'en souviendrais.

— C'est juste. Excusez-moi, monsieur le vicomte, de vous avoir retenu pour vous parler de conjectures en l'air. J'aurais beaucoup mieux fait de vous laisser partir, puisqu'on vous attend. Soyez donc libre, et souffrez que je ne vous accompagne pas. On m'attend moi aussi, et avant de remonter à mon cabinet, il faut que je termine l'affaire qui m'a obligé à descendre dans notre caveau... ce contrat de mariage à chercher.

— Je comprends cela, répondit précipitamment le vicomte d'Amanlis, et je m'en vais. Monsieur, j'ai bien l'honneur...

— N'oubliez-pas, cher monsieur, que madame Montauron compte sur vous ce soir, lui cria le banquier, au moment où il franchissait la grille.

Savinien ne s'arrêta point et se dispensa même de répondre à ce rappel d'invitation que M. Montauron n'avait certainement pas lancé au hasard.

Il ne pensait qu'à se soustraire aux propos équivoques et ironiques de ce mari qui sans doute, soupçonnait la vérité et qui se vengeait déjà par anticipation en mettant sur la sellette le complice présumé de sa femme.

— Je ne m'étais pas trompé, se disait-il en franchissant quatre à quatre les marches de l'escalier ; l'employé qui a visé ma carte avait ordre d'avertir M. le directeur général aussitôt que je me présenterais.

Montauron est venu ici à une heure où il n'y vient

jamais; donc il est venu tout exprès pour guetter mon arrivée, c'est clair. Comment savait-il que je viendrais ce matin? Par les bavardages de Bouret peut-être. Bouret, en me plaisantant cette nuit sur ma perte, me disait que j'aurais sans doute besoin d'ouvrir mon coffret pour payer le comte Aparanda... Il a bien pu dire la même chose à Montauron... et d'ailleurs si Montauron pense que les diamants de sa femme sont entre mes mains, il a dû penser aussi qu'elle voudrait les retirer ce matin, puisqu'il lui a signifié qu'elle eût à les mettre ce soir... il n'en fallait pas davantage pour qu'il me surveillât.

Et au surplus, à quoi bon chercher l'explication du fait? La malheureuse est perdue. Montauron n'a pas la preuve que son coffret est dans le caveau, puisqu'il est arrivé avant que j'eusse ouvert mon compartiment, mais il n'a pas cru un mot de mon explication, et il va prendre ses mesures pour que je ne puisse jamais retirer le dépôt sans qu'il en soit averti.

Dieu sait comment tout cela finira.

Ces réflexions désespérées l'occupèrent jusqu'au moment où un nouvel incident vint les interrompre.

En traversant la salle des guichets, il tomba sur M. Bouret qui venait en sens contraire et qui, dès qu'il l'aperçut, courut à lui les bras ouverts et le sourire aux lèvres.

— Ah! monsieur le vicomte, commença-t-il en passant son bras sous le sien, que je suis donc ravi de vous rencontrer! Vous allez m'apprendre comment a fini la fête d'Anita.

— Fort mal, répondit Savinien qui enrageait d'être arrêté par cet importun au moment où il ne souhaitait rien tant que de s'éloigner.

— Alors, vous avez perdu?

— Tout le monde a perdu...

— Je m'en doute, mais les autres ne m'intéressent guère. Puis-je vous demander combien ce Suédois vous a pris?

— Beaucoup d'argent.

— Diable! Je vous avais prédit que vous laisseriez vos plumes aux griffes de ce vautour et je me reproche de n'avoir pas insisté pour vous emmener. Je sentais venir la déveine et j'avais jugé ce soi-disant comte Aparanda.

Heureusement, vous aviez gagné à la Bourse et cette perte ne vous gênera pas.

— J'ai tout juste de quoi payer mes dettes.

— Oh! oh! la culotte a été plus forte que je ne pensais. Je n'ai pas besoin de vous répéter que, si vous avez besoin d'argent, je suis à votre disposition, mais permettez-moi de vous donner un conseil.

— Lequel? demanda Savinien avec impatience.

— Je vous conseille de ne pas payer ce monsieur, avant que j'aie pu éclaircir certaines questions qui me semblent fort embrouillées.

— Comment cela? Est-ce que vous pensez qu'il n'a pas joué loyalement?

— Je suis convaincu qu'il a triché.

— Il faudrait le prouver et ce n'est plus possible, puisqu'on ne l'a pas pris sur le fait. D'ailleurs, il ne me convient pas de m'engager dans cette voie. J'ai perdu. Tant pis pour moi. Il ne me reste qu'à m'exécuter. Fougeray et tous ces messieurs vont en faire autant.

— Cependant, s'ils acquéraient la certitude que ce gentilhomme n'est qu'un aventurier, menant ici une vie ténébreuse, ils y regarderaient peut-être à deux fois avant de payer.

— Qu'avez-vous donc appris sur lui?

— Peu de chose, mais assez pour qu'il me soit éminemment suspect. Vous vous souvenez que cette nuit, quand je lui ai parlé de son déménagement, il m'a dit qu'il logeait maintenant au Grand-Hôtel?

— Oui. Eh! bien?

— Eh! bien, j'ai eu la curiosité de vérifier la chose. J'en viens, du Grand-Hôtel.

— Et il y est inconnu?

— Non, il y a loué une chambre, mais il ne l'habite pas.

— C'est étrange, en effet, murmura Savinien.

— Si étrange que je vous engage à signaler le fait au comité de votre cercle.

— Je n'ai pas qualité pour cela, mais il me semble que vous, comme administrateur du *Crédit des Provinces*, vous pourriez...

— Quoi? Le sommer de me faire connaître son véritable domicile, ou de retirer son dépôt? Pas le moins du monde. Cet homme est locataire pour un an d'une case de notre caveau... il est locataire au même titre que vous et que tous les autres déposants. Il est chez lui, puisqu'il a payé son abonnement. Je n'ai pas à m'inquiéter du reste.

— Cependant... s'il ne reparaissait plus?

— Nous n'aurions pas le droit de toucher au dépôt qu'il nous a confié.

— Même au bout d'une année... quand son abonnement sera expiré?

— Ce serait une question à résoudre en conseil. Le cas ne s'est pas encore présenté... et je ne crois pas qu'il se présente, dans l'espèce. Ce monsieur n'a certainement point envie de nous abandonner les valeurs contenues dans son coffre. Je suis même très persuadé qu'un de ces jours il va venir retirer ce colis. Maintenant qu'il a fait sa pelotte à Paris, il doit songer à partir pour aller exercer son industrie dans d'autres capitales.

Et quand nous aurions la certitude qu'il a déposé chez nous le produit d'un vol, nous ne serions pas fondés à refuser de rendre le dépôt.

Il pourrait même, ceci entre nous, le faire reprendre par un autre... au cas où il aurait des raisons pour ne pas se montrer.

— Pardon ! il me semblait que vous m'aviez dit le contraire.

— Lorsque vous êtes venu déposer, vous m'avez demandé ce qui arriverait si vous perdiez votre carte d'abonnement et si elle était trouvée par un filou. Je vous ai répondu que ce filou ne pourrait pas s'en servir pour s'emparer de votre joli coffret d'acier, alors même qu'il aurait trouvé aussi la clé de votre compartiment, et cela par une raison sans réplique... c'est qu'il ne connaîtrait pas le mot pour ouvrir.

Mais supposez qu'un déposant confie à un ami sa carte, sa clef et le mot, rien n'empêcherait cet ami de retirer l'objet déposé et de l'emporter. Il descendrait seul au caveau et il y ferait ce qu'il voudrait, sans que personne l'en empêchât.

— Même si le déposant était personnellement connu de votre employé ? demanda Savinien que ces détails intéressaient beaucoup plus que ne le pensait le sous-directeur.

— Dans ce cas, il se pourrait que l'employé qui vise les cartes réclamât quelques explications, mais il suffirait de lui montrer une autorisation du déposant. Et dans la pratique, cela n'arrive jamais. On laisse passer tout porteur de carte. Notre responsabilité est à couvert par ce seul fait que nul ne peut deviner la combinaison de lettres qui ferme la serrure de votre case.

Mais, je vous fais là un cours d'administration et je ne pense pas à vous demander si je puis vous être utile ici.

Vous venez peut-être toucher un acompte sur votre lettre de crédit?

— Non, non, dit vivement Savinien. J'étais venu pour un renseignement... et quelqu'un m'attend sur le boulevard.

— Alors, je ne vous retiens pas. Au revoir, monsieur le vicomte, mais croyez-moi, ne vous pressez pas de payer le comte Aparanda.

Savinien, dégagé du bras qui le retenait, s'empressa de gagner la sortie.

Il lui tardait d'être seul pour examiner les chances qui lui restaient de tirer madame Montauron de l'affreuse situation où la mettait l'incident du caveau, et il s'en allait en répétant tout bas une phrase que M. Bouret venait de lui dire :

— Quand on a des raisons pour ne pas se montrer, on peut faire retirer par un ami un objet qu'on a déposé au *Crédit des Provinces.*

FIN DU PREMIER VOLUME

F. Aureau. — Imprimerie de Lagny.

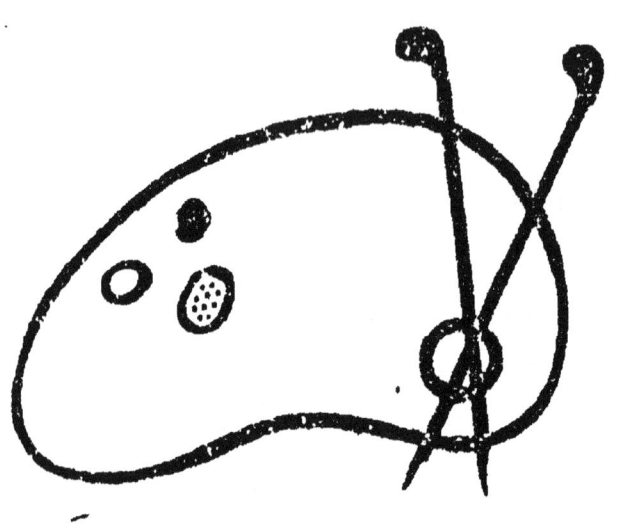

Original en couleur

NF Z 43-120-8

A P P O R T   15

BIBLIOTHÈQUE NATIONALE

CHÂTEAU
de
SABLÉ

1984

www.ingramcontent.com/pod-product-compliance
Lightning Source LLC
Chambersburg PA
CBHW060051190426
43201CB00034B/671